心一堂彭措佛緣叢書・索達吉堪布仁波切譯著文集

大圓滿心性休息大車疏

全知無垢光(龍欽巴)尊者　　著

索達吉堪布仁波切　　譯

Śūnyatā

書名：大圓滿心性休息大車疏
系列：心一堂彭措佛緣叢書・索達吉堪布仁波切譯著文集
原著：全知無垢光（龍欽巴）尊者
漢譯：索達吉堪布仁波切
責任編輯：陳劍聰

出版：心一堂有限公司
地址/門市：香港九龍尖沙咀東麼地道六十三號好時中心LG六十一室
電話號碼：+852-6715-0840　+852-3466-1112
網址：publish.sunyata.cc
電郵：sunyatabook@gmail.com
心一堂 彭措佛緣叢書論壇：　http://bbs.sunyata.cc
心一堂 彭措佛緣閣：　　　　http://buddhism.sunyata.cc
網上書店：　　　　　　　　http://book.sunyata.cc

香港及海外發行：香港聯合書刊物流有限公司
香港新界大埔汀麗路三十六號中華商務印刷大廈三樓
電話號碼：+852-2150-2100
傳真號碼：+852-2407-3062
電郵：info@suplogistics.com.hk

台灣發行：秀威資訊科技股份有限公司
地址：台灣台北市內湖區瑞光路七十六巷六十五號一樓
電話號碼：+886-2-2796-3638
傳真號碼：+886-2-2796-1377
網絡書店：www.govbooks.com.tw　www.bodbooks.com.tw
經銷：易可數位行銷股份有限公司
地址：台灣新北市新店區寶橋路二三五巷六弄三號五樓
電話號碼：+886-2-8911-0825
傳真號碼：+886-2-8911-0801
網址：http://ecorebooks.pixnet.net/blog

中國大陸發行・零售：心一堂・彭措佛緣閣
深圳地址：中國深圳羅湖立新路六號東門博雅負一層零零八號
電話號碼：+86-755-8222-4934
北京流通處：中國北京東城區雍和宮大街四十號
心一店淘寶網：http://sunyatacc.taobao.com/

版次：二零一四年五月初版，平裝

　　　　港幣　　　　一百四十八元正
定價：　新台幣　　　四百八十元正

國際書號 ISBN 978-988-8266-75-3

大圓滿心性休息大車疏

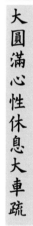

大圓滿心性休息大車疏

大圓滿心性休息大車疏

全知無垢光尊者著

上師索達吉堪布譯

梵語：瑪哈善德紫大布占達哲德瑪哈局塔那瑪

藏語：竹巴欽波思涅昂素追瓦向達欽波

漢意：大圓滿心性休息大車疏

頂禮普賢如來！

> 具德二資海雲中具寂樂雨，
>
> 百種功德飾三身具事業舞，
>
> 智悲蒼鳴梵天大鼓聲陣陣，
>
> 眾生主尊佛法僧眾前敬禮。

鄔金海島蓮花莖之上，　如來幻化自性任運成，

燦然妙相隨好圓滿者，　蓮師迎入護我意蓮海。

> 本來光明無垢中現諸輪涅，
>
> 無生自性無二本體圓正覺，
>
> 有無常斷來去皆無非戲境，
>
> 不緣賢劣取捨無為心性禮。
>
> 為引無餘眾生趣入三世佛，
>
> 最寂悅意寶洲彙集經續義，
>
> 明示令眾晝夜精勤心向寂，
>
> 解脫三有甚深聖道大車疏。

1

能宣說諸法之一論——大圓滿心性休息分三：一、入造論之初義；二、廣說真實論義；三、宣說究竟末義。

一（入造論之初義）分二：一、頂禮；二、立宗。

一者頂禮：

諸佛出世，佛法也由高僧大德之恩德得以住世，自己已經獲得難得的暇滿人身。此時，為了使自他一切眾生渡過輪迴大苦海，而完整無誤地宣說一個人從初學起步直到現前菩提之間如何實地修行顯密如海法理之次第，我今撰著能令輪迴中疲倦的心於寂靜洲得到休息並圓滿諸乘之義的論典——大圓滿心性休息，全文共十三品。首先是頂禮句：

本來怙主功德海，智悲自性不可測，
諸佛佛子如意源，散利樂雲尊前禮。

於本基中現前菩提的怙主就是導師出有壞，佛陀圓滿具備如海斷證功德自性的身語意無盡莊嚴輪，他的卓越智慧與稀有悲心的深度廣度無法以觀現世心而揣測說「到此為止」。勤奮修行佛尊所演說的妙法是產生三世如來佛子如意寶的源泉，可使盡虛空際的一切眾生界隨著各自意願獲得暫時的利益、人天的安樂，以及隨根基緣分獲得三菩提之究竟安樂，最終都現前遍知佛陀大菩提的果位。在具足如此智悲力的聖尊普賢如來等十方三世諸佛佛子前恭敬頂禮。其中「本來怙主功德海」，

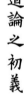

入道論之初義

2

《幻化網續》中云：「怙主本來圓正覺，功德珍寶大海洋。」圓滿一切智悲智慧者非佛陀莫屬。《中觀四百論》中云：「故除佛無有，如實號如來。」三寶也是因果的緣起。如《寶性論》中云：「法從佛陀生，僧由離（喜心）利益心（捨心），憐湣諸眾生，利樂尊前禮。」

如此頂禮有令自己、他人、自他二者獲得大利三種必要。

（一）自己獲利之必要：如果用美妙詞義讚歎殊勝對境，則可使自己趨入聖者行為，令他人了知自己是智者，進而使造論究竟圓滿。《般若八千頌廣釋》中云：「利他悲尊縱捨命，自之能力不鬆懈，肩負重任諸大德，危難之時永不捨。」

（二）他人獲利之必要：（如果用美妙詞義讚歎殊勝對境，）能使他人由此而對殊勝導師與論典發自內心生起敬信。如龍樹菩薩說：「作者贊本師，並非無有果，於導師論典，生起誠信故。」

（三）自他二者獲利之必要：圓滿資糧，實現所願。《廣大游舞經》中云：「具有福德者，成辦諸所願。」《佛陀眾行經》中云：「於導師佛陀，雖做微小事，轉種種善趣，後獲菩提果。」

二者立宗：

光明法身淨佛性，無明執故漂此有，

大圓滿心性休息大車疏

業及煩惱曠野中，疲勞心性今休息。

心之自性是本來光明、超越有無常斷四邊之佛性，一切眾生本來即普遍具有此佛性。《寶性論》中云：「心性光明故，見惑無本體，證眾本無我，寂滅真實際，見佛普隨行，具足無障慧，見眾淨無邊，具智尊前禮。」眾生雖然自身具有本來清淨的智慧，但因為沒有認知其本面而漂流於此三有中。也就是說，以無明我執之業與由它所產生的貪嗔癡慢嫉五毒煩惱而流轉於此三有中。

到底是如何流轉的呢？眾生依靠留存在阿賴耶上的各種習氣，從而以小品不善和愚癡之業而轉於旁生中；以中品不善和貪心之業而轉生餓鬼中；以大品不善與嗔心之業而墮入地獄；以相應我慢之隨福德分善業而轉生到天界人間；以相應嫉妒之善業而轉生於非天中。如此分別在各趣中受苦、享樂、不苦不樂，行善和造罪，不由自主地漂泊在這無始無終、無邊無際、難以行走的三有曠野中，將本不存在的如夢顯現執為我和我所。若詳細觀察，就會發現這一切根本不存在，然而迷亂的當時似乎確確實實成立。《三摩地王經》中云：「三有眾生如夢動，此中誰亦無生死。」《梵天請問經》中云：「如夢顯現諸眾生，分別為自業所縛，不斷感受多苦樂，雖為無我真如性，凡愚執我及我所，三有痛楚屢屢生。」

入道論之初義

4

雖然諸法無我，可是為種種束縛所繫的三有眾生，卻執著為我，為使他們睜開擺脫此等束縛之眼，有必要宣說了義精華法。為什麼呢？自己了知此理後僅僅追求個人寂滅是不應理的。因為一切眾生從無始以來漂泊於此輪迴中時，無一未曾做過自己的父母，所以，捨棄這些老母有情只求獨自解脫實不合理。《致弟子書》中云：「親友入於輪迴之大海，現見彼等墮落浪濤中，不知生死流轉若捨彼，唯求自我解脫無慚愧。兒時懷中出生無何能，母以乳汁慈愛而哺育，於此歷盡辛勞之慈母，除非極下劣者誰願棄？」思維其中所說之理，目睹了長久漂泊在此輪迴中被無量痛苦重擔壓得精疲力竭的一切有情，我甘心情願撰著能使他們於佛圓滿福德所嚴飾的休憩處——大涅槃之果位中得到休息的竅訣論典，這是在以圓滿無量悲心引導飄蕩在輪迴中的眾生。《華嚴經》中云：「奇哉！善男子，觀想有情界，身語意所作所為乃真實引導漂於輪迴眾生，以無量大悲結合世間或出世間之典籍真實造論，勸勉他人行善，此等同承侍昔日佛陀、供養善逝、樹立法幢、開創解脫通衢大道，說為聖士、如意寶頂。」這以上已經宣說了立宗句。

大圓滿心性休息大車疏

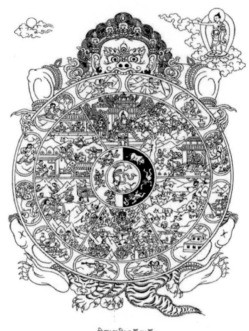

六道轮回图

入道論之初義

二（廣說真實論義）分十三：一、暇滿難得；二、壽命無常；三、輪迴痛苦；四、業因果；五、依止善知識；六、皈依；七、修四無量；八、發菩提心；九、生圓雙運；十、證其不住二邊之智；十一、道禪定無垢止觀雙運；十二、修等持方便；十三、任運自成之果。

第一品　暇滿難得

暇滿難得品分四：一、總說暇滿難得；二、認識暇滿之自性；三、明確觀察能依所依之自性；四、迴向本品善根。

甲一（總說暇滿難得）分二：一、略說暇滿難得；二、廣說暇滿難得。

乙一、略說暇滿難得：

現在述說真實論義。最初修持菩提的所依即是暇滿人身，故於此宣說暇滿之次第。

友等暇滿寶藏身，六趣之中極難得，

猶如盲人獲寶藏，當以極喜修利樂。

所有共同趣向解脫之人即是修持菩提的道友，忠言勸勉心地善良的善緣者說：一個貧窮的人得到如意寶很稀奇，如果一位盲人獲得如意寶比這更稀奇、更罕見，而在流轉輪迴的六道眾生中獲得殊勝的暇滿人身就像盲人獲得如意寶一樣，值得讚歎。《宣說暇滿經》中說：

大圓滿心性休息大車疏

「猶如一位盲人於十字路口拾到如意寶一般，為無明白翳遮障而漂於輪迴之諸眾生獲得真實人身極為幸運，汝等當恒時修持妙法。」

乙二（廣說暇滿難得）分八：一、宣說十八暇滿；二、雖得暇滿然無可信之理；三、勸勉勤於正法；四、今當精進之理；五、暇滿難得之理；六、今若不勤則受輪迴之苦；七、暇滿為諸法之依處；八、以比喻說明暇滿難得。

丙一、宣說十八暇滿：

何為閒暇與圓滿？吾者未生三惡趣，
邊鄙邪見長壽天，佛不出世及瘖啞，
遠離一切八無暇。為人根足生中土，
業際無倒信佛法，具足殊勝五自圓。
值佛出世與說法，正法住世入佛門，
善師慈攝五他圓，即是十八種暇滿。
自己具全之此時，當誠精勤修解脫。

理應深思頌詞中所說之義。如何思維呢？《婆羅門嘉畏住傑傳記》中云：「脫離八無暇難得，獲得人身亦難得，具足暇滿亦難得，佛陀出世亦難得，諸根具全亦難得，聽聞佛法亦難得，依止正士亦難得，值遇真實善知識亦難得。」如果轉生於地獄、餓鬼、旁生三惡趣當中，則為痛苦所逼迫，因為身體無有閒暇而不能修法；瘖啞之人不具備知言解義的能力，因為語言無有閒暇而

不能修法；長壽天無有修行正法之想，也就因為心識無有閒暇而不能修法；雖有修法之想，但若生於佛不出世、無有正法光明之暗劫中，也不可能修法；雖有正法光明，若成為無有入佛門之心的邊鄙野蠻人，也不會修法；雖然想入佛門，但如果成了墮入增損之邊的邪見者，則無有修持正法的機會，這四種人因為意無有閒暇而不能修法。因此，轉生於八無暇處的眾生由於被各自惡業所繫而無有修法之機會或緣分。關於此理，《彙集經》中云：「斷除八無暇，恒時得閒暇。」《般若八千頌廣釋》中云：「地獄餓鬼與旁生，邊鄙蠻人長壽天，邪見不逢佛出世，喑啞此等八無暇。」《親友書》中云：「執持邪見轉旁生，投生餓鬼墮地獄，無有佛教於邊地，轉成癡啞野蠻人，長壽天生任一處，此等即是八無暇，遠離此等得閒暇，為不轉生當精進。」所謂的圓滿，《月藏經》中說：「具足十種功德之人即是圓滿。何為十圓滿？即斷低劣種姓，不成愚者，諸根不缺，生為男身，相貌端嚴，不貧窮，不受欺淩，聲音悅耳，眾人喜見……」但此處十圓滿是指《宣說十二圓滿閒暇經》中所說的：「獲得人身、生於聖境、具足諸根、業際無倒、信仰佛教五種自圓滿；佛陀出世、宣說佛法、正法住世、趨入佛門以及他人慈愛行法者五種他圓滿。」他人慈愛是指有善知識慈悲攝受引入佛法。十二種圓滿是另外加上兩種分基而算的。《續釋》中云：

「轉為人身根具生中土，業際無倒具信五自圓，導師出世說法法住世，趨入佛門師攝五他圓。」「暇」是本體，「滿」是特法，猶如青蓮花與其藍色一樣。《中般若經》中云：「轉成人身尚難得，何況暇滿皆具足？」

丙二、雖得暇滿然無可信之理：

雖然已經獲得了暇滿人身，但許多人因貪執世間的少許安樂而令其虛耗。

> 倘若此生未修利，後世不聞善趣聲，
>
> 業力所牽墮惡趣，長久流轉於其中，
>
> 不知取捨入邪道，漂於無邊輪迴中。

自己此生幸得人身，如果沒有修成有利之正法，則必將隨業力所牽而轉於惡趣中，到那時僅僅連善趣的聲音也聽不到，更何況說獲得善趣呢？《入行論》中云：「憑我此行素，復難得人身，若不得人身，徒惡乏善行，如具行善緣，而我未為善，惡趣眾苦逼，彼時復何為？」如若下墮於惡趣處，則長期不能從中解脫。《入行論》中云：「縱歷一億劫，不聞善趣名。」

丙三、勸勉勤於正法：

今生若未修持正法，則很難有從深不見底的輪迴中得解脫之時機，因此勸勉諸位誠心精勤修持正法。

> 故今具有自在時，以隨善道之緣起，
>
> 當依無盡善二資，超越三有之城邑。

在還沒有被老衰死亡所縛、所作所為自由自在之

第一品　暇滿難得

時，應當趨入解脫道。如果盡可能行善，則必定擺脫輪迴。《廣大游舞經》中云：「諸比丘，無老衰死、生活安樂、自由自在時，欲解脫者當勤積福慧資糧，汝等將棄離三有城，阻斷惡趣門，登上善趣階梯，獲得解脫果位。」

丙四、今當精進之理：

擁有知曉修持利樂之法的暇滿人身，並且已承蒙善知識攝受，此時應當渡過茫茫無邊、恐怖可怕的輪迴大海。

> 獲寶舟時若未渡，無邊輪迴此大海，
> 永久於惑苦濤中，受逼迫時我何行？

例如在大海上，自己擁有順緣的大船時必須渡過大海。同樣，我們應當依靠所得的人身寶舟越過無邊無際、恐怖難忍的輪迴大海。因為長久沉溺在生老病死的漩渦中無有堪忍的時機。寂天菩薩於《入行論》中說：「依此人身筏，能渡大苦海，此筏難復得，愚者勿貪眠。」

丙五、暇滿難得之理：

> 故速披上精進甲，為除心與心所染，
> 踏上淨智光明道，菩提道中不間斷。

什麼時候盡除了心與心所之污穢，內心便會現出心性光明智慧，如是串習而行持即是所謂的菩提道。一定要夜以繼日毫不間斷地精進實修，捨棄睡眠懈怠。《五

11

大圓滿心性休息大車疏

次第論》中云：「息滅心心所，一切戲論時，無念光明智，無中邊顯現。」此處所說的心是指存在於三界所依身體上的增益尋思，心所是隨後之伺察，它們是障蔽真如的垢染，因此徹底淨除心與心所後便會現前無分別智慧。《二諦論》中云：「心與心所乃三界，增益分別伺察意。」也就是說，最初見到外境時緣所謂「這個」的總相而察知的尋思是心，如第一剎那認知這是「青蓮花」，爾後緣此事物差別是心所之伺察，如分辨青蓮花的藍色、圓形、花心、花蕊等。《辨中邊論》中云：「唯了境名心，亦別名心所。」又如《俱舍論》中云：「尋為粗大伺細微。」如是尋思之心與伺察之心所的一切名言習氣於佛地將滅盡無餘。《入中論》中云：「盡焚所知如乾薪，諸佛法身最寂滅，爾時不生亦不滅，由心滅故唯身證。」也就是說，以迷亂二取為因，自證智慧被煩惱網所遮時稱為心，因為尋伺是不善地所攝之故。一旦從中解脫便稱為佛，因為了知對境卻無有耽著尋伺的能取所取。《贊心金剛經》中云：「若為惑網掩，即名稱為心；若離諸煩惱，即名謂佛陀。」《現觀莊嚴論》中云：「勝諸有情心。」此中所說的佛地具有大心是指大智慧。《功德莊嚴經》中云：「眾生之心乃分別，佛陀之心大智慧，猶如純金之山坡，示此清淨不淨相。」

　　密乘中說大心與大煩惱均為智慧性即是此理。被無

12

知白翳所遮的人認為成佛時心不滅，這實屬愚癡之論調。入定時根識前雖然顯現對境，但尋伺的心識已經滅盡。《毗奈耶經》中云：「比丘，入定時起心動念雖滅，然根識前並非不現外境。護境眷（人名），此即猶如平靜池中顯現影像也。」《定量論》中云：「內識不動住，眼見諸色法，彼識即根生。」諸根前顯現外境是無分別的。《定量論》中云：「一切諸根識，無有分別念。」

總之，以二取為因生起取境尋思伺察即是所謂的心與心所，滅盡能取所取而認知外境即是智慧。如《吉祥鬘經》中云：「若以能取所取而分，於外境所起之分別念乃輪迴之心；無能取所取而了知外境是解脫之智。」

丙六、今若不勤則受輪迴之苦：

以往昔善業力而獲得人身之士：

　　　　今得圓滿法根本，無垢珍寶之法器，

　　　　不容清涼法甘霖，受輪迴苦毀自己。

擁有人身珍寶器，正值降下法雨之時，如若不用法器來接納，後果只能是被輪迴痛苦折磨。《鐵室傳》中云：「雖已獲得暇滿器，然未接取法甘霖，彼為難忍獄火焚，長期為業所逼迫。」

丙七、暇滿為諸法之依處：

擁有閒暇之所依人身，解脫之正法也會自然獲得。

　　　　大樂利樂雲聚中，所降妙智甘露雨，

流入人身淨心田，故當喜悅誠行法。

佛法的甘露雨自然會流入具有暇滿人身者的心田裡。《華嚴經》中云：「奇哉！善男子，圓滿佛法大甘霖亦流入具暇滿人身者心田。此外，人身具無量利益功德。」

丙八、以比喻說明暇滿難得：

暇滿難得之理也可以用比喻來說明。

人天導師佛陀說，猶如盲龜頸恰入，

漂於海中木軛孔，人身較此更難得，

暇滿寶身何堪言？是故今起當精進。

佛在經中說：譬如，海底住有一隻烏龜，每一百年浮到海面一次，海面上漂浮著一個有孔的木軛，剎那也不停地隨風漂蕩，當然龜頸也可能入於木軛孔中，（但這是非常困難的，）而從輪迴惡趣中得到人身較此更難。《親友書》中云：「大海漂浮木軛孔，與龜相遇極難得，旁生轉人較此難，故王修法具實義。」《入行論》中云：「是故世尊說，人身極難得，如海中盲龜，頸入軛木孔。」《花叢經》中說：「諸佛出有壞現身於世亦難得，轉成暇滿人身亦極難得，故當以比喻詳說此理。舍利子，譬如，此大地亦成一大海洋，其中有一具孔木軛，另有一盲龜，木軛隨風漂於海面，海底盲龜每百年方浮到海面一次，此盲龜頸入於快速漂蕩之木軛孔中，而從惡趣再次轉生為人並非如是，墮入惡趣者轉生

為人極其困難。」

　　僅僅獲得人身尚且如此困難，更何況說行持正法的暇滿人身呢？《入行論》中云：「如值佛出世，為人信佛法，宜修善稀有，何日復得此。」《頂寶龍王請問經》中云：「親睹導師極難得，聞說寂法亦極難，轉暇滿人極難得，具戒信亦恒難得。」

　　甲二（認識暇滿之自性）分二：一、總說；二、別說。

　　乙一、總說：

　　　　如是人分相似身，中等身及珍寶身。

　　乙二（別說）分六：一、宣說相似人身；二、宣說中等人身；三、宣說珍寶人身；四、當思正法之理由；五、如是思維之功德；六、於業地修法具大義。

　　丙一、宣說相似人身：

　　　　不知善惡行非法，根雖具足相似身，

　　　　縱然轉生於中土，亦為邊鄙野蠻性。

　　《虛空寶經》中云：「以昔善業之因，既生於人間亦具足諸根，雖轉生於恒行正法之境，卻不知業與業之異熟，常步入不善道中造惡業，彼等雖名為人，實乃庸俗之輩，因為死後將墮入無邊惡趣之故。」

　　丙二、宣說中等人身：

　　　　佛說未入正法道，顛倒善惡貪今生，

　　　　散於憒鬧外境中，蠻橫放蕩棄後世，

大圓滿心性休息大車疏

不求解脫雖聞法，非殊勝身中等性，

偶爾心向微善法，多時罪蒙慧眼故，

持相自他有何利？彼等在家或出家，

稍許勝過惡趣眾，是故稱為中等身。

《虛空寶經》中云：「於眾生界中，未入正法或雖入正法，然因善惡混雜而行並沉於散漫中而使身語意蠻橫放蕩，勤造墮惡趣之罪業將墮入三惡趣之此等眾生，亦蒙受佛大悲日光普照而具足久遠後解脫之種子，故稱為中等人身。」意思是說，行善作惡相間雜，只是精勤聽聞詞句之人不能擺脫惡趣。《三摩地王經》中云：「失毀戒律墮惡趣，彼以多聞不能救。」《涅槃經》中云：「迦葉且看，比丘提婆達多雖聽聞受持經藏如護地大象所負之擔，卻因不善業而墮於惡趣。」《雙部經》中云：「藥部，任何眾生臨終時雖出哀號之聲，然而除所造善業之異熟果外，無有其他能救之法。」又如頌云：「雖見佛出世，已聞犍槌聲，亦聞寂滅法，然自未修持。彼人復言說：我心誠愚癡，隨諸惡友轉，以貪迷惑心，造作諸罪業。我曾依貪欲，殺害諸有情，唐捐諸僧財，感受難忍果。我以損害心，毀壞諸佛塔，亦言諸惡語，毆打自母親。我今知以身，所造諸罪業，已睹生難忍，大號叫地獄。」

丙三、宣說珍寶人身：

佛說無垢之法器，最為殊勝之正士，

自在聞思精華義，調己勸他行善法，

修行山王極穩固，彼等仙人勝幢相，

無論在家或出家，即是珍寶之人身。

通過聽聞善妙法門、思維其義、相應安住而調伏自相續，爾後勸勉他人行持善法，披上解脫大鎧甲，這就是持大仙人（佛）之勝幢者，並非僅僅身著出家裝束就稱之為仙人勝幢。若自己如是精進聞思修，勸人行善，則無論是在家身份還是出家形象，都稱為珍寶人身。《德藏經》中云：「德藏，若能以廣聞聖教、思維彼義、無惑修行瑜伽，亦能勸勉他眾行此，則是天等世間之殊勝莊嚴，故稱為具義暇滿，又稱珍寶人身。」《中般若經》中云：「須菩提，任何菩薩自己行善並勸勉他人行善，即成為具義暇滿人身，受到諸佛讚歎、稱頌、恭敬。」

關於勸他人行善的方法，《廣大遊舞經》中云：「諸有為法速毀滅，如空閃電不久住，汝於此世存活時，及時行持勝妙法。」或者按照大阿闍黎月稱言：「最初必定於聞者，宣說佈施教言等，此人堪為法器後，當說甚深之教授。」

如是暇滿人身，總的來說可以作為諸乘之所依，尤其堪為無上乘的法器，對此《虛空寶經》中云：「虛空藏菩薩白佛言：『世尊，如何看待暇滿？』佛告虛空藏菩薩：『心為分別念迷醉而散亂稱為繫，息滅心之分別

大圓滿心性休息大車疏

而住於自性中稱為暇，圓滿者即是了知心之自性，於真實義中心得自在，故稱為暇滿。』」要遵照此中所說來掌握。

丙四、當思正法之理由：

獲得暇滿人身之士恒時唯一思維正法之理由：

> 故於大德前聞法，如法修持住正法，
> 恒常行法止非法，以修法義而住法。

這是殊勝竅訣。因為善知識難逢難遇，聽聞正法也來之不易，而做到持之以恆精進修法就更為難得。《佛分別律・教誨廣嚴城品》中云：「諸比丘，且觀惡趣眾生，後世復得人身亦極難；且觀此等具邪見之邪師，值遇真實善知識更困難；且觀此等失毀戒律與解脫之破戒者，當唯以行頭陀功德、始終修持善法、樂居樹下或靜處而度人生。」

丙五、如是思維之功德：

如此思維的功德利益：

> 不久越過三有海，速至寂洲得涅槃。

《天子請問經》中云：「天子，始終以精進心勤於善法，將速現前無上圓滿正等正覺菩提。」《親友書》中云：「依止真實善知識，梵行圓滿能仁說，是故當依諸大德，依佛累世得寂滅。」

丙六、於業地修法具大義：

> 何者轉生為人時，倘若不勤修善法，

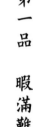

則無比其智劣者，如自寶洲空手返，

無義虛度暇滿身，故當恒修寂滅法。

轉生在有修法機會的業力之地——南贍部洲，儘管已經獲得了這樣的閒暇人身，但如果不修行正法，則如同從如意寶洲返回時沒有取到寶珠空手而歸一般。《入行論》中云：「既得此閒暇，若我不修善，自欺莫勝此，亦無過此愚。」所以，如果從微小善事做起，唯一精進修行增上生決定勝法門，將獲得眾多圓滿功德。《寶鬘論》中云：「如此常修法，自與諸世間，悉皆心悅意，以此為最佳。由法眠安穩，安樂而覺醒。由內無過咎，夢中亦見樂。竭力孝父母，承侍種姓主，善用忍行施，柔語無離間，實語始終行，獲得天王已，依舊成天王，次第成佛果②」直到「故知業果理，隨同而行持，恒常利有情，即利汝自己」之間，均是說要修持使自他今生來世安樂的善法。

甲三（明確觀察能依所依之自性）分六：一、法之根本為心；二、應當日夜精勤修法；三、宣說功德令生歡喜；四、成辦超人善妙之理；五、暇滿為諸乘之所依；六、觀修難得之方法。

乙一、法之根本為心：

從能依所依自性入手，專心觀察。

諸法依賴於自心，心依暇滿即緣起，

種種因緣聚合時，當調自心諸法根。

諸法依賴於自心，心又依賴於暇滿人身，這就是能依所依的緣起。心作為一切善法之因，暇滿人身作為助緣，此時應當唯一調伏自心。《親友書》中云：「汝當調心世尊說，心乃諸法之根本。」《海龍王請問經》中云：「龍王，心乃諸法之本，諸法從心產生、由心幻化，故當徹知心之自性。」《普作續》中云：「如是一切顯現法，皆為心造心幻變。」《楞伽經》中云：「如鏡所顯像，非有似顯現，不知心相者，生起二分別。清淨習氣力，種種唯心生，人前現外境，世間皆唯心。」又云：「境無非實有，唯心無外境，習氣擾亂心盡現外境中。」意思是說（一切外相）如夢境般現於心中在迷亂的心前無有而現出內外種種景象，這是由迷亂習氣所產生的景象，實際不成實有，但似乎實實在在現於心中，所以說心是諸法的根本。山等外境在迷亂的心前現為不清淨，這是心所造的，而山等並非是心，對此下文還有闡述。

如果沒有守護住自心，就無法守持學處。《入行論》中云：「若不護此心，不能護學處。」「除此護心戒，何勞戒其餘？」「實語者佛言，一切諸怖畏，無量眾苦痛，皆從心所生。有情獄兵器，何人故意造？誰制燒鐵地？女眾從何出？佛說彼一切，皆由噁心造，是故三界中，恐怖莫甚心。」「調伏此一心，一切皆馴服。」其中所述均說明了輪迴的一切苦樂都是從自心產

20

生的。因此，要努力調伏的就是諸法之根本──自心。《寶雲經》中也說：「世間心所牽，心不現見心，一切善惡業，皆為心所積。」《寶積經・迦葉品》中云：「心可造種種業，故如畫家；心可造成損害，故如敵人；心可產生一切苦厄，故如怨家。」《抉擇眾生經》中云：「鐵地極熾燃，火舌遍各處，以鋒利鐵鋸，一身鋸八瓣，此由諸惡人，三門罪心生。」心是一切苦樂的根本，因此全力以赴就是要調伏這顆心。

乙二、應當日夜精勤修法：

接連不斷流轉輪迴受苦時：

> 死亡恐怖生無邊，貧窮痛苦如雨下，
> 皆從虛度暇滿生，故增上生定勝法，
> 由思暇滿難得生，晝夜喜悅速勤修。

《華嚴經》中云：「嗟！善男子，漂泊於輪迴中之此等眾生，未曾思維自己暇滿所飾人身得之不易，以惡知識之因流轉輪迴為苦火所逼，吾因思維殊勝閒暇而從三有中獲得解脫，汝等亦當如是而行。」

乙三、宣說功德令生歡喜：

> 此說暇滿之功德：面見導師具實義，
> 聞修正法亦具義，今生具義來世果，
> 皆自暇滿人身生，故當數數生歡喜。

我們這些人當中，有的往昔面見佛陀並得解脫，有的今生日夜奉行善法使人身有意義，也有來世播下解脫

種子的，這些都來源於思維暇滿難得。《念住經》中云：「樂生且觀，汝所見所聞一切善妙皆從思維閒暇中產生，眾人任何安樂善妙之法悉皆依此而成辦。」因此，已經擁有閒暇的時候應當發自內心歡喜。

乙四、成辦超人善妙之理：

此外，宣說成辦超人善妙之理：

天等世間眾生主，聲緣佛子中怙主，

獲得無死甘露位，亦從勝寶人身生，

故贊暇滿勝天身，已獲人身當生喜。

出有壞大能仁獲證菩提所依的身體也是南贍部洲人中尊主的身份，因此說人身勝過天人身。《現前菩提經》中說：「於天界中不能獲證菩提，因有我慢而不能證悟真諦故，徹見唯有暇滿人身方可成佛後而前往迦毗羅衛國。」《入行論》中云：「復以勝天身（，迅速成正覺）。」

乙五、暇滿為諸乘之所依：

人天之中人易得，無念見諦智慧地，

獲得人身易成就，深藏金剛乘道果，

故說殊勝暇滿身，乃為諸乘法所依。

《俱舍論》中云：「欲界中獲前三果，末果則由三界得，此無見道無出離，經云此始彼究竟。」密宗之真實義也依靠人身而迅速得以成就。《滅盡四大續》中云：「眾人倘若精進修，殊勝密宗之此王，即生之中可

成就，其餘悉地何堪言？」因此說，暇滿人身是諸乘之所依。

乙六、觀修難得之方法：

如何觀修人身難得呢？坐在舒適的坐墊上，皈依發心後思維暇滿所飾之自身。

　　猶如窮人獲勝寶，懷疑畏恐是夢境，

　　應當欣喜思暇滿，成就現後利樂法。

思維這其中所說之義，就像貧窮之人獲得了殊勝珍寶一樣，應當為自己得到暇滿人身而感到欣慰，一定要唯一修持正法，心想：如果這不是夢該有多好啊！也擔心它消失。獲得這樣的人身也值得從內心生起歡喜，最後將所修善根迴向眾生。《佛分別律》中云：「目犍連，一心思維閒暇，以歡喜心隨念人身。」

甲四、迴向本品善根：

發善願將如是宣說暇滿難得之福德迴向一切眾生。

　　以此妙音甘露語，願息眾生之散亂，

　　赴往林中斷煩惱，疲勞心性今休息。

奉獻飾滿鮮花的清涼甘露善說，願以此遣除一切眾生散亂度日、虛度暇滿人生之業惑，全部前往舒心悅意的寂靜處，使長久漂在輪迴中疲憊的自心今日得到休息。

本品全義均可攝於剎那心相續中，令人們對輪迴生起厭離心，此品撰著圓滿並已迴向善根。其餘諸品也應

如是理解。

於靜林間岩窟美藥樹，瀑布瀉聲鮮花舞飾處，
久勞此心不動而入定，願令暇滿人身具義住。
於此處亦不見野蠻眾，息滅煩惱具足七聖財，
祈願捨離今生此身後，趨至心之國王本來地。

大圓滿心性休息中第一品暇滿難得釋終

第一品　暇滿難得

第二品　壽命無常

壽命無常品分五：一、略說；二、廣說；三、勸勉精進；四、結行；五、迴向本品善根。

甲一、略說：

雖然已經獲得了極為難得的人身，但它也是不可信的。因此，教誡諸位必須精進修持正法。

> 如是雖獲難得身，然為剎那無常性，
> 若詳觀察無實質，猶如水泡不可靠，
> 是故日日夜夜中，恒常思維定死亡。

儘管已經獲得了暇滿人身，然而壽命僅僅是短暫的一瞬間，稍縱即逝，不可能恒常不變，猶如芭蕉樹一樣無有實質性可言，根本經不起分析。我們一定要堅信：如水泡般的人身雖然暫時一現，但很快就會支離破碎、各自分散。因此，務必要認真觀察無常的本性。《因緣品》中云：「嗚呼有為法，無常生滅性，已生定滅故，當速趨寂樂。如佛說諸法，如星翳油燈，如幻露水泡，如夢電浮雲。」

甲二（廣說）分十三：一、所愛之身亦是無常；二、得梵天果亦是無常；三、乃變化性故為無常；四、器情世界皆為無常；五、以諸佛佛子示現涅槃而說無常；六、以無增唯減而說無常；七、外內皆為無常；八、以比喻說明無常；九、終捨一切故為無常；十、三

大圓滿心性休息大車疏

世均為無常；十一、三有皆是無常；十二、剎那亦無常；十三、諸緣時境皆無常。

乙一、所愛之身亦是無常：

如是無實變化的不淨身體本是各自分離、不可指望的性質，為此教誡捨棄對身體的貪執，日夜精進觀修無常。

> 此身一切痛苦根，深重煩惱之來源，
> 雖著衣飾花鬘等，美味佳餚供奉之，
> 然終無常毀壞離，為鷹狐狸豺狼食，
> 捨此愛淨常執心，當自今起修妙法。

恒時將所謂的自身執為我和我所而以衣食供奉，隨順承侍，他人出言稍有不當就不高興，便反唇相譏，以免受害。如寂天菩薩說：「身猶須臾質。」不知死主何時來索取，身心分離的時候身體不會隨之而去，最後只能成為屍陀林中鳥、犬、狐狸、鷹鷲等飛禽走獸的食物。所以，不應該珍愛執著這個身體並為之毫無意義地造惡業，而要像對待奴僕一樣使用自己的身體奉行善法，如果它奉行善法，就付與衣食之類的相應薪資，換句話說就是要日夜精勤修持正法。《教王經》中云：「大王，譬如，四方大山，堅實牢固，未毀未裂，極硬無損，直沖雲霄。此四山王倒地，可粉碎一切草木枝葉及諸含生大種，以神足逃，或以威力擋，或以財物贖，或以藥物密咒去之均不易。大王，四大恐怖亦復如是，

26

以神足逃，或以威力擋，或以財物贖，或以藥物密咒去之均不易，何為四大恐怖？即老、病、死、衰也。大王，老者可摧青春，病者可摧健康，衰者可摧圓滿，死者可摧生命，此等以神足逃，或以威力擋，或以財物贖，或以藥物密咒去之均不易。大王，譬如，獸中之王獅子住獸群中控制野獸，可隨意指使，諸野獸無法堪忍其神威而無可奈何。大王，同理，被死主以利戈刺入時離諸驕慢，無依無怙，無援無助，無親無友，骨節分離，血肉幹枯，身為病惱，口乾舌燥，面目皆非，手足顫動，無能為力，喪失威勢，口水、鼻涕、小便、嘔吐等物染汙其身，眼耳鼻舌身意諸根滅盡，出現呃逆，發呻吟聲，醫生棄之，諸藥、美味飲食無濟於事，往其他眾生中，臥最後床，沉於無始之生老死亡河中，生命所剩無幾，畏懼閻王，為災難縛，呼吸中斷，張開口鼻，牙關緊咬，言說『佈施佈施』為業所牽輾轉投入三有，孑然一身，孤立無助，遠離今世，遷往他世，作大遷移，入大暗處，墮大深淵，入大莽林，往大僻處，為大海沖，為業風吹，無立足地，赴大沙場，為大魔擒，飄於空中，為父母兄弟姊妹子女圍繞，氣息中斷，眾人言『當分財產』，是人哀呼『痛啊痛啊……爸呀、媽啊、兒子啊……』而拽髮。此時，唯有佈施、苦行、正法可為助伴，除正法外無餘依處，無餘怙主，無餘救助。大王，爾時正法可作洲島、處所、怙主、本師。大王，是

27

時自臥榻中，感受後世顯現，若墮惡趣則現彼處恐怖相，爾時，任何非法皆不可救。大王，汝如是愛重之身亦終有亡時，具足功德，長久以諸多淨食等滿足之滋養之，然住於最後榻時醫生離棄，眾人置之不理，心不安樂即至亡時。大王，如是沐浴、塗拭、香薰身體，以香花薰染亦定出現臭氣。大王，如是以嘎謝嘎布、綢緞等妙衣遮掩，然住於最後榻時污垢覆身，亡時赤身裸體離開人世。大王，雖以種種欲妙享樂，然捨一切後於貪不厭足中死時已至。大王，如是汝居室內香、花、飛幡、寶座、妙衣應有盡有，左右置有臥具，今縱眠其上，然汝身必將被拋於遍佈烏鴉、狐狸、人屍等令人發嘔之大屍林中，爾後身必紋絲不動臥地。大王，如是汝乘象馬，奏動聽樂，悅意歡欣，高撐傘幢等，諸君臣親友美言讚歎，目送而去。然不久亡於榻上，為四人掮，父母兄弟悲痛捶胸，自城南門出至荒野，或葬於地下，或為烏鴉、鷹鷲、狐狸等所食，遺骨無論火焚抑或投於水中抑或埋於地下，皆經風吹日曬雨淋而成粉末，飄散各處，終將腐爛。大王，如是諸行皆無常，無有可靠。」如是廣說之理，應當深思。了知死時今生的任何顯現均不能跟隨，因此希望諸位日夜唯一勤修正法。

乙二、得梵天果亦是無常：

> 三界圓滿善妙主，梵天樂生千眼等，
> 聲譽福德威光燦，亦無勝過死主時。

第二品　壽命無常

縱成禪定住數劫，業盡之際必死亡，

一切天人阿修羅，成就之士持明者，

人間君主平凡眾，皆畏死亡生無邊。

梵天、大自在天、遍入天、帝釋天、四大天王等光芒四射，普照世界，勝過千日之光，威光赫奕超過金山，福德聲譽傳遍天下，成為天上、地上、地下三界之主尊，並有圓滿善妙之財富嚴飾，然而他們也有死亡之時。《毗奈耶經》中云：「諸比丘，且看此等興盛皆衰而無實，我憶昔日雖於輪迴中轉為梵天、帝釋、四大天王等不可思議之尊主，然皆於不厭足中死亡，墮入惡趣。」又言：「且觀梵天帝釋大自在，千眼遍入亦悉無常亡，日月須臾顯現之遊舞，大地四洲世界皆成空。」

四禪天及其餘諸天、非天、一切苦行成就者、持明者也都超越不了死亡的規律。《毗奈耶經》中云：「成就四禪天與人非人，非天仙人苦行盛德者，雖住經久數劫尚無常，不可依靠人身如水泡，終將各自毀離何堪言？」威懾四洲的轉輪王、君主大臣、沙門婆羅門臣，沙門婆羅門，施主等無常，眾生皆如夢。」

乙三、乃變化性故為無常：

因一切皆是遷變的本性故是無常。

今生無常烏雲中，死主跳動閃電舞，

晝夜諸時降變雨，淋濕三地諸苗芽。

以暇滿人身嚴飾的壽命猶如夏季空中密佈的烏雲，

大圓滿心性休息大車疏

自然變化的死主跳起閃電的舞蹈，晝夜剎那不停恒時降下瀕臨死亡的大雨，普遍淋濕了三有中一切眾生苗芽。

《廣大遊舞經》中云：「三有無常如秋雲，有情生死如舞者，士夫壽命如閃電，如陡坡水飛速逝。」

乙四、器情世界皆為無常：

宣說長期穩固靜止的器世界與賴以生存運動的有情世界均為無常之性。

> 器情無常世成壞，七火一水風毀時，
>
> 大海洲山所圍繞，四寶山王亦無常，
>
> 當思一切定有成，一虛空時誠修法。

長期思維此理，以外器世界之壞滅來說明內有情的無常性：初劫形成時，於空無所有、無阻無礙的虛空界中，形成了金剛不壞的金剛十字架風，其上形成了堅如金剛的水輪，在水輪上形成量同第一禪天具鐵圍山之金剛大地，在大地上，由於空中降雨而形成汪洋，翻滾的水泡分別形成高山與洲島。小洲世界的須彌山由四種珍寶而成，即東方由水晶而成，南方由琉璃而成，西方由蓮寶而成，北方由純金而成。與水交界處的持雙山等七山之間是七湖圍繞的外海灘，東方有半圓形的東勝身洲以及依之而存的身洲與勝身洲；南方有肩胛骨形的南贍部洲與依存的拂洲、妙拂洲；西方有圓形的西牛貨洲及行洲、勝道行洲；北方有四方形的北俱盧洲和惡音洲及惡音對洲。須彌山上方是由尊勝宮、四園林、東北方大

香樹嚴飾的善見城。群山的邊緣是大海，海的四周由等同持雙山的鐵圍山環繞，並有日月莊嚴，這就是器世界。

依賴器世界而生存的有情有從光明天下墮人間而成為四大洲八小洲的人，以及由惡業所感而分別成為惡趣的旁生、餓鬼、地獄眾生。其中旁生以大海為根本處所，餓鬼的主要住所是王舍城下，八寒八熱地獄在岡底斯山下，八八相連，近邊地獄主要位於無間地獄四周。這是地獄的根本處所。散居旁生、空遊餓鬼、孤獨地獄在人間也有。六欲天：（一）位於須彌山一半的交界升起日月星辰處住著四大天王天；（二）其上是三十三天，三十三天上方虛空中如星辰般依次是具有無量宮的四天，即（三）時分天；（四）兜率天；（五）樂化天；（六）他化自在天。須彌山間隙中住有諸非天，水間隔處住著羅睺非天，中間住著星鬘非天與項鬘非天，地間隔處住著淨心非天，非天的受用可與欲天相媲美。四禪天：初禪三處即梵眾天、梵輔天、大梵天，位於他化自在天上空四萬由旬之上。二禪三處即少光天、無量光天、極淨光天（即光明天）。三禪三處即少淨天、無量淨天、遍淨天。四禪八處即無雲天、福生天、廣果天、無想天、無煩天、善現天、善見天、色究竟天。前三者為凡夫所在處，後五者為聖者所在處，又名為淨居地五天，這些天界層層向上。四無色天即空無邊處、識無邊

處、無所有處、非想非非想處，也就是有頂。這四處的天人都是因為先前以獲得無色等持的某一身份死後而轉生到此無色界的。如是所說的一個器情世界稱為四洲世間界，這樣的一千個世界，周邊由高度等同三十三天的鐵圍山環繞，稱為小千世界。一千個這樣的小千世界，周邊由高度等同他化自在天的鐵圍山環繞，稱為中千世界。一千個這樣的中千世界，周邊由高度等同第一禪天的鐵圍山環繞，稱為三千大千世界，即是一個殊勝化身示現同等身相而無有前後顯現十二相調化眾生的世界。

除此之外，十方有圓形、半圓形、四方形等無量世界遍佈虛空，其中的眾生有的頭朝上，有的橫著，有的頭朝下，遍滿無量的種類。

此處以娑婆世界為例，宣說器情世界的成住壞空時間相等。最初形成，現今穩住，從人壽達到無量歲時毗婆屍佛出世，到釋迦牟尼佛出世，直至人壽十歲之間稱為劫初長時，也就是說，人壽每二百年遞減，爾後每過一百年增長一歲，從十一歲到人壽達八萬歲時彌勒佛出世。此後又是每一百年減少一歲，直至十歲之間（稱為轉長時期），如是上增下減算為一次，共十八次，名為中劫十八返，期間有九百九十五佛出世，之後每二百年增長一歲，直至無量歲，稍許遞減時有「勝解佛」出世，其事業、壽量、所化眷屬數均等同前面諸佛事業、壽量、所化眷屬數的總和，並且調化以前諸佛未調化的

眾生，以其願力使包括僅聞三寶聲、毀壞根本戒、做微小善事在內的眾生皆從輪迴中解脫出來，在人間的事業圓滿而示現涅槃後其教法仍如期住世，令三千大千世界的一切眾生均得解脫。後於人壽十歲時，壞劫的七火將一切焚為灰塵。火是指太陽，有些經中說是七個太陽，有些說出現一個具有七個太陽熱量的太陽。實際上，出現了一個具有百俱胝太陽熱量的太陽而焚毀一切。爾後塵埃為水所沖，為風所吹，最後成為一虛空，猶如以前未形成時一樣。《三摩地王經》中云：「一旦此世界大種，諸世間成虛空時，如前其後亦如是，當知諸法皆亦爾。」

大圓滿心性休息大車疏

通過外器世界壞滅之比喻來窺視內在身體也是壞滅的。首先於心之法性虛空中，形成了無明分別之風，以此為因，形成輪迴業地之水，以此為緣，由父母精血形成身體之須彌山王，之後形成雙目的日月白紅明點、十二處、界之四大洲八小洲以及八識聚的七山和鐵圍山。身語意所依靠的精脈、血脈、中脈是三門三毒三身之所依，代表三界，五脈輪或六脈輪代表五趣或六趣。轉生於不同各道中所感受諸多苦樂的這個內大千世界也是聚際必散、生際必死、有為壞滅之本性。到了死亡時，外四大攝入內四大中，即被七火一水毀為灰塵，之後內四大、密四大皆融入本來光明中，此時一切均成為一虛空。身體四大所攝的風脈明點七次為火所焚而殆

盡，一次為水所沖而使生命死亡，最後為風吹散而使呼吸中斷，身體也就各自分離、消失，最終如虛空般一無所有，此時與從前未形成身體時一模一樣。《廣智後續》中云：「以風水火熟，形成身器世，風脈及明點，四大殼中住，無變諸光明，遷至虛空室，大（指大種）風脈明點，七次為火焚，水一沖大融，風吹粗細滅，入光明空界。本怙菩提者，趨至無迷基。」需要觀察眾生各自世界之隱沒規律。《親友書》中云：「大地山王與海洋，終為七烈日所焚，有情無餘化為塵，弱小人身豈堪言？」

乙五、以諸佛佛子示現涅槃而說無常：

此外，思維出於世間的諸多導師出有壞及其眷屬示現涅槃以及他們教法隱沒的情形，由此也可說明自壽無常。

第二品　壽命無常

> 緣覺弟眾佛子中，引導世間諸怙主，
> 宛如晴空中皓月，為諸星曼所環繞，
> 巍然朗然坦然現，亦示無常涅槃相，
> 無量教法珍寶日，亦漸隱沒當觀此。
> 猶如無實芭蕉樹，幻室自身何不滅？

曾經出世於此娑婆世界的導師毗婆屍佛、屍棄佛、毗舍浮佛、拘留孫佛、拘那含牟尼佛、迦葉佛和釋迦牟尼佛皆如秋季升起的滿月一般，妙相隨好威光耀眼，為群星般的聲聞、緣覺、菩薩、梵天以及四大天王等眷屬

所圍繞，身體光芒四射、巍然而住，語言無卒暴音、清晰朗然，智慧清淨無垢、坦然明瞭，堅固如金剛般的佛陀都已趣入了涅槃，除釋迦牟尼佛教法外其餘教法也已依次隱沒。觀觀這種情形，再思維如水泡般無有實質的自身的無常性。《無常因緣品》中云：「百福所成千相飾，如來藏身尚無常，猶如水泡不可靠，自身為何定不壞？利眾諸佛如日落，正法皓月亦隱沒，當知自己之一切，眷屬受用皆無常。」

乙六、以無增唯減而說無常：

證得猶如金剛般的佛身尚且無常，那麼，好似芭蕉樹一樣的此身豈能穩固存在？

> 故定死亡然死期，死處死緣皆不定，
>
> 此壽無增恒衰減，死緣眾多生緣微，
>
> 時不待我當緊迫，自即日起勤修法。

一經出生以後必然走向死亡，只要有生必定有死。《妙法白蓮經》中云：「有生必有死，有聚必有散。」因時間無法掌握，所以不知何時死亡。《因緣品》中云：「明日死誰知，今日當精進，彼死主大軍，豈是汝親友？」死於何方也沒有定準。因此，無論前往何方，住於何處，做任何事都應觀想：也許會死於此地吧！《妙臂請問經》中云：「於山險地或深谷，室內路口或河畔，何方皆思我終處，了知無可適從性，故當遣除喜世間。」

以何緣而死也是不一定的。經中云：「有以食噎死，亦有以藥亡，何況說逆緣？故死緣無定。」

因為壽命無有增加、唯有減少，是故必定死亡。《無常語》中云：「如斷水源池，無增唯減故，眾皆入死道，誰信暫時壽？」《入行論》云：「晝夜不暫留，此生恒衰減，額外無復增，吾命豈不亡？」

死緣眾多生緣稀少，因此也可表明必定死亡。《入行論》中云：「死緣極眾多，生緣極稀少，是故速死亡，心當向正法。」《寶鬘論》中云：「死緣何其多，生緣何其少，彼等亦死緣，是故恒修法。」

乙七、外內皆為無常：

通過眼見外面的破舊城市，更要想到死亡。

四大聚合之心室，雖為動念士所飾，

亦由因緣所產生，乃壞滅性有為法，

猶如舊城無常有，故當迅速修正法。

如是觀察從前美麗富饒的城市中遍滿人流，後來終有一日人去城空的這幅場景。嗚呼！輪迴之法皆是前興後滅，所有人最終只留下名字而已。同樣，為珍貴的衣飾所裝點、種種分別動念所嚴飾四大聚合之自身這個房室也終將塌毀，僅僅剩下骨骸而已。到那時，也許會有些人念著自己的名字說「這是某某的遺骨」。因此應當深入思維此理。《親友書》中云：「身際如灰幹際墜，終究不淨無實質，當知一切皆壞滅，各自分散之自

性。」

乙八、以比喻說明無常：

儘管在漫長的一生中享受善趣安樂，然而，如夢初醒般瞬間就會趨向死亡。

> 猶如赤風中油燈，剎那無常動搖性，
> 驟然猛烈之死緣，降臨自己頭上時，
> 不能久住定死亡，故應當下修正法。

例如，和風吹動的草原上有一盞油燈，偶爾刮起一場狂風時，油燈便會熄滅。同樣，應該想到：自己猶如油燈動搖般的壽命被夜以繼日的無常和風吹動而趨向衰老，迅速死亡，無有餘地，並且定會受到狂風般病緣或損害的威脅。《致弟子書》中云：「如為狂風所吹之油燈，壽命瞬間住准亦非有。」

乙九、終捨一切故為無常：

因為最終必將拋下一切而離開人世，由此也要觀修無常。

> 眷屬受用與親友，美貌韶華財種姓，
> 皆需棄捨獨自亡，無助益者隨善惡，
> 爾時依處唯正法，為何今不勤修持？

死亡時，今生的眷屬、受用等任何事物都無濟於事，必須離開人間，隨著善業惡業而流轉，此時唯有正法能夠救護。《教王經》中云：「國王趨入死亡時，受用親友不隨身，士夫無論至何處，業如身影緊隨後。」

大圓滿心性休息大車疏

《德施請問經》中云：「雜業尋受用，養活子與妻，極苦死亡時，子妻非依處。如做種種事，亦捨子與妻，獨自受苦果，時無代受者。父母兄弟妻，僕財眷屬眾，死後無跟隨，諸業隨其後。」爾時積累深重罪業的人們會出現被往昔所宰殺的眾生和閻羅獄卒用輪、索束縛牽引的景象。《入行論》中云：「若今赴刑場，罪犯猶驚怖，口乾眼凸出，形貌異故昔。何況形恐怖，魔使所執持，大怖憂苦纏，苦極不待言。誰能善護我，離此大怖畏，瞪大凸怖眼，四方尋救護。四方遍尋覓，無依心懊喪，彼處若無依，惶惶何所從？」到了死時再憶念正法也已為時過晚，如同犯法者落到劊子手的掌中時方尋覓救護者一樣。因此必須從現在起就憶念正法。《入行論》中云：「未肇或始做，或唯半成時，死神突然至，嗚呼吾命休！」也就是說，三寶與善法才是真正的皈依處。《淨施請問經》中云：「父母亦非吾依處，親財韶華亦非爾，唯有具足功德者，沉輪迴眾之依處。吾願為佛捨身體，生命受用皆捨棄，唯有皈依三寶外，無有餘眾吾皈依。」

乙十、三世均為無常：

如是思維輪迴之處、自相續以及他眾皆是無常之本性。

思維世間前後代，先前無量人已逝，
如今人間多數眾，百年之內定死亡。

未來一切亦復然，且觀老幼同輩去，

吾亦不離此性故，當思定死而修法。

嗚呼！諸位善友，且觀外境的遷變，再看看百年以前那些人們有留下來的嗎？現在我們大多數人百年之後也僅剩下名字而已，未來的一切眾生也都與此相同，因為從來就沒有生而不死的情況。比自己年長的、較自己年輕的、與自己同齡的許多親友、怨敵相繼離開人世，由此也要想到自己也不例外，終究必死。《因緣品》中云：「自某日夜晚，初入母胎人，壽無增唯減，一去不復返。上午見多士，午後有不見，午後見多士，翌晨有不見。諸多男與女，亦有壯年死，說此年輕人，豈有存活准？有者胎中死，有者落地亡，有僅爬行逝，有跑時夭折，有老有年幼，有些壯年人，相繼而離世，如果熟墜地。」

乙十一、三有皆是無常：

三界地獄至有頂，無一勝過死主者，

悉皆無常無實質，不可依靠如車輪。

尤其人世多損害，成多病魔之禍源，

兵刃火災險地毒，猛獸國王與怨敵，

以及盜賊土匪等，摧毀生命壞圓滿。

無論在六道任何一處，都沒有不受到死亡威脅的地方，由此就該想到三界六道的一切眾生均擺脫不了死亡。《毗奈耶經》中云：「無論是虛空，大海或山洞，

住於任何處，無有不死者。」

無論死於任何地方都是只捨棄身體，而心卻隨著以前的業力屢屢流轉在輪迴中。《廣大游舞經》中云：「三有無明諸眾生，愚癡之故而流轉，人天三惡趣五道，猶如瓷師之輪盤。恒戀美色動聽聲，妙香美味及樂觸，眾縛惡世之網中，如猴困於獵人網。」

尤其是，人間的損害更為繁多，諸如麻風、瘟疫、風、膽等疾病，小兒鬼、食肉鬼、空遊鬼、厲鬼等多種魔鬼，國王、怨敵、野人、災禍等數百危害剝奪人們的豐富財產、生身性命，會造成驟然暴死，因此必須精進修持正法。如《攝功德寶經》中云：「人世鬼魔疾病多，益慈心諦加持滅。」

乙十二、剎那亦無常：

不僅有這般損害會導致死亡，即使無有此等危害，也免不了一死。

> 縱然無有諸損害，士夫壽命亦流逝，
> 晝夜剎那皆變化，逐漸靠近死主域，
> 猶如江河匯於海，或似日落於西山。

即便自己終生沒有遭受任何突如其來的損害，並且試圖以相應的飲食、營養等來延年益壽，但卻無濟於事，終究要死。《入行論》中云：「縱似今無病，足食無損傷，然壽剎那逝，身猶須臾質。」其實，人生一剎那也不會停留。《聚寶頂經》中云：「須菩提言：『士

壽猶如陡坡水。』」《毗奈耶經》中云：「陡坡水流入大海，日月瀕落於西山，晝夜須臾自然逝，人壽流逝同此等。」

乙十三、諸緣時境皆無常：

食等生緣雖圓滿，尚有如毒生苦時，

數多逆緣之危害，豈能不滅諸圓滿？

是故無不成死緣，死亡處緣期不定，

當棄無義欺世法，誠修死亡無常法。

有利於存活的飲食也會成為罹患疾病的根源，儘管暫時似乎有益，但從長遠來看，卻成了損害。諸如為利於療病而服用泄藥，結果也有使病情惡化的，更何況說遭受逆緣之損害而中斷壽命呢？也就是說，一定要想到無有不成為死緣的，因此應當唯一思維死亡。如前所說，無法確定死於何處、以何緣死、何時死亡，今天不死的把握也沒有。《入行論》中云：「若思今不死，安逸此非理，吾生終歸盡，死期必降臨。」

甲三（勸勉精進）分三：一、具足上師竅訣時當修法；二、若不精勤則不得解脫；三、於不聽善妙教誨者生悲心。

乙一、具足上師竅訣時當修法：

獲得暇滿人身的這一大好時刻，應當脫離輪迴。

此時吾得暇滿舟，正具上師竅訣槳，

若不精勤渡苦海，更無較此愚癡者。

大圓滿心性休息大車疏

自己擁有暇滿人身之舟，並且具足佛陀開創的妙道——殊勝上師之法理船槳時，如果不精進修法，那可真是自我欺惑、愚癡至極。《致弟子書》中云：「今已獲得諸佛所開創，猶如大舟法道復捨棄，好似喜愛輪迴海浪花，猶如舞者必定欺自心。」

乙二、若不精勤則不得解脫：

勸勉諸位定要誠心精進修法。

　　　　何故佛贊珍寶器，淨除諸過獲正義，

　　　　若不成辦自他利，則自束縛輪迴獄。

獲得如是閒暇人身時，如果不修持有利於自他的正法，則將永遠為輪迴之索所縛，因此勸勉具有智慧者為擺脫輪迴而勤修正法。《致弟子書》中云：「獲得人身越過生死海，亦播殊勝菩提之良種，功德勝過珍貴如意寶，何者虛度人生令無果。引導眾生心力廣大者，一切如來得道依人身，天龍非天大鵬持明者，腹行與人非人皆不得，已獲來之不易人身後，故當思維法義勤修持。」

乙三、於不聽善妙教誨者生悲心：

雖然我忠言勸誡，但有些眾生卻無動於衷，因此對彼等生起厭煩心而尋求自我寂滅，同時也發心：但願有朝一日能以強烈悲心引導他們。

　　　　嗚呼如同教誨石，思多世人增厭離，

　　　　開示不悟講不解，明日死亡今執常，

貪著輪迴無厭心，　明知我慢明懂迷，
慣鬧散亂降惑雨，　何時我利此等眾？

　　悲哉！對於極為愚昧的眾生，無論如何宣說，以種種表示與無量方便來攝受，卻徒勞無益，他們無有證悟之時，百般傳講也不理解。有些人甚至自己明日就要離開人間卻似乎還要住數劫一般，仍然貪執實有，從而一味散亂於今生之瑣事上；有些人煩惱如烈火，棄離善法；另有些人自相續為嗔火所焚，因嫉妒他人而通過多種途徑竭力惡言謾罵、揭穿過失、惡語中傷、無端誹謗；有些人雖然遭受諸多苦楚逼迫、折磨，但相續中從未對輪迴生起絲毫的厭離心、出離心；有些人聽聞少許佛法，略曉一二便驕傲自滿，進而藐視他人，並且到處蔓延爭論與千種煩惱之火焰，使自他相續的善薪焚盡無餘，因為破誓言失戒律而日夜降下不善雨水。見到這些（剛強難化）的眾生後，我偶爾會生起自己趨向菩提、獨自於寂靜林中修持甚深禪定的心念，但大多數時間是以悲心祈願「有朝一日唯以我令他們獲得解脫」，會產生如此廣大的心力。

　　因此，我今發願肩負起無上重任而言：願以我福德，令十方世界，一切諸眾生，悉離苦得樂。願短壽患者，長壽健康樂，饑渴苦難者，飲食皆富足。願離王盜匪，野人水火險，餘怖諸災難，獲得諸安樂。願所想所欲，皆如意成辦，恒時行善法，獲解脫菩提。願王善護

大圓滿心性休息大車疏

國，政策和緩興，臣增如法想，庶民恒安樂。願離惡趣苦，獲得善趣樂，息滅善趣苦，一切皆吉祥。願三界有情，心地悉善良，不生罪惡心，以法度日夜。願舉國豐收，無病離諸害，相互無衝突，幸福似天界。願諸事遂成，欲財眷僕譽，皆如願以償，圓滿大福德。願世人政增，出家眾法增，欲德者智增，終生吉祥增。願禪師成就，等持解③神通，神變等道果，現前解脫智。願諸苦難者，意復歡喜增，懈怠怯弱眾，精進修菩提。願具福財飾，禪定持淨戒，具憂怖失者，恒不離安樂。願行利眾尊，壽事業無量，他利悉圓滿，長久住世間。願凡依我眾，福善極增上，知足具調柔，聖者之七財。願於我贊毀，譏諷或誹謗，見聞念觸者，皆越三有海。願僅聞吾名，即生摧三有，離苦得樂後，證無上菩提。願今起諸世，我如地等大，成眾生存因，利樂諸有情。願貧眷邪行，無端遭誹謗，成解脫善資，恒時勤利他。願眾生諸苦，皆成熟吾身，我之諸福德，成熟於他眾。以吾善心力，願眾得快樂，夢亦不見苦，獲得喜樂海。願我令遍佈，十方虛空界，所有佛眾生，具足一切樂。願我名聲傳，十方諸世間，應需普降雨，供養佛有情。十方六道眾，佛未救度者，願我悉救度，輪迴海成空。大樂光芒為飾珍寶源泉池，遍佈大地虛空諸眾善雲成，拂塵寶傘作為三界熱惱蔭，願眾成就具足淨水佛蓮花。具有天女樂受青蓮鬘頭飾，池中水鳥起舞慈愛花蕊上，幻化天鵝

第二品 壽命無常

旋花不謝淨刹湖，願眾赴往離諸惑害滿禪刹。無垢朝陽
紅光星靉縈繞月，成具目者甘露威光勝梵天，相好莊嚴
無量光佛菩薩飾，願眾無勤往生光芒遍空刹。圓滿三身
寂靜離塵無雲空，無一多不可思無為性本地，願眾淨心
憩於自成普賢刹，竟至不緣廣狹高低偏墮界。」

此後毫無厭倦以清淨心於山岩前精勤於自他二利之
事業。儘管我以如此饒益心激勵而宣說自己所目睹的無
常法，然而聽聞者卻不生絲毫厭離心，內心一直擺脫不
了常執，如同對放在面前的石頭說法或對旁生開示一
樣。好似旁生的教證，如《無常語》中云：「師言如我
汝亦死，於此無常之竅訣，甚至懷疑亦不生，嗚呼我真
似旁生。」

甲四（結行）分二：一、欲越輪迴者當觀無常之
理；二、宣說功德。

乙一、欲越輪迴者當觀無常之理：

於此盡力勸勉諸位在沒有對輪迴徹底生起厭離心之
前，應當精進觀修無常。

> 於此奉勸欲度過，　過患輪迴之苦海，
> 成就稀有妙德者，　即日思維定死亡，
> 晝夜唯觀修無常，　反復生厭出離心。

無論行住坐臥、進餐、散步、言談、見到人群還是
居於都市城邑、靜處，時時刻刻都要觀修無常，所見所
聞皆當憶念無常之自性、無常之比喻、無常之教誨。

《入行論》中云：「故吾當一心，日夜思除苦。」如果沒有思維無常，會有什麼過患呢？那只能是隨著今生轉，圖名求利，貪婪嗔恚，懶惰懈怠，積累貯存，爭論不休，修法不穩，因而不能從輪迴中速得解脫。

即使是世間平平常常的一件事，如果只是偶爾有空才做，也不會成功，更何況說獲得解脫菩提果了。因此，在沒有證得佛果之前，務必要長期精勤努力修法。燃燈佛、釋迦牟尼佛等最初也和我們一樣是眾生，但他們卻依靠精進力而得以成佛了，我如今仍然漂於輪迴中，儘管以前有無數佛陀出世後趣入涅槃，可是我們卻未能成為他們調化的對境。思維自己因業力所牽而漂於無邊輪迴中的道理，應當下定決心在今遭的這一生就必須踏上菩提道。此身也如瞬間的借用品一樣，因此必須思維無常，誠心精進修法。《入行論》中云：「今後若不勉，定當趨下流。饒益眾有情，無量佛已逝，然我因昔過，未得佛化育。若今依舊犯，如是將反復，惡趣中領受，病縛剖割苦。」《現觀莊嚴論》中云：「如天雖降雨，種壞不發芽，諸佛雖出世，無緣不獲善。」

乙二、宣說功德：

若如是晝夜唯一觀修死亡無常，則功德無量，歸納而言即：

　　　　彼成現後利樂法，勇猛精進而修持，
　　　　捨今世斷我執迷，總之成就諸妙德，

拔出諸過解脫因，急修法根本無常。

當情不自禁地生起了定死無疑、現在必死、不知能否待到明日之心時，自然而然會以如熊熊烈火般勇猛精進而修持正法，依此踏上有利於現世後世的正道。目睹今生之顯現無法長存而心不貪執，自然斷除糾紛鬥爭、懷恨在心、嗔怒損惱、危害他眾等一切惡業，因無暇生起我慢我執我所執，以不同意樂相合眾人並且令人生喜，了知一切財產眷屬親朋好友皆是無常從而對他們不生貪執，他們無論慘遭別人的損害還是蒙受他人的饒益，無論受苦抑或享樂都不生貪嗔之心，他們已故或者離去或者不在也不憂傷。自己無論身處何地，都不會積累貪戀之業，無論出現順緣還是逆緣，相續中都不會產生自相貪嗔執著，日日夜夜唯以善法度過，由於修法一帆風順使得戒律、苦行究竟圓滿，梵行清淨無垢，不為墮罪所染，因為勤修道法而廣積二資路糧，因威儀不雜罪業，從而對所作所為無有後悔之心，重新生起殊勝的信心、悲心與出離心，承蒙諸佛菩薩垂念，人、非人無機可乘，喜樂善法之天神鼎力護佑，睡眠安樂，起床安樂，行走安樂，散步安樂，具足安樂，死時安樂，轉生樂趣，面見如來佛子，聽聞樂法，修持樂道，於大樂洲獲得大樂果位。《毗奈耶經》中云：「謹持梵淨行，精勤修正道，死時無憂惱，擺脫燃燒室……」此中宣說了觀修無常可以獲得無量功德。

甲五、迴向本品善根：

現在宣說將如此認真撰著本品所得之善根迴向於眾生。

> 如是法理蒼鳴聲，發出深益教妙音，
> 願眾散亂執常惑，疲勞心性今休息。

從增長善資白光的大海中出現的雲彩打起呵欠，發出勝過蒼鳴的巨響，從而普降法理之雨，依此滅除三有中疲憊不堪的眾生常執心之一切垢染，在本來怙主日光嚴飾的美宅中享受大樂受用，獲得慰藉。

> 猶如夢境漂動諸眾生，聚際必散之性無實質，
> 好似過客同路之友伴，願證無常變化之本性。
> 士夫壽命消逝如秋雲，如電如幻亦如陡坡水，
> 無常不穩變化之本性，願即日起真實得證悟。
> 任何具有眾多境域財，名聲遠揚廣大功德者，
> 亦是動搖之法無可信，願眾證悟四邊之自性。

大圓滿心性休息中第二品壽命無常釋終

第二品 壽命無常

48

第三品　輪迴痛苦

輪迴痛苦品分四：一、總說痛苦自性；二、分別廣說；三、思維輪迴痛苦之理；四、迴向本品善根。

甲一（總說痛苦自性）分八：一、略說痛苦；二、宣說痛苦之比喻；三、宣說為欲所誘之比喻；四、不斷受六道痛苦逼迫；五、怨親不定之理；六、投生無數痛苦之理；七、縱得梵天之果亦終將受苦之理；八、變化之性故痛苦。

乙一、略說痛苦：

如是已證悟壽命無常之後，為宣說輪迴自性本是痛苦，首先承上啟下：

> 如是三界輪迴法，無常變故極痛苦，
>
> 苦苦變苦及行苦，六趣眾生真悲慘！

《教王經》中云：「大王，此有（三有）變化，此有無常，此有痛苦。」為苦苦、變苦、行苦所折磨的此等六道眾生沉溺於苦海中（真是悲慘）！

乙二、宣說痛苦之比喻：

以比喻說明產生痛苦之理。

> 如火猛獸野人中，陷入國王囹圄眾，
>
> 連續不斷受痛苦，仍無解脫時增憂。

如是眾生感受種種苦厄，前一痛苦尚未消失，後面的痛苦已隨踵而至，無有堪忍之時，遭受著無量無邊的

49

痛苦。《寶鬘論》中云：「諸方虛空地，水火風無邊，如是許苦難，有情無邊際。」又云：「苦短尚難忍，何況時久長？」《業分辨經》中云：「三有之苦，無有清涼之時，故如火坑；恐怖悲慘，故如處於暴怒猛獸、野人之中；難有解脫時機，故如困於國王圄圉中；屢屢湧現，故如海濤；摧善趣命根，故如哈拉哈拉毒。」

乙三、宣說為欲所誘之比喻：

> 雖有離苦得樂心，現行苦因受苦果，
> 猶如飛蛾撲燈火，貪戀欲境受誘惑。
> 猶如野獸蜂魚象，為聲香味觸引誘，
> 當觀五欲惑有情，唯受痛苦永無樂。

此等一切眾生由於不知取捨，儘管千方百計欲求享受樂果，但是沒有斷惡行善怎麼能離苦得樂呢？他們雖然想獲得安樂卻從來沒有行持過善因，雖想脫離痛苦，卻勤造惡業之苦因。一切痛苦都是從三毒五毒等煩惱中產生，形成集相，以致感受各種苦果。然而，愚昧的眾生卻執迷不悟，依然如故造罪，如同盜賊雖受到斷臂的懲罰卻仍舊盜竊，最後慘遭斷頭之苦。《入行論》中云：「眾生欲除苦，反行痛苦因，愚人雖求樂，毀樂如滅仇。」

眾生到底是如何毀滅自樂的呢？由於貪執五欲使煩惱增強，從而感受痛苦，猶如飛蛾因貪求色法而撲向燈光以致被焚；野獸因貪戀聽聞琵琶妙音而遭殺；蜜蜂因

貪享蜂蜜之源花朵而縛於花叢中閉氣身亡；魚類為魚鉤上的誘餌所欺惑而遭捕殺；大象因貪執清涼所觸而步入湖中導致送命。《道情歌集》中云：「三有手印欺諸眾。」又云：「嗚呼愚眾中箭④言，當觀魚兒飛蛾象，蜜蜂野獸亦復然。」

煩惱從五種欲妙中產生，以此漂泊於無邊無際的輪迴中，這五欲比劇毒更可怕。關於此理，《致弟子書》中云：「如毒欲妙初享僅生樂，如毒欲妙成熟苦難忍。如毒欲妙愚癡黑暗蒙，難除動搖如毒欲妙力。心若詳察諸毒與欲境，欲妙過患非如毒易忍，毒發一次毒性即滅盡，欲妙他世亦會轉成毒。倘若毒中摻毒可息滅，殊勝密咒解毒藥可療，方便運用毒能利於人，劇毒欲妙永遠非如是。」

乙四、不斷受六道痛苦逼迫：

眾生接連不斷流轉於三有中感受種種痛苦。

天界人趣阿修羅，旁生餓鬼及地獄，

輪迴六道如水輪，周而復始苦無邊。

《寶鬘論》中云：「三道之輪迴，無初中末轉，猶如旋火輪，彼此互為因。」

乙五、怨親不定之理：

如是流轉於輪迴中時，眾生彼此成為親、怨、不親不怨皆不定。

多生累世每有情，皆成親怨與中等，

苦樂利害不可數，父轉成母母成妹，

妹成自子皆不定，親友成怨亦無窮。

　　自無始以來，於多生累世中，無有任何一個眾生未曾做過一切有情界之父母等，並且彼此互為父母、親怨的數量也不可勝數。《親友書》中云：「智者於此求不得，病老死等眾多苦，根源輪迴當生厭，亦應傾聽彼過患。父轉成子母成妻，怨敵復次成親友，是故流轉輪迴者，無有少許確定性。」

　　乙六、投生無數痛苦之理：

若思前生後世業，厭離更為增厭離，

自成螻蟻諸身體，倘若堆集於一處，

則比四寶山王高，哭泣淚水超四洋。

墮獄餓鬼時所飲，銅汁膿血不淨液，

遍佈江河不可比，其餘無量如虛空，

為欲所斷頭肢數，世間微塵數不及。

　　《念住經》中云：「諸比丘，當於三界生厭離心。何以故？流轉於無始輪迴中時，生為螻蟻所棄之身，若積一處，則高於須彌山王；哭泣之淚過於四洋之水；無數次墮於地獄、餓鬼時所飲之烊銅汁、膿血、黃水、鼻涕，亦多於四洲內匯入大海之四大江河水；為貪欲所斷之頭肢亦超於恒河沙數世界中地、水、火、風之極細微塵數。」《親友書》中云：「每一眾生所飲乳，勝過四大海洋水，今仍流轉投異生，未來所飲更過彼。過去每

世所遺骨，堆積一處超山王，地土摶成棗核丸，其量不及為母數。」

乙七、縱得梵天樂之果亦終將受苦之理：

流轉於輪迴中時，即使享受梵天等之安樂，最終也會感受無量痛苦。

> 轉畜夜叉鳩盤荼，腹行等受多苦樂，
>
> 縱得梵天帝釋果，四禪無色七寶地，
>
> 功德圓滿君主位，亦墮惡趣受劇苦。

連續流轉於輪迴中時，地、水、山、洲、虛空界的一切境域，無有一處未曾去過，也曾無數次做過天人、龍、夜叉、乾達婆、鳩槃荼、曆蟄波（音譯）、梵天、帝釋以及轉輪王，期間沒有未曾享受的快樂與未感受的痛苦，又墮入惡趣受苦，這真是令人極生厭離之處。《致弟子書》中云：「百次流轉何有未成眾？往昔多次豈有未享樂？何有未獲如白拂塵福？縱有一切然仍增貪欲。豈有未住之洲未存水？無有任何未住之境處，未至之方虛空亦非有，然未滿足增長諸貪欲，往昔多次無有未受苦，然無離貪知足之有情，無有未入彼胎之眾生，然諸輪迴眾生未離貪，投生流轉此等廣大眾，享樂受苦多次輾轉故，無有任何未成親友者。」

乙八、變化之性故痛苦：

如是不斷漂泊於輪迴中時，也理應思維其餘厭煩之事。

即生享受無邊福，一切高者死亡後，

亦成貧苦可憐僕，如夢富足醒時無，

苦樂無常變苦性，若深思維更增厭，

是故三界諸有情，莫貪有樂修菩提。

縱然獲得帝釋天、梵天、他化自在天以及人間的安樂，當往昔的善果窮盡時也會感受痛苦。梵天、帝釋天、轉輪王、天人、從凡夫到廣果天之間的禪天、無色天界的眾生死後都會墮入惡趣諸處，以往昔的業力而感受多種苦樂。《現行經》中云：「某時導師獅子尊，自兜率天降臨前，於諸天人賜教言：斷除一切諸放逸，天界眾多之喜樂，皆由善業因中生。故當報答其恩德，所積善根今窮盡，何處感受不樂苦？復將墮於惡趣也。」關於此等詳細內容在《廣大遊舞經》、《毗奈耶經》中也有明說。如同夢到自己成為財物、住宅、受用圓滿的天王或人君，醒來後一無所有，如《入行論》中云：「人生如夢幻，無論何事物，受已成念境，往事不復見。」又云：「死時捨一切。」《親友書》中云：「帝釋堪稱世間供，以業感召亦墮地，縱然曾為轉輪王，於輪迴中復成僕。縱然長期於天界，享受婀娜之天女，復墮地獄遭碎斷，感受極難忍受苦。長久居於山王巔，隨足起伏極愜意，復淪塘煨屍糞泥，同熏難忍之苦味。與諸天女相倚喜，美麗樂園共嬉戲，復將為諸劍葉林，斬斷手足與耳鼻。或入曼陀妙池沼，天女金花豔彩容，捨

第三品　輪迴痛苦

54

身步入無灘河，熾門難擋受熱浪。欲天界中大樂者，梵天離貪得安樂，復成無間獄火薪，不斷感受痛苦也。獲生日月自身光，照耀一切世間界，死後復至黑暗處，伸展自手亦不見。如是知成罪惡後，當撐三福之明燈，獨自趨入日月光，無法遣除之暗處。」

之所以分別稱欲界、色界、無色界為現、半現、不現城，是因為彼等分別乃粗大、明清、不現。勸誡諸位切莫貪戀此等些微安樂，當勤修無上菩提。換句話說，必須毫無間歇地精進修持善法。《親友書》中云：「頭或衣上驟燃火，放棄一切撲滅之，精勤趨入涅槃果，無餘比此更重要。」

甲二（分別廣說）分三：一、迷基；二、迷理；三、分類。

乙一（迷基）分二：一、宣說三界迷亂之所依；二、宣說八識聚迷亂之基。

丙一、宣說三界迷亂之所依：

所有一切痛苦的根本所依即是內在身語意三界。

> 眾生身語意三門，欲界色界無色界，
> 現與半現不現城，苦苦變苦行苦逼，
> 由心意識增長故，不斷迷現境苦樂。

因為身體是粗大物質聚合而成，故為現城；語言猶如空穀聲無而顯現，故為半現城；意識無有五根門之相無實，故為不現城，從而分別立名為欲界、色界、無

色界。有何根據呢？《集密意續》中云：「粗大身欲界，微細語色界，極微意無色。殊勝童子光，住於此三城。」所謂「殊勝童子光」是指自然本智。如是三門為三苦所逼，均以分別念之緣而連續感受迷亂顯現。

是如何顯現的呢？六識分別由經各個根門而出現在六識聚的對境中，由於緣取對境的緣故，心識的相續沉迷在痛苦、安樂或不苦不樂任何一種中，分別顯現色等相的部分為識；首先籠統認知對境的粗略相者為心；爾後觀察它的差別並持續起貪嗔癡任何一種之心所稱為意。《菩薩地論》中云：「現外境為識，初尋思為心，爾後伺察彼差別之心所即為意，此三者相應具足，即以遍行之本性而存在。」意思是說，心存在的緣故，心所也隨之相應產生，心所以助緣的形式存在於心遍行之中；心所也因為以心普遍相關而形成，為此心也是以相應助緣的方式存在於心遍行中。通過智慧衡量外境時，最初緣外境總相或本體的部分稱為心；爾後衡量它的別相者，稱為心所。儘管如此分開立名，實際上僅是認知伺察對境之識而已，別無其他。《寶鬘論》中云「若謂誰見心，名言中說心，無心所無心，實無不許俱。」

對於實相無有分別的佛地，雖然通過了知外境而分別衡量現境卻不能稱為心、意、識，因為無有能取了知所取而執著二現之故。《贊心金剛經》中云：「眾生心意識，習二取假立，無念智無彼，見性意勝智。」《寶

第三品　輪迴痛苦

積經》中說：「既遠離心、意、識又不捨等持，此乃善逝不可思議智慧之密。」即是說，外境中無論顯現色聲等什麼形象，依靠可與它相同的心來認知，故稱為識，或者令生起與對境相同的心，故稱為識；當認知對境時，最初覺知所謂的「這個」的部分稱為心；不斷出現伺察其差別使相續相聯產生，故稱為意。能衡量境相之識剎那明然出現於各根門而伺察時，若執著安樂則為貪心；若執著痛苦則為嗔心；若無有苦樂感受僅僅耽著所謂的「這個」則是癡心。譬如，看見曾經相識已久的妻子（生起貪心）；見到擊敗自己的敵人（生起嗔心）；看到牆壁、水流、大路、樹木以及一般之人無喜無悲（生起癡心）。《毗奈耶經》中云：「見親人生貪，值害敵起嗔，遇中者增癡，當護汝根門。」

丙二、宣說八識聚迷亂之基：

現在廣說彼等現基與分類：

> 普基識意五根識，依次乃為處次第，
> 彼生因果三有苦，根本無明能所取，
> 形成境身心習氣，執我我所成輪迴。

心識出現在各自對境上的當時，清然無分別而覺知的心稱為阿賴耶識（即普基識），爾後執著它的心詳細或籠統地伺察對境的形象，即是意。《文殊智慧莊嚴經》中云：「心乃阿賴耶識，我執即為意。」此外，依靠眼睛看見色法的見到部分，即為眼識。同樣，依靠耳

大圓滿心性休息大車疏

朵聽到聲音、鼻子嗅聞氣味、舌頭品嘗味道、身體感受所觸的認知分就是它們的識，這是五根識。從前面的部分產生後面識的緣故稱為處；因為它們的境與識一切存在之緣不可估量，故而數量多、範圍廣，又不捨各別之分，由此稱為界；如同有境的識依於對境一樣依緣而現並且前後相聯而起，成為有法與法性的關係，故稱為緣起。境與有境之識二者聚合時，從感受、覺知安樂等相的角度來聚合，依觸之緣而稱為受。諸如此類的差別無量無數。

歸納而言，即依靠境、根、作意三者聚合所生之三毒而引發的一切業均是不善業；所生之安忍等遠離三毒的一切業為大善業；未以智慧、大悲攝持十善之類的業是劣善業。因為這類善業為愚癡地所攝，產生輪迴樂果以後將會窮盡，所以稱為隨福德分善。只要是以（智慧大悲）正道所攝持的善業就能成為菩提之因，故稱為隨解脫分善。

由三毒引發的不善業成為墮入惡趣感受諸苦之因；以隨福德分善業將會擁有增上生人天之安樂；隨解脫分善業成為獲得暫時增上生、究竟決定勝之因。《寶鬘論》中云：「貪嗔癡及彼，所生業不善，無有貪嗔癡，及彼生業善。不善生諸苦，投轉諸惡趣，善業生善趣，世世享安樂。」

人們將一切如夢般似乎顯現的外界事物認定為

「他」，由此便形成了境之習氣，從而顯現出形形色色的清淨和不清淨相，並且成為迷亂之處；儘管身體是由四大產生的，但由於未了知真如本性而形成了身之習氣，由於執著從蘊、界、處等染汙法以及由此所生的苦果部分而成為迷亂之所依；自然光明智慧本體空、自性明、顯現種種現相之門不滅，由於耽著為自相能取所取而形成心之習氣，以致出現三毒、五毒，並且成為具有我執與我所執之迷亂的根本，從而產生如影像、夢境、毛髮飄落般無而顯現、似乎真真切切的輪迴迷亂相。也就是說，將能取執為我、所取執為我所，諸如將住宅執著為我所之心。

乙二（迷理）分二：一、了知本面而解脫與未知本面而迷亂之理；二、以我所執漂泊輪迴受苦之理。

丙一、了知本面而解脫與未知本面而迷亂之理：

現在廣說迷亂之基與迷亂之理：

心性無變圓成實，法身然以無明執，

所生遍計之串習，迷現不淨依他起，

執著心境自他法，由此自生無量苦。

將證不變心性義，修道無倒圓成實，詣淨依他起剎土，棄離有城得休息。唯識宗論典中宣說了三大宗義，即遍計所執法、依他起性、圓成實性。

（一）遍計所執法包括相成就遍計與差別遍計兩種。

59

相成就遍計：指不存在本體僅以分別念假立的任何一法，如兔角和所謂的「我」。而且，也包括所謂的劣宗與某某事物的名義由心安立的一切法。為什麼呢？例如有人被取名為獅子，然而尋遍其身體各處也無法得到此義。所謂的義共相也僅僅是心安立的，口中所說的（名言共相）和心裡所憶念的（義共相），在真實對境中並沒有自相，就像火的聲義一樣。

差別遍計：在迷亂者前暫時顯現的器情、苦樂、蘊界處等種種相，這一切實際上都不成立，如同迷亂心前所現的夢境一樣，因此稱為差別遍計，因為它們從本性上講皆不存在，同時顯現於迷亂者面前，由於是增益的緣故而稱為遍計。《瑜伽師地論》中云：「一切遍計法，無而迷心生。」

（二）依他起也有兩種：即不清淨依他起、清淨依他起。

不清淨依他起：是指現於各自根門前的一切迷亂顯現，諸如由習氣增長而形成的土石
山岩等不清淨之器情相。

清淨依他起：指清淨剎土與現在佛淨見境中的剎土、七寶以及光芒耀眼的無量殿等一切現相。

有些人辯論說：「唯識宗論典中所說的依他起不合理，因為一切皆可包括於唯一的自現當中。」

答辯：此種觀點不應理。因為此等顯現根本不是從

60

自己心識習氣的角度而安立為自己的，如同鏡中的影像雖然依靠面容之外緣而形成但它不是面容一樣。你們所說的一切外境皆攝於唯一的自現中也需要詳細觀察，請問：是現於心中而說攝於的還是顯現是心而說攝於的？如果按照第一種回答，則正在顯現時並無有攝與不攝之概念，所謂的「攝於」實際上也僅是詞句而已，其外境顯現行相還保留在外。如果依照第二種回答，那有什麼理由呢？如果說：因為從心中產生，所以外境是心，這樣一來，就有女人所生的兒子也應成為女人以及身體所排出的不淨物也應成為身體的過失，但事實上並非如此，因為明明現量見到兒子不是母親、不淨糞不是身體。

此外，如果說：因為現於心中，所以外境是心。

駁斥：那麼色法也應成為眼識，因為色法浮現在眼識前的緣故，並且現在顛倒眾生前的佛陀也應成為眾生之心。若承認這一點，則有具顛倒心之眾生成為佛陀的過失，因為眾生皆現於佛前，結果整個眾生界全部應成為佛陀了，或者遠離一切垢染的佛陀也應成了眾生，這種過失永遠無法避免。

如果說：由於無心不生外境，故而承許外境是心。

駁斥：那麼因果也將成為一體，因為無則不生之故；敵人與自己的嗔心也應成為一體，因為無有敵人就不會生起他們所帶來的嗔心。

大圓滿心性休息大車疏

如果說：由心所造的緣故承許外境是心。

此種說法也不合理，如果這樣，所繪的圖案也應成了畫家，因為是畫家所作之故。

由此可見，承認外境的土石山岩是心豈能合理？但是，可以承認外境是由心之習氣所生的迷亂顯現。如果不是這樣，（而認為外境是真實的心，）那麼，當一百個人看同一個瓶子時，共同所見的那個瓶子將成為所有人的識，結果一切眾生的識成了一體。如果承認這一點，就應成一者成佛時一切成佛，一者墮入惡趣全部墮入惡趣了。倘若如此，那麼在世界上，應成只有你或我，而不存在別的任何一個眾生，因為一切顯現唯是自心，別無其他。或者，只該有「釋迦牟尼佛」一位佛陀，不該有其餘的一切，因為佛陀所徹見的一切外境皆是他的心識之故。如果這樣承認，那麼實際上並不是這樣吧，我們明明存在的嘛！

執此種觀點者在當今時代屢見不鮮，這只能說明他們對大乘的法義頗為迷惑而已，（可以說，此類人與愚昧的大象無有差別。）如云：「蓮網遮巨身，佩有花耳飾，面飾金閃閃，大象唯傲立。」

若問：這樣的顯現到底是什麼呢？

答：按照無垢假相唯識所承認的較為應理，此宗論典中說：如是各自之顯現雖是各自之心，然而顯現境並不是心。如《瑜伽師地論》中云：「諸顯現為心，現境

非如是，無始具習氣，迷亂如毛髮。」前面的觀點沒有辨別顯現與顯現境。也就是說，依靠現境之山，心中產生是山的概念，明然緣取似乎是他法的「山」這一識的顯現是依靠眼根而產生的。即自心執著自己所到處之外境分為自現，當前往別處時現境雖然不跟隨，但依靠執著從前眼根識現量所見外境習氣之心和無而明現意對境的義共相卻可以清晰現在意根前。所以，意所量之顯現、緣取之心、他眾之顯現、緣取顯現之心雖然都是心，但緣任何法而生起意的對境才能安立為顯現境，五根門前的一切對境是由無始之習氣無而顯現的，如同毛髮紛紛飄落一般。

如果對方說：倘若如此，則應成了兩者，因為顯現境與顯現成立異體之故。

駁斥：那麼，你們自己也已成為兩者，因為你們承認外面存在一個顯現之心、內在又有一個緣取之心的緣故。

若對方又說：因為這二者在心上是一體，所以，儘管說是兩者，但實屬一類。

駁斥：同樣，這裡也是以迷亂習氣為緣，而使顯現境與認定它的顯現二者都是無而顯現的迷亂習氣相在名言中是一體，這二者實際上皆不存在，因此成立無二之自性。

我們中觀派認為：若詳細觀察，不僅顯現境不是

心，而且也不承認顯現是心，因為內在的心不存於外面，而識在裡面觀察現於各根門中的外界顯現。倘若外面存在顯現，則人同時有兩個心識或自己將成為無情法等有許多過失。所以，緣取現不現者雖然是心，但顯現不成立為心。例如，儘管以耳識了別是否為鼓聲，然而鼓聲不成立為耳識。總之，自心儘管好似外散卻並未到外面去，外相現於內心。因此說，外面的顯現根本不是內心。正由於一切都是無而顯現的緣故，所現的白紅等形形色色的景象如同膽病患者眼前顯現毛髮飄落一樣，是在外中內何處皆無有而顯現的，故稱為無自性或自性空。實際上，承認外境是心與心外成立他法的兩種觀點均未脫離實執，因此絕無差別。

如果說：你們中觀派承認外境並非是心識，所以與聲聞有部觀點相同。

駁斥：並不相同，有部宗承認外境無情法自相成立，而我們是說習氣迷亂相如夢般在本無的同時顯現在心中。中觀自宗不破此理，具有合理性。

若對方說：中觀應成派不是破一切承認嗎？

反駁：並非破顯現分，如若有實執，則要遮破。如阿闍黎龍樹說：「顯現非所遮，實執乃所破。」此處是遮破真相唯識宗所承認行相為心，以及真相、假相唯識共許勝義諦中成立自證的觀點，怎麼會破由習氣無而所現的迷亂相與悟入合理宗義的一切道理呢？因為在安立

世俗諦時都是一致的緣故，如同外依他起與心識由前生後一般，顯現也觀待前面的其它境而運用所謂內依他起的說法也需要觀察。如果是因為似乎現為前後而這樣安立，則僅是名稱不同而已，實際上就是自宗，所以與我們的觀點是一致的。

此外，若認為（顯現與心）是異體，那就說明顯現不成立是心，而是真正的他法，結果與你們所許相違，這實在不妙。《瑜伽師地論》中云：「如此種種現，餘相相同故，不淨依他起，清淨依他起，雖非依他緣，現似他說彼。」

圓成實也分為無變圓成實與無倒圓成實兩種。其中：

（一）無變圓成實：無論是在迷亂還是未迷亂的時候，自性清淨法性本來具有的空性，前後無有差別而存在，就叫做無變圓成實，也就是本性實相。從這一角度而言，空性也安立為三種：即自空、他空、自他空。自空又分為離自相自本體空與遍計自本體空兩種。離相自本體空指無而顯現如水月；遍計自本體空是指雖然沒有分成自他的部分卻不捨任運自成之法。他空分不具他空與異名他空。自他空也分為兩種，即具二差別空與聲義自相空。

（自空：）心之法性光明如來藏的這一自性無有一切過患，具足功德之相，從本體清淨分而言，超越功過

65

破立；所顯現的白紅等各種迷現垢法以及此等分別或八識聚在本性並不存在，所以本體也是空性，諸如柱子、瓶子，以差別而言也是空性並具有過患分，但從本體清淨的角度而言，也是超越功過破立；諸道亦是自本體空，並具有功德過患之分，從本體清淨的角度而言遠離功過；究竟清淨時一切過患習氣蕩然無存，因為現前了如來藏的所有功德故而不空，從本體清淨的角度而言超離功過破立。

總而言之，自空是指任何法之自性無實有。若分類，則有離相自本體空與遍計自本體空兩種。

離相自本體空：無有任何相狀，諸如兔角，於迷亂者前顯現而在本性中或實際上無有，諸如水月般的空性。

遍計自本體空：所假立的名稱、詞句、文字都僅是以心安立的，並沒有外境的自相。例如，為小孩取名「獅子」，他的名稱為獅子，意義為具有鬃毛的動物，但此名義在小孩的身上何處也不存在。雖然能知的名稱不能詮表所知的意義，但對於能起作用的法進行的一切命名（都屬遍計自本體空）。

他空：是從某一法上不存在他法的角度而立名的，分為不具他空與異名他空兩種。

不具他空：諸如太陽上不存在黑暗或者柱子、氆氌等凡是太陽上沒有的一切其他外境自相法。

異名他空：對所謂的太陽，一般取名為能明、七馬等不同名稱，分別所說的界、喻、攝的這一切名稱實際上都未觸及到太陽的自相，因此名為異名他空。

自他空：某一法上自他二者都不存在。

若分類，則有差別遍計空與義自相空兩種。

差別遍計空：即所謂迷亂輪迴的蘊界處等三界一切法自相空無，因為是由名言分別心安立為名稱的緣故。

自相空：因為無有自相故（自他）二者皆不存在，諸如石女兒或陽焰水，以及自性雖無實有但顯現不滅而明現如清淨依他起的空性。如是由三本體分成六空，這些也全可包括在體性清淨之所說空與能說異名空這兩種離心之理中。因此，也要通過這種方式來證悟諸法空性。那些言說「無有」之斷空派不知空性之理，與順世外道的觀點相同。所有聲稱「此空、此不空」之空見派是持相似空性的常見者，與諸聲聞緣覺的觀點相同。可見，這些是墮入常斷邊的宗派，所以切切不可依止。

（二）無倒圓成實：解脫正道，證悟真如實相後不捨現分而於世俗中積累福德資糧；觀想空性而勤修勝義中離一多如虛空之法性智慧資糧。《瑜伽師地論》中云：「所謂之無倒，道諦真實攝。」

總之，如果通達心性光明無變之真如並證悟諸法僅是假立實為空性後精進修道，一切不清淨的迷亂顯相及遍計心將完全轉依或徹底清淨，從而趨至原有的本性

大圓滿心性休息大車疏

中，圓滿擁有身語意無盡莊嚴輪清淨剎土，這就是一切佛法合而為一的修證法。

丙二、以我所執漂泊輪迴受苦之理：

現在宣說眾生以能取所取漂泊於此如夢般的輪迴時沉溺在苦海中的情形：

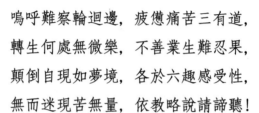

  嗚呼難察輪迴邊，疲憊痛苦三有道，
  轉生何處無微樂，不善業生難忍果，
  顛倒自現如夢境，各於六趣感受性，
  無而迷現苦無量，依教略說請諦聽！

《廣戒經》⑤中云：「不淨糞中無妙香，如是六趣無安樂，火坑之中無清涼，三有中亦無歡喜。」從欲界轉生到色界，從色界無色界轉到欲界，從無色界轉至色界，此三有的一切眾生投生流轉於六道中，唯一感受痛苦，無有安樂之時。依照《念住經》等佛經而於此宣說，以勸勉具有智慧者捨棄歡喜三有之心，勤修解脫正法。因為如果沒有精進努力，就會反復漂流於輪迴之中。《致弟子書》中云：「何者恒時旋轉輪迴中，片刻休息亦思獲安樂，彼者定無自由漸百般，漂流於同不同眾生中。」

乙三（分類）分六⑥：一、地獄之苦；二、餓鬼之苦；三、旁生之苦；四、人類之苦；五、非天之苦；六、天人之苦。

丙一（地獄之苦）分三：一、熱地獄之苦；二、寒

地獄之苦；三、擺脫地獄痛苦之教言。

丁一（熱地獄之苦）分十二：一、復活地獄之苦；二、黑繩地獄之苦；三、眾合地獄之苦；四、號叫地獄之苦；五、大號叫地獄之苦；六、燒熱地獄之苦；七、極熱地獄之苦；八、無間地獄之苦；九、彼等之攝義；十、孤獨地獄；十一、近邊地獄；十二、擺脫此等痛苦之教言。

戊一、復活地獄之苦：

> 復活熾鐵餘燼上，眾聚互以兵器殺，
>
> 復活聲起苦如前，如是受苦至業盡。

地獄眾生以業力所牽集聚於熾鐵的餘燼上，每個有情手持棍棒、斧頭、長矛、鐵輪等相互打殺，猶如見到不共戴天的仇人一樣，結果全部死亡。正在這時，從空中傳出「願復活」的聲音，即刻這些地獄眾生又恢復如初，依舊用兵器相互殘殺，日夜無數次感受如是痛苦。《親友書》中云：「於此一日中感受，三百短矛猛刺苦，彼較地獄最微苦，難忍之分亦不及。」

> 壽量人間五十年，四大天王天一日，
>
> 彼三十日為一月，十二月則為一年，
>
> 復活一日五百年，自壽五百年受苦。
>
> 詳說彼之細分類，經說此地獄壽量，
>
> 相當人間之年數，十六萬二千俱胝。

壽量：依照共同經藏中所說，復活地獄眾生在業力

沒有究竟之前一直受苦。共同大乘諸經續論典中只宣說了按各自業力輕重而命終，並沒有說墮入此趣眾生確定性的壽量。諸如有些眾生相續中生起猛烈對治等也可突然轉生，有些輕蔑金剛阿闍黎等者需住若干大劫，因此是以業障而區分的。如《親友書》中云：「如是劇苦極難耐，百俱胝年親感受，乃至惡業未窮盡，期間必定不離命。」此處就共同乘的說法而言，如《俱舍論》中所說的「復活地獄等六獄，日漸等同欲天壽」以及按照《念住經》、《業分辨經》中所說來計算，人類五十年相當於四大天王天之一日，如是三十日為一月，十二月為一年，四大天王天的五百年相當於復活地獄的一天，復活地獄的眾生需要在自壽五百年中感受痛苦（360×500×360×500×50＝1,620,000,000,000年即人間一萬六千二百億年）。若以人壽計算，則如《念住經》中說：「復活地獄眾生壽量達人間十六萬二千俱胝年（即一萬六千二百億年）。」

戊二、黑繩地獄之苦：

　　　　黑繩燃鋸剖粘合，粘合復剖極痛苦，
　　　　壽量人間一百年，三十三天之一日，
　　　　彼天千年獄一日，佛說彼自壽千年，
　　　　人間一百廿九萬，六千十二俱胝年。

《親友書》中云：「有者以鋸鋸割之，有以難忍利斧劈。」

壽量：人間一百年相當於三十三天的一日，三十三

天的一千年相當於黑繩地獄的一天，彼地獄眾生自壽一千年（360×1000×360×1000×100=12,960,000,000,000年即人間十二萬九千六百億年）若按人間年數計算，則如《念住經》中云：「黑繩地獄壽量達人間一百廿九萬六千零一十二俱胝年（即十二萬九千六百零十億二千萬年）。」

戊三、眾合地獄之苦：

　　　　眾合地獄形如馬，駝虎獅等山岩間，
　　　　毀如微塵重復活，鐵域中為錘粉碎，
　　　　極度壓榨血不止。壽量人間二百年，
　　　　即為離諍天一日，雙胞欲天二千年，
　　　　眾合地獄之一日，經說自壽二千年，
　　　　人間俱胝之年數，一零卅六萬八千。

《致弟子書》中云：「形如羊角二怖之山間，眾生聚集全身皆粉碎，清涼微風刮起重復活，如是百次被碎成粉末。」《親友書》中云：「有被壓榨如芝麻，另有碎成如細粉。」

壽量：因為遠離鬥爭故稱為離諍天，又因為此天界中的天子天女同胎雙生，故也叫雙胞天。人間二百年相當於離諍天的一日，離諍天二千年相當於眾合地獄一天，眾合地獄的眾生自壽長達二千年（360×2000×360×2000×200=103,680,000,000,000年即一百零三萬六千八百億年）。若以人間年數來計算，則如《念住經》中云：「眾合地獄壽量達人間一千零三十六萬八千俱胝年。」

71

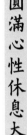

大圓滿心性休息大車疏

戊四、號叫地獄之苦：

> 號叫地獄火焚叫，沸鐵液中受熬苦，
> 壽量人間四百年，乃為兜率天一日，
> 兜率天之四千年，號叫地獄之一日，
> 自壽四千年受苦，等同人間之年數，
> 八千二百九十四，萬數四千俱胝年。

《親友書》中云：「有者置於火燼堆，不斷焚燒口亦張，有於鐵制巨鍋中，身成小團被烹調。」《致弟子書》中云：「有者墮入沸騰油鍋中，另有獄眾腳觸火星地，立即倒於熾熱地上焚。」

壽量：人間四百年相當於兜率天的一日，兜率天四千年相當於號叫地獄的一天，如是而算，號叫地獄眾生自壽為四千年（360×4000×360×4000×400=829,440,000,000,000年即八百二十九萬四千四百億年）。若以人間年數計算，則如《念住經》中云：「號叫地獄眾生壽量達人間八千二百九十四萬四千俱胝年。」

戊五、大號叫地獄之苦：

> 燃鐵室中大哀嚎，為火焚燒閻羅打，
> 壽量人間八百年，即是化樂天一日，
> 化樂天之八千年，同此地獄之一日，
> 自壽八千年受苦，即是人間俱胝數，
> 六億六千與三百，五十五萬二千年。

《致弟子書》中云：「地獄煙火滾滾成天色，放射

火舌遍佈十方界，白骨之鬘所飾極恐怖，著象皮卒折磨而慘叫。有者崩射火星出恐聲，有者無法出音焚火聲，胸骨腔中冒煙聲淒慘，末劫火燒無量墮其中。」

壽量：人間八百年相當於化樂天的一日，化樂天八千年相當於大號叫地獄的一日，大號叫地獄眾生自壽八千年（360×8000×360×8000×800=6,635,520,000,000,000年即六千六百三十五萬五千二百億年）。若以人間年數計算，則如《念住經》中云：「大號叫地獄壽量達人間六億六千與三百五十五萬二千俱胝年。」

戊六、燒熱地獄之苦：

　　　燒熱鐵室諸眾生，短矛刺頭錘擊打，
　　　熾熱火舌焚全身。人間一千六百年，
　　　他化自在天一日，此天一萬六千年，
　　　燒熱地獄之一日，燒熱地獄之眾生，
　　　自壽一萬六千年，即是人間俱胝數，
　　　五十三億零八百，四十一萬六千年。

《致弟子書》中云：「閻羅獄卒手持時繩索，昂頭毒蛇自脊骨髓出，烏鴉馬雞蒼鷲與鷹鷲，啄盡彼等眾生眼腦油。」

壽量：人間一千六百年相當於他化自在天之一日，他化自在天一萬六千年相當於燒熱地獄的一天，燒熱地獄眾生自壽一萬六千年（360×16000×360×16000×1600=53,084,160,000,000,000年即五十三億零八百四十一萬六千俱胝年）。若以

大圓滿心性休息大車疏

人間年數計算，則如《念住經》中云：「燒熱地獄壽量達人間五億三千八十萬四千一百六十俱胝年。」

戊七、極熱地獄之苦：

> 極熱地獄之眾生，熾熱雙層鐵室內，
> 燃火三尖矛刺入，雙肩頂出鐵片纏，
> 沸液鍋中受煮苦。壽量已達半中劫，
> 人間年數不可量，成住壞空一小劫，
> 四小劫為一中劫，八十中劫一大劫。

經中云：「害眾盛燃極熾熱，金剛三尖矛刺身，熾鍋中煮鐵片纏，火焚全身方稍憩。」

壽量：這一地獄的眾生壽量無法以年數衡量，以成住壞空劫之次第計算，達到半個中劫。如《念住經》中云：「極熱地獄眾生需於半中劫內慘遭苦受。」

戊八、無間地獄之苦：

> 無間熾燃鐵室內，唯聞獄眾哀嚎聲，
> 火與眾生辨不清，如燃油燈燒燈芯，
> 火中剩存微生命，需一中劫久受苦，
> 無餘較此更劇苦，故稱無間無息獄。

《致弟子書》中云：「肺積乾草燃心熊熊火，口喉冒出火焰與黑煙，腹裂灌澆鐵水焚內臟，僅僅發出難辨慘叫聲。欲求解脫劇苦之獄眾，反復見門開縫遠眺合，業力門栓緊閉復阻斷，爾時又生灰心之他苦。熾燃鋒利長箭如雨降，獄卒以棒毆打淚漣漣，同時灌入火星鑾鐵

第三品 輪迴痛苦

汁，口鼻耳孔向上冒青煙。乃至眼腦凝膜皆糜爛，頭破紫色火舌燒無餘，忿怒火焰於彼身軀上，如於乾柴加油火更旺。」《親友書》中云：「如是一切痛苦中，無間獄苦最難忍。」《業分辨經》中云：「無間地獄獄門中，具六千萬由旬之鐵山，彼地獄眾生磨盡此山方至命終，壽無量。」其中明顯地說明了造捨法罪、破誓言等業力極其深重的眾生墮入此地獄。《念住經》中云：「無間地獄眾生過一中劫壽方盡，假使轉生為人，亦是諸根不全者。」

戊九、彼等之攝義：

以上所述諸地獄，火焰漸增七倍熱，

下者痛苦較前勝，業未盡前受痛苦。

以上所說的所有地獄火焰的熱度呈七倍遞增。《業分辨經》中云：「平常旃檀火，劫末地獄火，熱漸七倍增，苦亦成七倍。」下面的地獄具有上上地獄的一切痛苦，則如麻風病上又出現瘤腫一樣，依次積多，感受呈七倍地粗大，痛苦也成七倍地增強，這些地獄眾生在業力沒有窮盡之前一直需要感受痛苦。

戊十（孤獨地獄）分二：一、真實宣說孤獨地獄之苦；二、破斥其他謬論。

己一、真實宣說孤獨地獄之苦：

孤獨地獄攝彼中，住於山樹與虛空，

岩石水火不定處，少數多聚或獨居，

彼為不同痛苦逼，是故稱為孤獨獄。

　　形如杵、繩、笞帚、薪爐、樹幹及不同有情相的孤獨地獄眾生，住於山、岩、水、火、虛空等不定之處，它們無論是群居還是獨存，都受到寒熱、饑渴、剖剁、燉煮等不同痛苦的逼迫，無有堪忍之時機。因為半日或瞬間或恒常被各不相同的業力所折磨，故稱為孤獨地獄。《毗奈耶經》中云：「目犍連尊者到海邊時，見如杵、笞帚、樹木之孤獨地獄眾生為諸多痛苦所迫而言：『三有無安樂，孤獨地獄眾，分別為苦迫，如住熾火中。』」

　　己二、破斥其他謬論：

　　遮破其他顛倒分別念：

> 有謂因此地獄眾，壽命短暫少數聚，
> 故稱孤獨實謬論，岩間惡蠍壽亦長，
> 經說孤獨獄五百，比丘午齋集互爭。

　　有些人說：「孤獨地獄眾生壽量僅有一日，故稱為孤獨地獄。」這種說法是不合理的。如《鐵室傳》云：「又經數多年，仍住此獄中。」此經中已遮破了這種謬論。

　　還有些人說：「因為獨一無伴、孤苦伶仃，故稱為孤獨地獄。」

　　這種說法也不正確。經中記載：珠辛吉尊者去往一處時，見到在一經堂內擊犍槌後有五百聲聞相眾生集中

便互相爭吵、以兵器殘殺，死盡無餘。午齋時過又恢復如初。以此教證可以遮破彼觀點。

戊十一（近邊地獄）分二：一、略說；二、廣說。

己一、略說：

現在宣說存在於無間地獄周邊的十六個近邊地獄。

> 無間地獄之四周，糖煨坑與屍糞泥，
>
> 利刃原及無灘河，四四十六近邊獄。

己二（廣說）分六：一、糖煨坑；二、屍糞泥；三、利刃原；四、劍葉林；五、鐵柱山；六、無灘河。

庚一、糖煨坑：

> 無間地獄之眾生，感覺門開行至外，
>
> 見妙壕影立即往，墜入沒膝糖煨坑，
>
> 肉皆焚焦骨成白，恢復如初極痛苦。

以前在無間地獄的鐵室中備受酷熱之苦的眾生，因業力多數減輕而覺得地獄之門開啟，便逃到外面，看見一處好似涼蔭般的妙壕前往那裡，結果被鐵狗所追，痛苦之中陷入糖煨坑中，肉焦骨露，又再度恢復。《致弟子書》中云：「為彼載滿劍叢發威犬，長長金剛利齒啃刺身，驅向遍滿火舌無灘河，處於難忍鋒利尖石中。」

庚二、屍糞泥：

認為從糖煨坑中解脫出來的眾生繼續前行，又落入屍糞泥中。

> 脫離糖煨坑眾生，復見爽泥即踏入，

大圓滿心性休息大車疏

沉於惡臭屍糞泥，為蟲金銅鐵喙刺。

《致弟子書》中云：「有為密密麻麻小蟲蠅，蝕食身體拖拉其屍體，業力所牽縛於網中者，雖活然僅移動亦不能。」

庚三、利刃原：

復見悅原而前往，熾利刃剁身成段。

《致弟子書》中云：「入於鋒利兵刃劍葉林，竭力奔跑遍體鱗傷時，墮滿三尖短矛利劍箭，較閻王口更厲之井中。」

庚四、劍葉林：

抵至悅意森林處，為劍葉林狂風毀。

《致弟子書》中云：「難忍烈日所逼厭惡身，見一枝繁葉茂林前往，落入百種刃葉中毀身，長久住此唯以哭為友。」

庚五、鐵柱山：

此等眾生向前行，耳聞悅意山頂上，
昔友呼喚循聲去，利鐵刀錐刺血肉，
至頂鷲吸其腦髓。復聞山下呼喚聲，
下山刀錐向上刺，且為原間具燎牙，
熾男女抱極痛苦，並為多犬狼所食。

離開了劍葉林的眾生來到一座十分悅意的山前，看見昔日與自己作不淨行的男女以及親友在山頂上呼喚，於是便向上攀爬，結果鐵器刀錐向下刺入血肉。下山時

刀錐向上刺，感受如此劇烈痛苦。《致弟子書》中云：
「速攀難忍鐵柱山之時，叢生荊棘向下直刺入，穿透體
內毀身受劇苦。」又云：「下山之時鐵刺朝上方，倍加
鋒利刺身憶念失，有者為熾利刃三尖矛，猛烈刺身無法
向下行。爾時具刃喙之烏鴉群，齊上掏腸腹髒拖在地，
有者墮入山崖深淵處……可怖鐵女身燃熊熊火，四處崩
射火星鬘嚴飾，無顧慮中為如鋸粗身，極其可愛姿態緊
擁抱。」

庚六、無灘河：

> 復見清涼之河流，欣然前往涉入時，
> 熱灰沒腰焚骨肉，見其兩岸獄卒護，
> 此等眾生於彼處，數千年中受痛苦。

《念住經》中云：「彼如是往時，生起河流想，剛
入之時，沒及腰際，身肉皆焚，身骨皆離，恢復時又見
昔日嬉戲者成為閻羅獄卒於其兩岸護之。」

戊十二、擺脫此等痛苦之教言：

> 灼熱劇苦所折磨，如是地獄誰不畏，
> 三界之苦無有量，知此理者當修法。

丁二（寒地獄之苦）分二：一、宣說八寒地獄；
二、宣說彼等壽量。

戊一、宣說八寒地獄：

現在宣說寒地獄的痛苦：

> 八寒地獄之眾生，寒冷所逼有八種，

雪等嚴寒之諸處，暗中暴風雪凍身，

皰起皰裂頗嘶吒，曨曨婆與虎虎婆，

裂如青蓮如紅蓮，裂如大紅蓮傷中，

熾燃利喙含生食，乃至業盡方離苦。

八寒地獄的眾生受到冰冷的大雪以及黑暗中刺骨寒風同時的侵襲，周身起滿水皰，水皰破裂後形成傷口，口中不停地喊著「阿啾啾」，而說不出話，又發出「曨曨」的聲音，牙關緊咬出不了聲音，傷口逐漸裂成如青蓮花般，有細小脈瓣，內向外翻，又裂成如四瓣蓮花形，裂成如八瓣大蓮花形，許多含生爬入僅由細筋連結的傷口內，啄食著。關於所感受無量寒冷之苦，《致弟子書》中云：「無可比喻寒風刺入骨，身體瑟瑟發抖縮成團，長出百皰破裂生含生，劍唇撕扯流髓黃水液，苦痛咬牙毛髮皆雜亂，傷害眼耳喉結損全身，身體疲乏神志不清醒，住於寒地獄中大哭嚎。」

戊二、宣說彼等壽量：

如此痛苦的寒地獄眾生壽量：

革薩拉鬥二百倍，裝滿芝麻容器中，

百年取一粒至盡，起皰獄壽餘廿倍。

《念住經》中云：「此革薩拉城中秤芝麻之鬥二百倍量之容器盛滿芝麻，每百年從中取出一粒，取盡之時，起皰地獄之眾生於此獄壽盡也，餘地獄壽量漸次增二十倍，以此類推，需受劇苦也。」與之相同，《俱舍

論》中也說：「芝麻器中每百年，取出一粒至窮盡即是具庖地獄壽餘壽漸成二十倍」

丁三、擺脫地獄痛苦之教言：

如是思維寒熱地獄的無量痛苦，教誡諸位精進修持解脫之方法：

為離一切地獄界，諸具心者當精進。

《親友書》中云：「造罪之人乃至於，氣息未滅存活時，聞諸地獄無量苦，毫不生畏如金剛。即便見聞地獄圖，憶念讀誦或造型，亦能生起怖畏心，何況真受異熟果？」

丙二（餓鬼之苦）分三：一、住界餓鬼；二、空遊餓鬼；三、勸勉不貪三有勤修正法。

丁一、住界餓鬼：

現在宣說餓鬼的痛苦：

餓鬼住界與空遊，身大腹寬手足微，
口如針眼喉腔細，不得飲食饑渴逼。
見花藥樹等即枯，境不悅意食嘔物，
雖見飲食亦被護；內障腹部燃燒火，
口中噴火冒濃煙；共障餓鬼極貧窮，
恐怖受害無依怙，痛苦逼迫處慘境。

住界餓鬼有外障餓鬼、內障餓鬼、共障餓鬼三種。

外障餓鬼：因外境不悅意而得不到滿足，身體惡劣，食用嘔吐物，即使見到飲食也是被守護著的，或者

大圓滿心性休息大車疏

到了近前便乾涸無餘……真是痛苦不堪。

內障餓鬼：在外障餓鬼痛苦的基礎上，腹中燃起大火冒出濃煙。

共障餓鬼：在以上二者痛苦的基礎上普遍具有的痛苦：貧窮饑渴、醜陋根殘、無依無怙，因為恒受他眾損害而惶恐不安。《致弟子書》中云：「難忍乾渴遠見淨河流，欲想飲用而前往彼處，然成遍滿毛髮水棉物，膿血淤泥大便之濁水。狂風習卷巨浪至山巔，且見青翠檀香林前往，熊熊大火焚燒彼森林，樹成柴爐多倒變坑窪。復見恐怖翻滾之大海，熾燃浪花高濺即前去，彼亦變成熱沙與狂風，洶湧鐵水滾滾悲慘境。雖欲此地雲集降下雨，然雲中降夾煙鐵箭雨，燃燒金剛磐石火紅雹，伴隨金光閃電雨淋身。」

丁二、空遊餓鬼：

空遊餓鬼是指分散而居的餓鬼：

> 空游餓鬼諸鬼魔，羅剎藥叉鬼王等，
> 業力神變無礙行，常造種種損害事，
> 散播疾病奪色澤，斷除他人之壽命。
> 人間一月彼一日，餓鬼自壽五百年，
> 人間年數一萬五，閻羅世界受痛苦。

因為這些鬼魔眾生也包括在餓鬼中，所以同樣感受無量痛苦，諸如外境不悅意，受害憂苦，饑渴所迫，去親友面前也是將自己前世臨終氣息分解的病痛傳染給他

第三品 輪迴痛苦

82

們，自己也是長久為此所惱，並且奪取該病人的壽命、色澤，唯行種種損害他眾之事，心不安樂，即使以神變而行，可是甚至險隘之處也被守護著，也有自身如門、如鋸、如柴爐以及犬鳥等種種形相者，有些餓鬼雖以往昔的微小善根而擁有資財，卻為其他諸多痛苦所折磨，並且大部分時節顛倒，對他眾來說是安樂之事，而在餓鬼身上卻成了痛苦，諸如此類，數之不盡。《致弟子書》中云：「酷熱所迫冰雪亦熾熱，嚴寒所逼火亦成冷觸，極其難忍異熟所蒙蔽，餓鬼顯現種種顛倒相。口如針眼大腹數由旬，悲慘恐怖雖飲大海水，喉細無法進入寬闊腹，口中毒氣亦令水滴乾。」《親友書》中云：「餓鬼所欲不遂意，屢生痛苦不可轉，饑渴寒熱疲畏懼，所生極其難忍苦。有者口小如針眼，腹如山丘饑所纏，雖得少許不淨物，然無享用之能力。有者裸體皮包骨，瘦骨嶙峋如乾薪，有者夜晚口燃火，投火飛蛾吞入口。有者劣種排膿血，糞等髒物亦不得，相互毆打從喉中，生出腫瘤化膿食。諸餓鬼界春季時，月亮亦熾冬日寒，樹木不生諸果實，僅望一眼河亦乾。連續不斷受痛苦，有為所造罪業索，緊緊束縛之眾生，壽量五千或萬年。」也就是說，人間的一個月相當於餓鬼界的一日，餓鬼自壽五百年，即是人間一萬五千年。

丁三、勸勉不貪三有勤修正法：

如此教誨：

知此生厭苦性理，具智慧者為解脫，

棄離喜愛三有心，必定修持寂滅法。

丙三（旁生之苦）分二：一、痛苦之理；二、勸勤修法。

丁一、痛苦之理：

宣說旁生界也無有安樂：

海居旁生四洋中，互相啖食苦無量，

住於黑暗洲海處，畏食寒熱饑渴惱。

海居旁生住於四洲之間的大海中，魚螺鯨等如酒糟般密密麻麻遍滿其中，它們大的吃小的，小的也吃大的，超出鐵圍山範圍形如簸箕之外邊的洲間是黑暗處，因為這裡無有日月光芒的照射。水生動物都會受到互相啖食、饑渴等無量痛苦。

散居人間鳥獸等，獵人侵害各自損，

牛馬駝驢山羊等，役使毆打苦無邊，

因肉皮骨而遭殺，感受痛苦無邊際。

散居旁生是指住於人間的高山、平原、水中、岩洞、虛空等處的昆蟲蜂蠅、飛禽走獸等。這些旁生也各自感受著饑渴寒熱、相互為食、疾病危害等無量痛苦。尤其遭受獵人、漁夫、捕鳥人的侵害，有些因為自己的肉、皮、骨（價值昂貴）而遭殺。有些被役使到最後也是被宰，期間屢遭毒打、刺血等，感受無邊痛苦。

諸龍苦樂日夜半，午前午後樂變苦，

有處降下熱沙雨，有者無友孤貧逼，

共愚畏懼大鵬等，具有多種多樣苦。

壽亦不定有一日，經說龍王等住劫。

龍宮內，無論是晝夜還是午前午後，快樂也會成為饑渴寒熱等各個痛苦，受到諸多苦厄折磨。有些地方降下熱沙雨，有些被同類所棄，擯出群外，孤獨無助。龍類的共同痛苦即愚昧無知、大鵬之侵襲、密咒之威脅（指人間密咒師念咒降伏），還有其他無量損害。

壽量：旁生的壽量不固定，有些壽命僅僅一瞬間或一天，也有安止龍王⑦等壽量長達一中劫的。《俱舍論》中云：「旁生最長一中劫。」《龍王請問經》中云：「我於此海中已住一中劫矣。」《親友書》中云：「旁生生處亦遭殺，捆綁毆打各種苦，棄離趨寂諸善法，相互咬食極難忍。有因珍珠有因毛，血肉骨皮而遭殺，毫無自由受人打，鞭抽鐵勾等役使。」

丁二、勸勤修法：

思維此理欲解脫，旁生界者為利樂，

晝夜精進而修持，增上決定勝妙道。

正是由於沒有奉行十善等妙法才導致墮於旁生界中，所以勸誡想擺脫旁生痛苦的諸位精進修持暫時獲得人天之正道即隨福德分的十善業、四禪、四無色，以及究竟解脫之妙道即福慧資糧的空性大悲藏、六度等。

丙四（人類之苦）分三：一、總說受八苦之理；

二、別說八支分苦；三、勸誡為擺脫人間痛苦勤修正法。

丁一、總說受八苦之理：

宣說獲得善趣也無安樂之理：

> 人類亦無安樂時，悲傷苦惱煩亂等，
> 一苦未消一苦至，食用雜毒食變苦，
> 衣食行過患病等，生後痛苦為行苦，
> 即是三大根本苦，生老病死怨憎會，
> 愛別離與求不得，近取八分苦無量。

人類是如何受苦的呢？苦苦、變苦、行苦即是三大根本苦；生老病死、怨敵相會、所愛別離、所求不得、近取五蘊之執著即是八種支分苦。人們周而復始地感受著此等痛苦。首先，苦苦是指痛苦重疊出現，如父死母又亡；變苦指當下擁有的快樂隨後變為痛苦，諸如正當娶媳歡慶之時房屋倒塌，食用雜毒的飲食等；行苦指服毒、衣食行為不當而引起生病，或者加害有權勢者反遭到報復……《毗奈耶經》中云：「輪迴具苦蘊，苦苦與變苦，行苦八分苦，眾人受劇苦。」

丁二（別說八支分苦）分八：一、生苦；二、老苦；三、病苦；四、死苦；五、怨憎會苦；六、愛別離苦；七、求不得苦；八、近取蘊苦。

戊一、生苦：

往昔享用的習氣占大部分，如是漂泊於中陰的尋香

識，將母胎執為住所而投生。

> 癡識風心明點聚，凝酪膜皰及血肉，
> 堅肉支節魚龜形，經七七日漸成身。
> 母稍受累饑渴寒，熱等亦覺苦無量，
> 需受黑暗狹畏臭，蜷曲難忍之痛苦。

中陰意識進入父母交媾白紅明點融合之中，最初的
七天形成如水銀般蕩蕩悠悠的凝酪，第二個七日形成如
柳絮、鼻涕狀的膜皰，第三個七日成為如拇指形的血
肉，第四個七日成為如蛋形的堅肉，第五個七日形成如
蓮花瓣狀的支節，第六個七日如魚形，第七個七日如烏
龜狀，因為手足稍稍突出酷似龜形而以此作為比喻。母
親所進飲食之精華對胎兒起到飲食營養的作用。此時，
因胎兒活動母親也感到身體不適。期間，胎兒覺得處於
黑暗、狹窄、令人發嘔之處，倍受蜷曲之苦。如果母親
過餓或過飽則有墜入海中或被山所壓之感，倘若母親勞
累過度或作劇烈運動,則出現墮入深淵般的痛苦⑧。

> 七至廿六七日間，形成根肢汗毛等，
> 乃至三十六七日，體力增大且能動，
> 後束縛於骨穴中，業風所感倒頭生，
> 險死苦如眾合獄，生後接觸如剝皮，
> 倘若為之作沐浴，則如寶劍刺肉瘤。

住胎直至第二十六個七日之間，身體的支節、手指
足趾、雙目等器官乃至汗毛、頭髮、內臟、風脈明點、

大圓滿心性休息大車疏

血、黃水、男根或女根等之間（十二）處皆明顯形成，到第三十六個七日間體力增長。所有的男孩在母親的右脅部位，面朝內，雙掌覆面而住。女孩在母親左脅部位，面朝外而住。隨後由業力所感頭足顛倒被夾在骨穴中間而降生，遭受了眾合地獄般的痛苦。生後其身剛一被接觸，好似剝皮一樣，沐浴時，如同用寶劍刺肉瘤一樣，感受無量痛苦。有關詳細內容，當閱《阿難入胎經》。關於此等情形，《致弟子書》中云：「進入難忍充滿不淨物，十分狹窄漆黑之暗處，住於如同地獄母胎中，身體蜷曲需受大痛苦。次受苦如硬器榨芝麻，一旦降生亦以惡業牽，感受此等難忍之痛苦，爾時不亡往昔罪業致。沉於遍滿不淨物處身，為胎盤纏具有難忍味，此苦逼盛如傷痕復壞，正發嘔時遺失昔記憶。」

戊二、老苦：

> 老苦極其難忍受，韶華逝去皆不悅，
> 不堪讚毀依手杖，食難消化體溫失，
> 體力失故行動難，不至欲處關節變。
> 根失蔽眼不見色，聲香味觸皆不覺，
> 憶念不清癡沉眠，享用外境力微弱。
> 食等美味亦反感，壽逝畏死識紊亂，
> 如童脆弱無耐力，如油已盡燈速熄。

人到了老年，由於韶華已消逝，所以體力喪失，關節變形，食不消化，因諸根障蔽而造成眼花耳聾、言語

第三品 輪迴痛苦

結結巴巴，憶念不清，從前所喜愛的外境、食物等也不像以往那樣悅意，由於舌根功能減退而不像年輕時能品嘗出飲食的味道，憂慮死亡而受折磨，猶如孩童般無有承受力，老年人有諸如此類的無量痛苦。《致弟子書》中云：「爾後死主伸出衰老手，無可奈何為彼所擒住，滿頭白髮露出諸獠牙，大笑之中捉住其頭部。爾後彼之關節皆分散，心亦改變行走力喪失，身體亦成搖搖晃晃狀，唯使罪業必定增長已。諸根悉皆依次而萎縮，貪戀外境能力亦喪失，暫時此去將至於何處，若有地獄罪業畏懼之。」

戊三、病苦：

> 病苦極為難堪忍，患者身體已改變，
>
> 內心悲傷意不悅，外境受用不稱心，
>
> 疑慮喪命生憂愁，無法忍苦出呻吟。

人在遭受疾病折磨時，心煩意亂，容易發怒，對任何事物都生不起歡喜心，十分擔心死亡，有時又認為不如死了好而想自殺，接近自殺時痛苦的感受簡直等同於在地獄中受苦。《百業經上釋》中云：「病惱之有情，如地獄感受，後後愈增大，如貪者世苦。」

戊四、死苦：

無論是壽盡而亡還是壽未盡而夭折，都要感受死亡的劇烈痛苦。

> 死亡痛苦極劇烈，衣食語榻皆最終，

捨身命眷僕親財，獨自漂泊而生畏。

　　人在臨命終時，臥最後床，住最後處，說最後語，吃最後食，穿最後衣，此生的一切都是最後一次享用，必然要捨棄眷屬、受用。所擁有的一切皆無有權利帶走，只能獨自前往陌生的地方，想到這些，在心不歡喜的心態中感受氣息分解的強烈痛苦而中斷生命，漂泊於自現的中陰界，無依無怙。人們將其屍體放在擔架上抬著，扔到屍陀林中而被豺狼等啃食，親友們悲傷不已，萬分痛苦。《致弟子書》中云：「儘管死主踐踏自頂上，然我絲毫未曾覺察到，生起如同金剛之憂愁，心靈感受痛苦之折磨。親友悲痛哭泣淚漣漣，當知為如金剛苦所壓，氣息分解劇苦所逼迫，如入極其難忍黑暗處。精心悉力所護之身體，相識已久今將捨棄之，閻羅王以繩索緊束縛，縱拽頭髮放聲大哀嚎，彼之嚎聲已為諸親友，各自哭聲淹沒而不聞。於難行河磐石淤泥間，鋒利荊棘叢生諸險途，兇狠閻羅獄卒持時索，繫頸棍擊驅趕而帶走。」

　　戊五、怨憎會苦：

　　　　如是怨憎會痛苦，遭受不悅害恐怖。

　　如果遇到憎恨的怨敵，則對自己的生身性命、財產受用都將構成嚴重的威脅。

　　戊六、愛別離苦：

　　　　慈愛對境相別離，內心憂傷悲哀泣，

意不歡喜之根源，追憶優點貪所惱。

如果與慈愛的親朋好友別離，憶起他的音容笑貌種種優點，更加傷心難過，苦不堪言。

戊七、求不得苦：

所欲不遂之痛苦，事不成故心刺痛，

感受貧窮可憐苦，饑渴逼迫如餓鬼。

倘若願望沒有實現，則心不舒暢，資具貧乏或者一切欲望未得到滿足也會刺痛內心，悶悶不樂。

戊八、近取蘊苦：

經說色受想行識，近取五蘊有漏性，

是故乃是諸苦處，苦依苦器與苦源。

《中般若經》中云：「須菩提，近取五蘊乃有漏法故為諸苦之處、諸苦之所依、諸苦之器、諸苦之源也。」意思是說，色蘊現量造成苦害的緣故是苦處；受蘊承受痛苦的緣故是苦器；想蘊能生起分別妄念而成為最初之門的緣故是苦依；行蘊與識蘊是作者與知者的緣故為苦源。此等之理在《般若八千頌廣釋》中也有如是宣說。

丁三、勸誡為擺脫人間痛苦勤修正法：

勸誡諸位對人間痛苦生起厭煩心而力求擺脫。

如是一切人世間，苦因果故無安樂，

為脫此苦思善道，當求解脫輪迴法。

有些人現行痛苦之因——不善業，他們將於後世感

受苦果，有些人現今正在感受往昔的苦果，所以必須從中解脫。

丙五（非天之苦）分二：一、無樂之理；二、勸勉精進修法。

丁一、無樂之理：

> 諸非天亦無樂時，無義戰爭起嗔恨，
>
> 嫉妒天福不堪忍，沙場百般受痛苦。

阿修羅自己內部互相鬥爭，看見三十三天的快樂與財富後為嫉妒怒火所迫（，難以堪忍）。有時在與天人作戰的沙場上，遭受斷頭斷肢之苦，或者被金剛、利矛、鐵輪等擊傷，有些喪命，有些感受瀕臨死亡的恐懼與痛苦。《親友書》中云：「非天嗔恨天福故，心中生起大痛苦，雖具智慧以趣障，無法現見真實諦。」此中所說的不見諦是指諸如聲聞緣覺之見道，並非是大乘見道。《寶積經》中云：「爾時說此法門，天、龍、非天、大鵬、人非人、大腹行等不可勝數之眾生獲得見諸法之無塵離垢法眼。」因此，應當通達諸乘之理。

丁二、勸勉精進修法：

非天也是如此痛苦，所以，應當勤修正法。

> 故求善妙寂滅眾，當速修持解脫法。

丙六（天人之苦）分四：一、死墮之苦；二、投生之苦；三、有漏樂苦；四、當修解脫法之攝義。

丁一、死墮之苦：

善趣中的天界也擺脫不了痛苦。

　　　　欲天處苦亦無量，放逸欲醉與死墮，

　　　　花鬘枯萎不喜墊，為諸親友所捨棄，

　　　　見後生處生畏懼，天界七日難忍受。

　　如是四大天王天、三十三天、夜摩天、兜率天、化樂天、他化自在天六欲天的天眾，表面上十分快樂，實際上這種快樂也超越不出變苦、行苦的範圍。天人瀕臨死亡時，身色不美，不喜寶座，花冠枯萎，天衣染垢，出現前所未有的汗水。此時，被天界的伴侶拋棄，孤苦伶仃，心煩意亂，又以天眼見到將要投生之處而驚恐萬分，昏厥過去。這時，他的父母、親友從遠處呼喚他的名字並說：「願你死後轉生於南贍部洲人間中，在那裡行持十善法，將來再投生到此天界。」一邊說一邊散花，之後就離去了。天人（於臨終前）七天中感受此等死墮痛苦。《親友書》中云：「天界雖具大安樂，死墮痛苦大於彼，如是思維高尚士，不貪終盡之天趣。身色變得極醜陋，花鬘枯萎不喜座，衣染污垢身體上，前所未有汗汁流。天境天人已出現，天界死墮之五相，猶如地上臨終者，所示一切之死兆。」

　　丁二、投生之苦：

　　　　梵天等處之色界，四禪諸天之眾生，

　　　　往昔業盡墮下有，感受變苦而苦惱，

　　　　無色寂止業已盡，見後投生具行苦，

大圓滿心性休息大車疏

　　　　雖得善趣不可靠，善緣者當修解脫。

　　從梵眾天到廣果天之間所有禪天的眾生也是同樣，死亡時，自己所擁有的安樂轉變為趣入後有的痛苦。龍樹菩薩親口說：「梵眾天等禪自成，光色威力雖無量，未證無我隨眠性，死墮地獄無定耶？」

　　無色界眾生雖然安住於一緣寂止中，死亡時也有趣入後世的行苦。因此，應當生起厭離心。如《親友書》中云：「輪迴自性即如此，天人地獄餓鬼畜，生於何趣皆不妙，當知乃為多害器。」

　　丁三、有漏樂苦：

　　　　貪輪迴樂諸眾生，如愛火坑受苦已。

　　此外，（貪戀輪迴安樂的眾生）只會播下長出後世投生惡趣的種子，為四大瀑流（生老病死）所害而已。《致弟子書》中云：「痛苦火堆恐怖此世間，自矜安樂士生增上慢，彼令閻羅王開其大口，此為投生後世之樹種。」

　　丁四（當修解脫法之攝義）分四：一、若不修法不得解脫之理；二、從前未被調化故若不精勤不得解脫之理；三、大悲不度無緣惡業者之教言；四、雖說痛苦亦不生厭之理。

　　戊一、若不修法不得解脫之理：

　　倘若有人認為對於惡趣眾生佛也會救護的，於此宣說自己造惡業則惡趣之果成熟於自身，所以難有蒙受大

悲觀照之機會。

> 如是解脫依自己，釋尊已示解脫法，
> 他眾驟時不能度，如眠醉夢無他遣。
> 若能佛菩薩悲光，早令輪迴成空無，
> 是故今披精進鎧，時至踏上解脫道。

　　從輪迴和惡趣中解脫出來完全依賴於自己的精進，他人除了指示方法外，是無法代替你精進修法的。如《毗奈耶經》中云：「吾為汝說解脫法，解脫依己當精進。」就是說，自己方能遣除自己所積累的自現之業，如同睡夢消除與否主要取決於自己能否從夢中醒來，依靠他人破除夢境是不可能的。如果有這種可能，那麼以一尊佛的大悲光，於無量劫以前就應使此輪迴完全空無了。

　　戊二、從前未被調化故若不精勤不得解脫之理：
　　由自己的罪業所致，

> 昔日無數佛陀尊，如我未能被化眾，
> 漂於苦性有曠野，若如既往不勤修，
> 反復感受六趣苦，諸位於此當深思。

　　寂天菩薩云：「饒益眾有情，無量佛已逝，然我因昔過，未得佛化育。若今依舊犯，如是將反復。」這其中所說的道理，實在值得深思。

　　戊三、大悲不度無緣惡業者之教言：

> 輪迴苦如空無邊，如難忍火種種境，

大圓滿心性休息大車疏

95

忍受非處呵責處，放逸無愧不知慚，

如此無緣惡劣眾，豈有大悲度化時？

經說佛方便事業，所化清淨因緣生。

是故當知己罪過，誠心憶念輪迴苦，

我與諸眾為解脫，踏入寂滅正道中。

如是輪迴痛苦不可思議漫無邊際，故如虛空；難以忍受，故如火堆；各種各樣，故如白紅種種現境，忍受如此痛苦是不應理的。《入行論》中云：「猶忍不嗔彼，非當應呵責。」忍受輪迴之苦是無慚無愧者，此人怎麼會蒙受佛陀大悲日光的照耀，猶如太陽光芒無有入於地下暗處的機會。也就是說，好似地下的黑暗因為存在方式不清淨而使光芒照耀的因緣不具足一樣，自相續籠罩著黑暗也難有大悲調化的機緣。佛陀的大悲也根據所化眾生的福德緣分而顯現，倘若眾生不具備福德與緣分，則不可能被調化。如《華嚴經》中云：「如月縱出升，非器不顯現，佛陀大悲月，亦不照無緣。」因此，現在就應該勤修必定解脫的方便法。

戊四、雖說痛苦亦不生厭之理：

微苦尚且不堪忍，難忍有苦何堪言？

雖已如是作開示，然卻毫不生厭離，

我心真如巨鐵球，或如石頭無有心。

寂天菩薩云：「於今些微苦，若我不能忍，何不除嗔恚，地獄眾苦因？」必須以這種方式來思維。如果生

第三品　輪迴痛苦

不起少許厭離之心，則誠如《寶篋語》中云：「雖聞有苦不生厭，此人委實極愚癡，猶如石頭或鐵球，顯然可謂我無心。」

甲三、思維輪迴痛苦之理：

> 輪迴難忍具苦蘊，根本隨眠諸煩惱，
>
> 多種痛苦之來源，若是有心知理者，
>
> 誰人於此增貪欲？故當迅速超三有。

如是輪迴是痛苦之本性，眾生感受苦蘊之果。苦因即是六種根本煩惱與二十種隨眠煩惱，理應對煩惱諦中所攝、眾多病害之大根源的這一自性生起厭離心。

甲四、迴向本品善根：

現在將此等妙音善說之福德為利益眾生而迴向。

> 以此樂源法喜宴，願三有城諸眾生，
>
> 享受喜樂除眾苦，疲勞心性今休息。

如是以所穿成善妙句義之珍珠般的善根迴向眾生，願以此使無始輪迴中善資正法貧乏、身心疲憊的三界一切有情，具足聖者殊勝財富，並得到休息。

> 願為地獄等世火逼者，前往緩流清涼之天湖，
>
> 珠寶珍珠釧鐲之光芒，飾面天界之中獲菩提。
>
> 如是願諸餓鬼與旁生，非天人天同緣之有情，
>
> 已得善趣一切喜樂後，獲得離塵寂滅菩提果。
>
> 願諸禪天眾生行善法，四無色界眾亦醒寂止，

大圓滿心性休息大車疏

圓滿究竟福慧二資糧，獲如怙主無量光佛果。

我願以此殊勝善良心，引導三有眾至最寂位，

日夜精勤究竟自他利，獲得相好無邊怙主果。

大圓滿心性休息中第三品輪迴痛苦釋終

第三品　輪迴痛苦

第四品　業因果

業因果品分四：一、略說本體；二、廣說自性；三、結尾；四、迴向本品善根。

甲一、略說本體：

若問：如是眾生漂泊於痛苦的三有中時，感受各自不同苦樂是由什麼形成的呢？

對此作答：是由業形成的。

> 佛說三有諸苦樂，由昔所積業產生。

眾生各自不同的業力成熟為住處、受用、苦樂等多種多樣、各不相同之果。《百業經》中云：「奇哉，世間由業生，以業繪苦樂，諸緣聚生業，以業受苦樂。」又云：「眾生之諸業，百劫不毀滅，因緣聚合時，其果定成熟。」《白蓮花經》中云：「業作一切如畫家，業即是行⑨如舞者。」《攝菩提資》中云：「具三煩惱及無彼，隨力修福解脫業，意故業故等流故，業作者大如種子。」

甲二（廣說自性）分二：一、修世間之法；二、修寂滅之法。

乙一（修世間之法）分三：一、略說；二、廣說；三、斷除之理。

丙一、略說：

> 黑白二業行輪迴，即是十善十不善。

大圓滿心性休息大車疏

行持十不善業與隨福德分十善業是形成輪迴之法。十善十不善是指什麼呢？《寶鬘論》中云：「戒殺斷盜取，遠離他人妻，真戒妄兩舌，粗惡及綺語，徹底斷貪心，害心與邪見，此十善業道，相反即惡業。」以不善業形成惡趣痛苦，以善業獲得善趣安樂。《念住經》中云：「不善惡趣受痛苦，善業善趣得安樂。」此外，《業分辨經》中云：「施主門達之子婆羅門童子尼珠白佛言：『世尊，以何因緣而使眾生長壽短命、健康多病、貌美醜陋、權勢大小、種姓貴賤、受用豐乏、智慧高低？』佛告童子尼珠：『婆羅門童子，一切眾生由業力所成而感受自份之業，業之生住者，依業而分上中下、高低賢劣也。眾生之業有種種、見有種種、行有種種。以黑業轉生於眾生地獄、餓鬼、旁生中，以白業投生於人天中。』」

　　丙二（廣說）分三：一、所依；二、能依；三、果報。

　　丁一（所依）分十：一、宣說阿賴耶與阿賴耶識；二、識積業之方式；三、宣說識位；四、各位之識；五、宣說三界以何者為主；六、融入方式；七、各自分類；八、無色界心依四名蘊之理；九、認識四禪四色界之心；十、欲界識一異之理。

　　戊一、宣說阿賴耶與阿賴耶識：

　　若問：彼等諸業依於何者、積於何者之上呢？

於此宣說業之所依：

　　所依無記阿賴耶，如鏡無念本體上，

　　不分別境明清識，作現基故如明鏡，

　　彼中取境五根識，自體無念如鏡像。

　　其後二取辨境識，剎那於彼執不執，

　　辨別彼即染汙意，不辨別彼為意識。

　　輪迴與涅槃的一切業均以種子的形式依存於阿賴耶。《文殊淨智經》中云：「阿賴耶乃一切基，輪迴涅槃清淨基。」也就是說，在真如法界中所謂阿賴耶作為分基是指於何者也不分析的無記法。從依於其上或其本性中覺性本是無為法自性任運自成的角度而言，稱為本性真實義阿賴耶；從無明作為基，輪迴之法六識聚及習氣依於它的角度而稱為種種習氣阿賴耶。一切善不善自性有為法皆依靠它，因此顯現各種苦樂。也就是說，隨福德分之一切因果依於阿賴耶；隨解脫分之一切善法也同樣依賴於阿賴耶，而它的離垢之果依於佛性。

　　廣說彼等之理：

　　無記法的阿賴耶上，存在有輪迴因果不善業、隨福德分之劣善業、涅槃所離之因——隨解脫分善業、現前所有證道之菩提業等一切業。道地所攝的一切隨解脫分善業也是暫時的有為法，故以離因的方式依存在種種習氣阿賴耶上，它的離果依存在如來藏上，如同雲是遮障太陽的所淨，消散部分依於太陽一樣。《寶性論》中

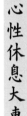

云：「地依水依風，風盡依虛空，虛空非依風，非依水地界。如是蘊界根，依於諸業惑，業惑則恒依，非理之作意，非理作意者，盡住淨心中，心自性諸法，不住於一切。」如虛空般自性清淨的心性上清淨佛刹及本來具有的功德等無始善法界，以二種佛性的方式存在於離基中，離基即是涅槃之所依。

此處應當了知離基、離因、離果、所離四者。其中離基是指佛性或如來藏；離因是指能清淨如來藏上一切垢染的隨解脫分善道；離果是指如來藏遠離一切垢染後現前功德；所離是指依賴於種種習氣阿賴耶的八識聚及習氣。這些按照密宗而言，共稱為淨基、能淨、淨果、所淨四種。雖然名稱不同，實際意義上是一致的。在這樣的本性中，不清淨的輪迴之因及識聚和隨解脫分的一切有為善法均以無有能依的方式長久依存於無明自性之種種習氣阿賴耶。

從涅槃功德依於它的角度而言，稱為本性真實義阿賴耶，又名為本體空性、自性光明、大悲周遍、如寶珠般功德任運自成、無垢、無離垢、本來光明身智無合無離之密意實相；從自性清淨的角度來說，雖可立名為如虛空、無相、空性、無為法等，然而並非是無有一切的斷空，而是任運自成身智光明之意趣，也是解脫一切輪迴法的空性。《密嚴莊嚴經》中云：「皎潔之月輪，恒無垢圓滿，因時於世間，分別月盈虧。如是阿賴耶，恒

具如來藏，佛說如來藏，名為阿賴耶。不曉此愚者，以自習氣力，見其異苦樂，業感煩惱相。自性淨無垢，德如如意寶，無遷亦無變，徹知而解脫。」彌勒菩薩說：「於此無所破，所立亦毫無，真實觀真性，見真性解脫。」

阿賴耶的異名也有本性真實義阿賴耶、無始善法界、如來藏、佛性、心之自性光明、法界、實相真如義、自性清淨之真如、智慧到彼岸等；從所依之基、來源、離因等角度而立名為不可思議。

此外，從心性上存有輪迴習氣的角度稱為種種習氣阿賴耶。為什麼呢？因為善、不善、解脫、涅槃之業本來就無有自性，但它能作為積累忽然所生之諸業的所依，即善不善業均依賴於它。

阿賴耶之本體是愚癡的緣故屬無記法。

有人認為阿賴耶不是愚癡性，因為它既作為所有五毒之所依，又作為涅槃的所依。

這也僅是因為他們未懂得本義而已。為什麼呢？此愚癡並不是指五毒中的愚癡，而是以最初迷亂為輪迴時的俱生無明而立名愚癡的。所謂的「作為涅槃的所依」也需要觀察。因為阿賴耶並不能作為本來清淨與淨除一切客塵之具二清淨的佛陀智慧及如來藏的所依，因為阿賴耶仍然需要轉依的緣故。如《殊勝金光經》中云：「阿賴耶轉依為本性法身。」《四大滅盡續》中云：

「阿賴耶淨乃法界。」

種種習氣阿賴耶不是佛性的所依，因為一切垢染於其中是以離因的方式存在，或者與它（形相上）是能依所依的關係。因此說，種種習氣阿賴耶僅能作為有為法福慧資糧修道而成就菩提的所依而已，因為二資為道諦所攝，故安立為欺惑無常性，這也是由於它依賴於種種習氣阿賴耶所致。

若問：如果依靠它，則於其有害如何應理？

答：這也是應理的，諸如依靠燈芯之油燈自燃或依靠薪之火自焚等，由於以依賴於阿賴耶之二資糧道而使輪迴習氣自淨，盡除佛性與界性之垢，能現前真實如初安住的同時現量明瞭的菩提而稱為清淨緣。最後能淨之對治也毀盡，因為它是由心假立的遍計善法。如《寶性論釋》中云：「從現前菩提（一地）位開始，因為遣除道諦故。」《入中論》中云：「盡焚所知如乾薪，諸佛法身最寂滅。」此等教證均可說明這一點。

若問：這樣一來，阿賴耶上又怎麼具有無捨空性與三十七道法呢？

答：它具有佛地所攝之無捨空性與三十七道法而並非有道諦所攝之法，因為彼等是究竟道位。

種種習氣阿賴耶也有不同名稱，即俱生無明、種種習氣阿賴耶、無始無終之障、大黑暗、本住無明等。也就是說，本來具有如虛空般的無始心性法界中，因為解

脫依於它而稱為本性真實義阿賴耶；因為輪迴依於它而稱為種種習氣阿賴耶，並產生輪涅不同顯現中的苦樂與功過。《寶性論釋》中所引教證云：「無始終時界，乃為諸法處，具此故顯現，眾生與涅槃。」

接著宣說阿賴耶與八識聚之差別：種種習氣阿賴耶是無記法如同鏡子；阿賴耶識如同鏡子的明清分；五根識如同顯現影像；籠統觀察外境或者對於五根的顯現境最初浮現出「此法」的識，即是意識；其後對外境相應產生貪心、嗔心、癡心（捨心）即稱為染汙意。

有些前輩阿闍黎說：如果染汙意沒有觀察，則六識聚不能積業，因為六識聚不包括在三毒任何一者中。

此種說法也需要觀察。雖然在了知諸法自性者的見修行位上的確如此，但未了知此理的眾生因為具有愚癡，所以還是會積累不善業。也就是說，積業之門是意根及五根的有依根；能積是染汙意、思善意與中等意。積於何者上呢？積於阿賴耶上；具有給這些業增加、積累、減少等留有餘地作用的是阿賴耶識。如堅慧論師在他所著的《經莊嚴論廣釋》中說：「意與眼等五根是業之門，故為趣入之所依；思善、不善、中等之意為作者；色等六境為所作；阿賴耶識留給機會；阿賴耶乃所依，如同處所或房室。」

阿賴耶識是不執著任何境與有境的明清分，從中起現五根識，眼識是認知色法卻不起分別之識的部分。同

105

樣，耳聽聲音、鼻嗅香氣、舌品味道、身感所觸，都是指認知外境而不生分別念之識的部分。從五根的顯現境中產生或如實了了分明呈現相同於顯現境的行相者，它既是法，也是意識。即從外境的角度而言是法，從認知外境浮現行相的角度而言稱為意識。《經莊嚴論廣釋》中云：「意識即隨前一外境之後相應產生之識或衡量隱蔽分外境的識，它既是境又是識。」五根識及阿賴耶識，即由前面外境或者它們中形成各自識的六部分滅盡的無間分，就稱為意。《俱舍論》中云：「六種識聚已滅盡，無間之識即是意。」以色法為例，當時不執著外境明清而住之阿賴耶識與見色法之眼識二者停止下來，便立名為「滅盡」，接著，剎那間浮現出「是色法」的念頭部分，就叫做意或者心；因為剎那迅速取境，而不能詳細加以分別，由此稱為無分別念；又因為最初覺知外境，所以也稱為所取分別；隨後所產生的一切細緻伺察，稱為能取分別。諸位瑜伽自在者認為：儘管第一剎那由意來認知，但如果伺察沒有繼續，就不會積累業。如《鬥追道歌》中云：「六境之識聚，不為執著染，無業無異熟，見淨如虛空。」

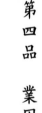

第四品 業因果

戊二、識積業之方式：

宣說此等識積業之方式：

粗念善惡欲界因，習氣依於阿賴耶，

無念明現色界因，無念一緣無色因，

輪迴自性二客塵，一切時分依此障。

以粗大的能取、所取分別念與善、不善業而墮入欲界；未以證悟實相所攝之等持，也就是在對顯現境不起分別的狀態中修持，是轉生色界之業，積於阿賴耶上；遮止顯現境後不分別任何法而修行，是轉生無色界之因，其種子存留在阿賴耶上。《寶積經‧禪定品》中云：「以分別念所擾，即以善、不善、中等之行墮於欲界；心於何法亦不分別、不捨外境一緣修行瑜伽且遠離證悟諸法體性者乃色界之行；既非色界亦非欲界之心，不見外境之跡，數數而觀串習熟練者流轉於無色界。此三者永遠不能從此等三有中解脫，故當以正聞而聞法、以正修而串習。」

戊三、宣說識位：

> 心識無念悠然時，不執顯現之外境，
> 一緣阿賴耶分位，明現然不執著彼，
> 阿賴耶識明清穩，破立二取五根境，
> 七聚籠統分別境，此等稱為七識聚。

如是對任何外境皆不分別，一緣悠然而住即是阿賴耶的階段；明瞭覺知顯現境時，不分別任何法坦然而住即是阿賴耶識的階段；當時了了分明呈現行相即是五根識的階段；第一剎那顯現外境所取為意識的階段；第二剎那夾雜煩惱觀察執著為染汙意的階段。以上即是七識聚。《菩薩地論》中云：「不與外境相繫且不分別即阿

賴耶之分位；與外境相繫而不分別即阿賴耶識之分位；分別覺知各自外境之行相即五根識之分位；初分別外境，即意識之分位，後以伺察而生二取即染汙意之分位。」

戊四、各位之識：

串習此等轉三界，三門迷亂痛苦因。

與解脫道沒有關係的阿賴耶位之識一緣寂止的穩固等持；明而無念禪定勝觀穩固的部分；由隨外境而生六根增上緣產生的粗大識，積累善惡業。由這三種業分別迷惑於無色界、色界、欲界中。原因是，這些沒有以解脫攝持、沒有超離所取能取。也就是說，無分別等持的境界是所取，從中不散一緣安住為能取。真實的禪定儘管是以大悲方便與不住二邊之智慧的方式來修持，然而既無有境與有境之戲論，也無有墮「此境界」一邊之修，所以是與不可思議的實相關聯的，即使從中獲得喜樂、神通神變，也無有自相之歡喜心與相狀執著。其餘等持則與之相反，因而超越不出輪迴。當今多數禪修者已明顯誤入歧途，並且自己也未見擁有功德。

戊五、宣說三界以何者為主：

思維此等識於自地、他地之主次：

欲界七識聚為主，色界阿賴耶識主，
無色界中則唯以，無念阿賴耶為主，
其餘二者隨眠附，當知各地所具之。

佛密論師在《觀察阿賴耶與智慧論釋》中說：「要知道，欲界以眼識等七識為主，其餘為附；色界以阿賴耶識與趨入識為主，其餘為附；無色界以阿賴耶為主，其餘以隨眠的方式存在。」

戊六、融入方式：

詳細分類：

> 如是欲界夜眠時，五境根識漸入意，
> 意識融入阿賴耶，一緣無念無現境，
> 彼者融入法界故，自性遠離諸戲論，
> 復現阿賴耶識中，意識單起而做夢，
> 種種破立無而現，從中覺醒六識聚，
> 趨入外境而造業，夜以繼日如是現。

欲界眾生睡眠時，五根識與染汙意融入意識，意識融入阿賴耶識，頃刻出現明而無念之狀態。雖然新派有些上師承許說：「認識阿賴耶識本面的人在此基礎上安住，從而無夢享受光明法性。」但（我認為）實際上是阿賴耶識融入不分別任何法的阿賴耶中，阿賴耶又融入法界而使粗細執著隱沒，並顯現了光明離戲之法性。如果已經認清了這一本面，才可斷除迷惑。《集密智寶續》中云：「七識聚入阿賴耶識，後阿賴耶淨法界，爾時顯現本俱生，明空自然本智，瑜伽士當知此理。」

從中再度起現，也就是從法界中出現阿賴耶，從阿賴耶中產生阿賴耶識，又從阿賴耶識中單獨起現意識，

大圓滿心性休息大車疏

由此顯現出各種夢境，即是以習氣而將意的對境——法執為我所之時。也就是說，分別動念之風與依七識聚之脈內的風由經精脈血脈而入於中脈內時，稱為阿賴耶三等之識，因為三風平等合於一處的緣故。爾後此識入於中脈內成為一味一體，是阿賴耶之時，也就是處在酣睡的狀態而沒有夢境，有人也有整個晚上處於無夢狀態中的情況。之後，阿賴耶融入法界是指中脈中央殊勝光明不變之脈具有粗明點及風不運行、明性光的自性。《普明續》中云：「中脈中之脈，不變勝光明，無實明性界，自成本智處。」所謂中脈之風精華叫做自心。當通達心性的時候，就顯現出光明。此時，出現明點、光、彩虹等顯現光明；現出離戲心性之空性光明；現前明覺覺受大智慧之雙運光明。隨後阿賴耶、阿賴耶識、意識起現的時候，即是風起現在意念所依之命脈內的時候，其後風入於依各根的能依脈中，醒來後自然對顯現境產生二取執著。比如，當分別色法的同一個對境時，也可以分成各個部分，此理下文有講述。

戊七、各自分類：

> 色界自識四禪定，住於阿賴耶識中，
>
> 偶生取境細微識，多時等持中安住。

禪定正行時，以各自的無分別念為主，分別外境則以隨眠的方式附屬存在。一禪、二禪、三禪分別具有尋思、伺察、喜攝感受的過失，四禪偶爾會有這三過，如

第四品　業因果

110

凡夫三地的死遷以及聞法等時。

戊八、無色界心依四名蘊之理：

　　無色界之自地識，即是阿賴耶自性，

　　空無邊等之四處，住於一緣寂止中。

　　心相續依極細微，受想行識四名蘊，

　　一緣寂止劫不醒，亦未播下善種子。

　　於往昔死亡之處，融入阿賴耶的受想行識四個部分稱為四名蘊，心相續依賴於意生身，處在一緣寂止等持中，安住於空無邊等四無色處長達數劫，只是像酣睡階段一樣，沒有行善。雖然並沒有直接造不善業，但因無色界自地屬愚癡地所攝，所以自然增長愚癡。

　　戊九、認識四禪無色界之心：

　　如是四禪無色心，前果滅盡亦死亡，

　　本體無記愚癡故，顛倒因果而反復，

　　投生漂泊輪迴處，故當從中得解脫。

　　《無憂經》中云：「以昔所積善業力，生天界宮亦退轉，禪天無色業盡後，復墮地上墮地獄。」

　　戊十（欲界識一異之理）分三：一、修習欲心而成解脫因之理；二、宣說白日以何識為主；三、彼等一異之理。

　　己一、修習欲心而成解脫因之理：

　　現在特別闡示欲界人身之識一體異體的道理：

　　如理修行欲心故，亦成上下解脫因。

大圓滿心性休息大車疏

欲界眾生心識較粗大，雖是善趣人類，但也屬業地之有情，並能作為修法之殊勝法器，故而可以成為解脫之因。《念住經》中云：「欲界眾生播善不善種子，其心粗大之故，汝當勤修妙法也。」

己二、宣說白日以何識為主：

　　白日七識多為主，餘二一體為附屬，

　　當知取色之眼識，無念明分普基識，

　　無分別分阿賴耶，其餘六識亦復然。

如是眼見色法的部分為眼識；明而無念之識的明分為阿賴耶識；無分別念的部分為阿賴耶。同樣，聽聲、嗅香、品味、受觸以及意覺知回憶對境時，認知各自對境的部分，就是彼等之識；識的明分為阿賴耶識；無分別念的部分為阿賴耶。即使在明清不動阿賴耶識之際，也不遮各自對境的部分為五根識；從明分而言是阿賴耶識；從無念而言是阿賴耶。即便一切識聚融入一緣中時，實際上融入阿賴耶的一切部分也是以隨眠的方式存在，就像太陽升起時群星以隱沒的方式存在一樣。佛鎧論師於《觀察心智釋》中說：「識不分別任何法即安立為阿賴耶；僅就明分而言為阿賴耶識；覺知各自對境乃六識聚，融入無念者為阿賴耶之分位。」

己三、彼等一異之理：

宣說彼等一體異體。

　　一緣眠時阿賴耶，夢中阿賴耶之識，

第
四
品

業
因
果

意識二者為一體，醒時一切一本體。

一緣睡眠時即是諸識於阿賴耶中互為一體之時，毫無外散；做夢的時候，在此狀態中，意識從阿賴耶識上獨自生起，所以在從阿賴耶的狀態中稍許外散的當時，阿賴耶與從中出現的阿賴耶識、意識是一體存在；醒覺時諸識從阿賴耶中極度外散，所以阿賴耶與八識聚均以一體的方式存在。此等是依照《密藏疏》中所說而述。

此處以極為明確之語歸納而言，即心性光明是一切法的所依或來源，從這一角度來衡量，無論輪迴還是涅槃皆無破立、無異體、無遷變，因此稱為輪涅之源——本性真實義實相如來藏。《道情歌集》中云：「唯一心性諸種子，從中顯現輪涅法，能賜一切所欲果，頂禮如摩尼寶心。」《密嚴莊嚴經》中云：「所謂殊勝因，彼能生一切，無因皆成無，無作亦無有。與涅槃同體，阿賴耶無別，若與涅槃異，阿賴耶非常，無現無壞常，斷除四邊也。亦稱如來藏，幻化本智名，互為一體藏，彼如手鐲住。異地阿賴耶，亦是如來藏，彼藏阿賴耶，如來所宣說，藏名阿賴耶，淺慧者不了。」

由於是清淨本性身智等之因，故而稱為無漏真實義阿賴耶；由於作為輪迴所依，故而立名為有漏種種習氣阿賴耶。所依事是一本體（法界無分類），是以能依法分類而安立不同名稱的，此理與《現觀莊嚴論》中所說的「由能依法異，故說彼差別」相同。意思是說，有垢染

的階段根據清淨每一所淨垢染時的佛性或如來藏而安立不同的名稱也是合理的。如《密嚴莊嚴經》中云：「愚者雖分別，月有盈與虧，然月無盈虧，普照大小洲。如是諸愚夫，於阿賴耶識，恒分別增減，彼乃無始佛。諸法之本基，為慢等習氣，分別所染汙，異轉則無漏。則獲無漏相，彼等恒穩固。」意思是說，雖然月亮本體上無盈無虧，但隨著日期，而於四大洲中照射似有增減。同樣，儘管於心性光明本性中成佛無有自相苦樂，但因為流轉輪迴而感受善趣惡趣等不同苦樂。倘若修煉本性實義，即是所謂的「趣至阿賴耶本義」。

關於阿賴耶中所現的阿賴耶識與七識聚的內容已宣說完畢。意識由於無明迷亂而積業，如經中云：「意者為主極迅速，諸法之初意先行。」由於沒有認識本性無變圓成實而產生遍計所執法，也就是在依他起心識上出現各種不清淨的迷亂相，要想斷除如夢般的輪迴迷亂也必須通達心性圓成實，通過修持無倒之道——生圓次第方便智慧可以如實現前本基如來藏，因此應當了達此理。

這以上業之所依已宣說完畢。

丁二（能依）分二：一、宣說根本無明；二、宣說不善業。

戊一、宣說根本無明：

現在宣說能依之業：

一切諸法之所依，業之根本即無明，

本體三毒貪嗔癡，所生三有黑白業。

由於最初沒有了達光明心性的本來面目而成為二取迷亂之基，進而迷亂為輪迴中的一切眾生。《般若攝頌》中云：「佛說諸有情，皆由無明生。」下等惡趣眾生、中等人類、上等天眾均由各自業力而感受種種苦樂，這一切的根本即是無明，由此產生與之相應的三毒、與這相應的不善業，以及隨福德分善業的輪迴樂果。

戊二（宣說不善業）分二：一、宣說分基；二、宣說分類。

己一、宣說分基：

以善業獲得善趣享受安樂，以不善業轉生惡趣遭受痛苦。此處宣說不善業。

令墮輪迴上下趣，十不善業各自現，

十不善中次第分，身三語四意三業。

什麼是不善業呢？不善業就是能令眾生從善趣墮入惡趣唯受痛苦的十不善業，其中殺生、不與取、邪淫三種是身不善業；妄語、離間語、綺語、惡語四種是語不善業；貪心、嗔心、邪見三種是意不善業。

己二（宣說分類）分三：一、身業；二、語業；三、意業。

庚一、身業：

大圓滿心性休息大車疏

宣說身之三種不善業：

故意無誤殺他眾，同分毆打等害命，

不與取即盜他財，同分狡詐受他財，

與他所屬行邪淫，同分非處不淨行。

對於乃至蚊蟲蜂蠅以上的眾生，明明知道卻故意斷其生命即是殺生，毆打責打等為其同分；盜竊他人財產即是不與取，其同分為以緩和的方式令他人給予財物；與他人之夫或妻、自己的親友作不淨行，以及在其他根門、非處、非時進行交媾即是邪淫，其同分用手指等在彼非處作淫行。《俱舍論》中云：「殺生即是故意中，無誤殺害他眾生；不予取以力暗竊，他財據為己所有；欲想前往非行處，所行邪淫有四種。」《眾生分辨經釋》中云：「近似真實者，與彼之分相同，所生之果與彼相似。即以棍棒毆打等（為殺生之同分）；依承侍受取他財等（為不與取之同分）；自以肢根勤行等（為邪淫之同分）。」

庚二、語業：

語之四不善業：

妄語騙他知詞義，同分直言欺他心，

離間言說挑撥語，同分他言復傳離，

綺語惡論無稽談，同分無關非法語，

粗語刺傷他心言，同分令他不悅語。

這些是通過語言而造業，故而稱為語業。言說改變

他人之想法的不真實語即是妄語，見到以直言可欺騙對方便言說為其同分；口出挑撥他人關係之詞為離間語，一人所說之語到另一人前漫說為其同分；供施詩韻等以及違背正法的各種無稽之談為綺語，談論與時間毫不相干的話語是其同分；不悅耳並刺傷他人之言為粗語，雖然動聽卻令他人不悅之語是其同分。《俱舍論》中云：「妄語即轉他想法，詞義明顯被了知。離間即為分他者，染汙性心之詞語，粗語則指刺耳語，所有染汙皆綺語。」《俱舍論釋》中云：「雖是直言亦為欺騙之性，是妄語的同分；如其所說而言告他人為離間語的同分；與時無關之語是綺語的同分；雖動聽卻令他人不悅即是粗語的同分。」

庚三、意業：

意之三不善業：

> 貪心圖財欲己有，同分貪他聞等福，
> 害心嗔恨損他眾，同分不利生嗔心，
> 邪見常斷無因果，同分增損等倒見。

懷有他的資財等若是我的該多好的想法，即是貪心，心懷憤恨暗想對方的多聞等福德若為我所有該多好，為其同分；損害他眾的念頭即為害心，不願饒益其餘眾生並且心生嗔恨為其同分；誹謗業因果墮於常斷邊即是邪見，對正法及如理講法的善知識等進行誹謗為其同分。《俱舍論》中云：「貪心顛倒圖他財，害心即於

眾生嗔，視善不善不存在，即是所謂之邪見。」《眾生
分辨經釋》中云：「嗔他多聞等福為貪心之同分；不樂
利他且懷嗔恨為害心之同分；誹謗善知識、正法與他眾
為邪見之同分。」此處僅僅說誹謗正法與善知識是邪見
的同分，而《般若八千頌》中說：「須菩提，積謗正法
之業者即墮入惡趣轉生為邪見眾生，於無間大地獄受
苦，直至為火壞劫出現時，方轉生於他世間界諸大地獄
中，至為火壞之劫出現時亦有其餘……」其中宣說了此
類人將受無量痛苦。《寂滅定幻經》中云：「縱經數多
劫，身五百由旬，彼頭亦五百，每一頭上有，不少五百
舌，一舌上耕犁，不少五百數，極熾而耕作，誹謗罪業
致。」《寶積經》中云：「迦葉，吾與同吾者方能認定
法與補特伽羅，凡夫不可認定法與補特伽羅。否則，會
墮落之故。」

第
四
品

業
因
果

丁三（果報）分三：一、略說自性；二、各自分
類；三、彼等攝義。

戊一、略說自性：

宣說十不善業之果報：

　　　　境心意樂加行劣，行十不善之果報，
　　　　異熟果與等流果，增上果及士用果。

此等不善業是由對境不善、等起（即動機）不善、
意樂不善、加行不善而產生的，諸大論中說其果報有異
熟果、等流果、增上果。竅訣論中說在此三果基礎上，

加上士用果，共有四種。

戊二（各自分類）分四：一、異熟果；二、等流果；三、增上果；四、士用果。

己一、異熟果：

> 小品不善轉旁生，中品不善轉餓鬼，
> 大品不善墮地獄，感受異熟之苦果。

《念住經》中云：「以此等小品不善之異熟果將轉為旁生；如是以中品不善轉為餓鬼；以大品不善墮入地獄。」

己二（等流果）分二：一、同行等流果；二、感受等流果。

庚一、同行等流果：

> 等流分二同行果，經說所行同其果。

《百業經》中云：「因為行不善業之串習力而於後世中亦依不善、行不善、轉為隨行不善業者。」

庚二、感受等流果：

> 佛說感受等流果，雖已獲得諸善趣，
> 亦成短壽多病者，資具貧乏敵共用，
> 夫妻醜陋成怨仇，多遭誹謗受他欺，
> 眷僕惡劣不和睦，所聞粗言成諍語，
> 語言無力辯才微，貪欲強烈不知足，
> 不求饒益他害處，極為狡詐具惡見，
> 十惡依次各具二，此為感受等流果。

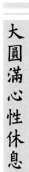

大圓滿心性休息大車疏

《百業經》中云：「……一旦轉到天界、人間，也是以殺業所感而成短壽多病者；以

不與取而感資具乏少且與怨敵共用；以邪淫所感夫妻不悅意且與他（她）人共享；以妄語所感多遭誹謗且為他眾所欺；以離間語所感眷僕惡劣且互不和睦；以粗語所感聞不悅耳之語且成爭論之言；以綺語所感言詞無力且辯才不定；以貪心所感貪欲強烈且貪不厭足；以害心所感不尋利益且成損害根源；以邪見所感持執惡見且成十分狡詐者。」《寶鬘論》中云：「殺生感壽短，（損害多災難，）偷盜乏受用，邪淫敵共享。妄說遭誹謗，兩舌親叛離，粗語聞惡聲，綺語言無力。貪心失所望，嗔心招怖畏，邪見生惡執。」

己三、增上果：

成熟外境增上果，不淨依他起即時，
殺生環境極貧瘠，樹葉花果飲食等，
力微損壽難消化。不與取生畏懼處，
莊稼果實不成熟，常遭霜雹饑災荒。
邪淫生於糞淤泥，污穢不堪惡臭境，
狹窄悲慘不悅意。妄語生於畏不合，
財富不穩受欺境。離間語業所生處，
深淵狹穀懸崖等，凹凸難行不悅境。
粗語生於鹽鹼地，瓦礫荊棘枯樹幹，
塵土飛揚劣果蔫，令人不喜粗糙處。

綺語生處果不熟，不長穩住季顛倒。

貪心生處果等少，糠多見賢時節變。

害心生處稼苦辣，王蛇盜匪野人等，

自然災害眾多境。邪見生處無寶源，

藥樹花果極鮮少，無有依怙無親友。

這些增上果是依照《攝抉擇論》中所說而述。《辨中邊論釋》中說：「根據外境不同，善業亦增上。」由此可知，十不善業也可以成熟於內心。

己四、士用果：

不善業之士用果，所作增上生痛苦。

《略念住經》中云：「愚癡之士造罪，其後罪業復增上而受劇苦。」

戊三、彼等攝義：

總之自性十不善，何人行此如服毒，

以大中小生劇苦，當勤棄之如怨仇。

《毗奈耶‧教誡聖者嘉哦耪品》中云：「不善業如毒，微小亦生大苦故；不善業如野人，摧毀善資故。」因此，應當精勤棄惡從善。《寶鬘論》中云：「當以身語意，斷諸不善業，恒常奉行善，此說三種法。」

丙三（斷除之理）分三：一、善趣之因；二、十善之果；三、取捨之教言。

丁一、善趣之因：

善趣之因十善業，即斷十惡之善心，

戒殺戒盜不邪淫，不說妄語離間語，

綺語粗語離貪心，以及害心與邪見。

　　僅僅斷除十不善業還不能構成十善業，因為沒有守護自相續的緣故。所謂十善業是指斷除十不善業的十種善心。《中般若經》中說「吾亦斷殺生……」宣說了十種善心。

　　丁二、十善之果：

小品轉生於人間，中品善業生欲天，

大品等持禪無色，能得上二界安樂，

四果與前皆相反，當知十善果善趣。

　　由行持小品中品善業而生於欲界的人間、天界中，依靠與等持相關聯的大品善業轉生於上二界（色界無色界），也就是說，行持十善可阻塞惡趣之門，獲得善趣。《寶鬘論》中云：「依此法解脫，地獄餓鬼畜，且得人天中，王位圓滿樂，禪無量無色，能享梵等樂。」

　　丁三、取捨之教言：

佛說以隨福德分，十善投生善趣中，

十不善業墮惡趣，取捨黑白因果者，

世間善道人天乘。以此後世轉善趣，

故立真實解脫因，善緣眾生當依止。

　　《中般若經》中云：「須菩提，真實行持十善業道者生於善趣，趨入十不善道者墮入惡趣。」《妙法蓮華經》中云：「人天乘即十善。」又如《勝藏經》中云：

「天乘即四禪、四無色；人乘即十善，此乃妙法之所依。」

從梵語「雅那」引申為乘或坐騎，因為乘坐它可達到各自目的地之故。《般若攝頌》中云：「乘之諸眾至涅槃，乘如虛空無量宮，能獲喜樂乘之最。」根據眾生的意樂次第，佛宣說不同乘，於寂滅根基者前說一乘。《妙法蓮華經》中云：「究竟一乘無三乘，說彼三乘不了義。」佛也說過有二乘，如《無垢虛空經》中云：「相合眾意樂，我說有二乘。」二乘就是指大乘和小乘。佛又說過有三乘，《妙法白蓮花經》中云：「為調煩惱之法門，雖說八萬四千種，然諸佛陀真意趣，乃為無別一本體。我雖開示三乘法，亦隨眾力意樂說。」總之，如畫家般的心可幻變出無量相，但是從了義上來說，何者也不緣。《楞伽經》中云：「乃至心流轉，乘邊無窮盡，一旦心滅盡，無乘無有情。」此處所指即是佛所說的人天乘。《楞伽經》又云：「天乘梵淨乘，聲聞緣覺乘，我說一切乘。依於人天乘，決定趣涅槃，後則修無緣。」

乙二（修寂滅之法）分六：一、總說隨解脫分善業；二、認識隨解脫分善業之自性；三、作解脫因之理；四、覺醒佛性得解脫之理；五、別說同分善業；六、破他宗之邪分別。

丙一、總說隨解脫分善業：

必須勤修隨解脫分善業，下文依次宣說：

　　解脫之善離輪迴，超越三有上下行，

　　黑白二業趨寂滅，隨解脫分等善法，

　　乃是無漏智慧因，十善四禪四無色，

　　六度等善五道攝，證悟人法無我後，

　　依智方便雙運善，不住有寂利眾生，

　　成就佛陀果位故，瑜伽善法超世間。

　　隨解脫分善法既超越了前面所講的隨福德分善業與惡業，又擺脫了投生三有輪迴的一切有漏因，是唯一的解脫因。也就是說，十善業與五度等世俗諦善法的有現福德資糧，以及不住二邊智慧的無現智慧資糧，此二者雙運為五道次第所攝，就可趨向佛地，所以它完全超越世間的善法。一定要認識到應當了知世間的善法有實執和相執，而正在行持隨解脫善法時即是無實無相，擺脫福德非福德之心，即是空性大悲藏。《般若攝頌》中云：「如魔術師幻男女，彼亦可做一切事，通達慧行諸菩薩，無念智慧行一切。」《寶鬘論》中云：「以智息有無，故越罪與福，彼離善惡趣，佛說即解脫。」又云：「空悲藏授予，有修菩提者。」在行持善法時，既無有實執之心也無有貪執之束縛，而如幻化般行利眾事業，就是菩提的殊勝資糧。也就是說，以如虛空般的智慧所攝持的善法是解脫道，而沒有以智慧攝持的善法就不能成為解脫道。《般若攝頌》中云：「俱胝那由他天

盲，尚不識途豈入城？佛說五度亦復然，故當獲得智慧眼。」《般若一萬八千頌》中云：「五度一旦為智慧度所攝持，爾時將趨入遍知大城中。」

初學者以及智慧淺薄的愚者對「諸法無自性故善法無自性」的道理非常恐懼。《寶鬘論》中云：「決定勝諸法，深奧微妙現，寡聞之凡愚，生畏佛所說。」《般若二萬頌》中云：「須菩提，當知諸法無本性，六度亦無本性，所伺察、能伺察二者亦不可知、不可得，真實不見。此法不可於初入大乘者、聲聞、緣覺種姓者前講說。何以故？能令彼等驚恐不已、毛骨悚然而捨棄智慧波羅蜜多法門之故。」

丙二、認識隨解脫分善業之自性：

什麼是隨解脫分善呢？

> 即以有緣福德資，無緣智慧資雙運，
> 淨除二障現二身，凡夫有漏聖無漏，
> 後得入定此二境，次第而行得解脫。

依靠佈施等五度之福德資糧與智慧度之智慧資糧雙運，從而可現前二身。《寶鬘論》中云：「諸佛之色身，由福資所成，法身若攝略，由慧資所生，是故此二資，獲得正覺因，如此總言之，恒依此福智。」

由福慧二資所生的佛色身之諸相好依次向上形成的方式：聲聞、緣覺、異生、菩薩所有福德的十倍形成佛陀一毫毛，所有毫毛福德的百倍形成一隨好，八十隨好

大圓滿心性休息大車疏

每一好福德百倍形成一妙相，三十二相每一相福德千倍形成白毫相，白毫相福德之十萬倍形成無見頂相，無見頂相福德之百倍形成法語螺相。《寶鬘論》中云：「不可思福中，出生佛妙相，大乘聖教說，大王如實聽。能生諸緣覺，有學及無學，無餘世間福，如世無有量。以此福十倍，成就一毛孔，佛陀諸毛孔，皆與彼同成。能生諸毛孔，所有之福德，以彼之百倍，許成一隨好。盡彼福德數，感得一隨好，究竟即如是，直至八十間。成就八十好，所有福資糧，以此百倍成，大士一妙相。成卅二相因，乃是大福德，此等千倍成，滿月白毫相。白毫相之福，十萬合為一，能生無見頂，怙主之肉髻，成頂髻相福，廣大千萬倍，當知能生一，十力者法螺。」

　　（加行道的）勝法位以下屬世間之法為有漏，勝法位以上屬出世間之法為無漏，這是以分界而說有漏無漏的；入定智慧說為無漏，後得說為有漏，這是以道而分有漏無漏的；佈施等五度為有漏，智慧度為無漏，這也是以善法而分有漏無漏的。

　　丙三、作解脫因之理：

　　若問：諸善業依於何者，起何作用呢？

　　答：隨解脫分善法是由離因之真實道諦所攝，所以依賴於種種習氣阿賴耶，但是，從依靠離因現前離果而言，依於佛性或如來藏，它作為無有遷變之解脫因的原因也在於此。

解脫善法之所依即是如來藏。

> 佛說心性光明界，無垢自性住佛性，
> 彼之現分即二身，以九比喻而說明，
> 大悲自性本住者，即是實修生佛性⑩，
> 根本覺性光明智，體無三毒故為善。

關於此理，世尊於第三轉法輪的了義經藏中已經如理如實地明示了一切佛陀的大密意，諸如《聖者陀羅尼自在王請問經》、《吉祥鬘獅吼請問經》、《珍寶女請問經》、《無垢天女請問經》、《指鬘王經》、《大涅槃經》、《彌勒請問經》、《宣說如來藏經》。此等經中宣說了一切眾生本來具有法界自性清淨之心性或佛性，就是指如來藏，它本來存在、無有改變。從現分而言，是相好圓滿之色身的來源；從空分而言，遠離一切戲邊之法身本來任運自成而安住，並以比喻加以說明，即功德任運自成如摩尼寶；不變他性如虛空；遍潤諸眾如淨水。《寶性論》中云：「如寶空水淨，自性恆無染。」意思是說，正當被垢染遮蔽之時，自本體也是安住於無垢真如性中，這就是心之自性本來光明。《般若八千頌》中云：「心中不具心，心性即光明。」一切眾生普遍具有佛界或佛性。《寶性論》中云：「佛身能現故，真實無別故，具種故眾生，恒具如來藏。」此如來藏稱為無始善法界，於本基中即是正等覺。《真實名經》中云：「佛陀無始終，初佛無偏墮。」《二觀

察續》中云：「眾生本是佛，然為客塵遮，障淨現真佛。」也就是說，為眾生時，心之法性從現分而言具足色身功德；從空分而言具足法身圓滿功德，然而，因被垢染所障而現量不顯露，所以稱為佛界或佛性。成佛時遠離諸垢，故稱為菩提，這也僅僅是本體心性之圓滿妙力現不現的差別而已，並非承認最初為眾生時無有的功德後來重新產生，因為心性無有遷變。《如來藏經》中云：「無始時法界，諸法之住處，具此故眾生，獲得涅槃果。如前後亦然，無變真如性。」

心之法性光明自性不為煩惱所染。《寶性論》中云：「心性光明者，無變如虛空，不被妄念生，貪等客塵染。」佛性之分類，有本來安住之自性住佛性與觀待淨除暫時垢染之實修生佛性兩種。

自性住佛性也分二：即空性離戲之心性住於法性自性中的佛性成為本性身之離因；住於有法自性中的佛性成為殊勝色身之離因。此二者無始以來以有法法性的方式存在著。《涅槃經》中云：「善男子，心之法性自性光明，自性無有本體，即是自性清淨之心如何顯現與相好燦然之功德皆非異體，然以現空自性而分。」

實修生佛性：通過修行發心等暫時有學道的方便智慧及福慧資糧而淨除如來藏上的一切垢染。《華嚴經》中云：「嗟！諸佛子，此所謂菩提佛性即實修法界，現見廣如虛空自性光明而修學福慧大資糧。」又如《寶性

128

論》中云：「如寶藏果樹，當知二佛性，無始自性住，實修生佛性。以此二佛性，獲得佛三身，前者得法身，後獲二色身。莊嚴本性身，當知如寶像，自性非有為，乃德寶藏故。具足法政故，報身如輪王，影像自性故，化身如金像。」

　　本性身是心性自性住佛性，如摩尼寶般任運自成，從中出現有法自性佛性如轉輪王般的報身，以及於所化眾生面前示現的如影像般的殊勝化身。這些在眾生時因為被垢染所障而不現，依靠發心等福德資糧而遣除遮障色身之垢，依靠觀修空性等智慧資糧而遣除遮障本性身之垢。自性住佛性如澄清水，實修生佛性如映現各種影像，它們是本來存在的能依所依關係；如是住於本基中的自性住佛性如同所知的對境，分位的實修生佛性如同能知的心識，它們是能依所依的關係；自性住佛性以法性與有法之離因方式存在，而無有離果，實修生佛性以能淨垢染之對治方式存在，而無有像能生所生因果關係那樣二身的直接因，依靠此佛性能夠圓滿功德，使有學道的證悟在佛地得以成熟解脫。《經莊嚴論》中云：「自性修習種，所依與能依，有無及功德，當知為度化。」

　　以九種比喻說明遍於一切眾生的如來藏住於煩惱之殼內。

　　《寶性論》中云：「如蓮內有佛，蜂蜜殼中果，不

淨糞中金，地藏有寶藏，微果有芽等，破衣中佛像，劣女腹中王，土中有寶像。煩惱客塵障，眾生具佛藏。」意思是觀待凡夫、聲緣阿羅漢、見道菩薩、修道菩薩之垢染而說的九種比喻。

其中，凡夫有未入道者、已入道者、資糧道者、加行道者四種，存在於他們心中為四種垢染所遮障的如來藏之四種比喻：（一）存在於未入道凡夫貪心隨眠相殼中的如來藏之比喻，《寶性論》中云：「如住萎蓮內，妙相莊嚴佛，具淨天眼者，見而去蓮葉。佛眼見無間，眾皆具佛性，無障住後際，悲尊令離障。」（二）存在於已入道凡夫嗔心隨眠相殼內的佛性之比喻，彼論云：「如蜂群繞蜜，求蜜之智士，見已設方便，令蜂群離散。佛以遍知眼，見如蜜佛性，令如蜂眾障，盡斷永無遺。」（三）存在於資糧道凡夫愚癡隨眠相殼內的如來藏之比喻，彼論復云：「如具皮中果，眾人無法享，凡求食等者，彼等去表皮。煩惱垢遮障，眾生如來藏，未離惑染前，佛業不行有。」（四）存在於加行道凡夫強烈貪嗔癡煩惱殼中的如來藏之比喻，彼論又云：「如人行游時，金墜糞穢內，不壞性如故，彼住數百年。天人天眼見，告人此有金，拭淨此珍寶，可成寶飾品。佛見沉不淨，煩惱眾生德，為令淨惑泥，普降正法雨。」

存在於聲緣阿羅漢無明習氣殼內的佛性之一種比喻：（五）彼論云：「如貧室地下，有無盡寶藏，主人

第四品　業因果

不了知，寶不說我此。意中淨寶藏，無破立法性，眾生未證悟，恒受貧窮苦。」

存在於一地菩薩見道所斷殼內佛性的兩種比喻：

（六）彼論云：「如芒果等樹，果有良種芽，耕耘及灌溉，漸成真樹王。眾生無明果，皮內有佛性，依此善法界，漸成真佛陀。」（七）又云：「破衣裏寶像，置於路途上，天人見為解，告知行路者。佛見無始惑，所縛如來藏，旁生亦具足，示法為解脫。」

存在於修道所斷垢染殼內佛性之比喻也有兩種：

（八）彼論云：「如孤獨醜女，無依無怙住，胎中懷君主，不知存自腹。三有如孤室，眾生如孕婦，有怙淨佛性，如住彼胎中。」（九）又云：「如內金佛像，圓寂外有泥，見知彼為淨，內金遣外障。見自性光明，諸垢亦客性，令如寶源眾，淨障證菩提。」

此等之垢染也有九種，《寶性論》中云：「貪嗔癡三毒，猛烈現行習，見修道所斷，依不淨淨地，垢染具九相，喻如萎蓮等，為隨煩惱纏，無數差別相。」

此等地也是如此。又云：「凡夫垢有四，阿羅漢垢一，見道修道垢，分別有二種。」

諸垢與諸地喻義相結合而宣說，《寶性論》中云：「猶如泥中蓮，初開人愛戀，花萎人不喜，喜貪亦如是。譬如釀蜜蜂，受擾即蟄人，倘若起嗔心，內心生苦惱。猶如果實等，外為表皮裏，現見如來藏，無明蛋殼

大圓滿心性休息大車疏

遮。譬如厭糞穢，一切具貪者，依欲生惑因，興起厭如穢。如寶埋地下，不知不得寶，眾生如來藏，無明習地蔽。如芽等漸生，突破種子殼，現見真如性，遣見道所斷。與聖道相繫，聖者以見證，摧毀壞聚見，修道智所斷，說如襤褸衫。依七地垢染，如胎中污穢，如離母胎已，成熟無念智。當知三地垢，猶如泥土染，乃由大自性，金剛喻定毀。貪等九種垢，如同萎蓮等。」

此外，《大涅槃經》中云：「佛告迦葉：善男子，譬如，國王有一大力士，彼額有一金剛寶珠，與另一大力士較力，雙方撞頭，其額上寶珠沒於肉中，然彼不知寶珠去於何處。因受傷故喚醫令治。醫師醫術精湛，知寶珠入彼肉內故未醫其傷，問言：『嗟！大力士，汝額上寶珠在何處？』彼大力士驚恐不已，告醫師：『吾額上寶珠不知去何處，若無則乃虛幻耶？』心生極大憂愁。彼醫為令大力士生喜，而言：『莫哀傷！汝較力時寶珠沒入肉中，於外僅現影像而已，汝較力時，因生起嗔心故寶珠入於肉內亦未覺察。』醫師雖言，然彼不信，告醫：『汝莫說妄語，寶珠若沒於肉內，則因膿血極髒故影像不能外現。』醫師復令其照鏡，寶珠已明現於鏡中。大力士見之，生起稀有之想。善男子，一切眾生亦復如是，因未敬依善知識，雖有佛性而無法現見，為貪嗔癡所障所壓而屢屢流轉於各趣中受苦。善男子，一切眾生身內皆具足十力、三十二相、八十隨好。」其

第四品　業因果

132

中以多種方式宣說了眾生皆具如來藏。

《黑班則續》中云：「身中住大智，真斷諸分別，佛性遍一切，住身非身生。」

《寶網續》中云：「我與諸眾生，本來即正覺，以分別流轉，發勝菩提心。」

《涅槃智慧經》中云：「若證悟心，即是佛陀，故莫生起從他處尋正覺之想。」

《贊心金剛經》中云：「如地下有水，無垢而存留，煩惱內智慧，亦無垢而住。」

《密藏續》中云：「十方四時中，不得圓正覺，心性圓正覺，故莫尋他佛，佛尋亦不得……」

總之，應當以巨幅綢緞上畫三千世界等比喻來了知一切眾生本來即具有佛陀無合無離之四身五智，如同太陽本來具足陽光一般。佛界即是指一切時分自性清淨，本體不變，彼之垢染是遍計性、客塵性的。《寶性論釋》中云：「大仙人尊者，煩惱即黑暗，清淨即光明，煩惱力微弱，勝觀具大力，煩惱客塵性，自性淨根本……」此佛性本來無有垢染，故為究竟清淨；無有遷變，故為究竟勝我；一切時分存在，故為究竟常有；縱然墮入諸痛苦之輪迴中也不為痛苦所惱，故為究竟安樂。《寶性論》中云：「常樂淨我性，究竟功德果。」如來藏遍佈一切眾生。《經莊嚴論》中云：「如空恒常遍，佛性恒常遍，虛空遍諸色，佛性遍眾生⑪。」

大圓滿心性休息大車疏

同樣，如來藏雖然為煩惱所障，卻不被煩惱所染，如同雲層中的太陽一般，本來成佛時也是無滅無離而住。《寶性論釋》中云：「如來藏分三階段，皆不為染汙法與清淨法所改變。」關於此三階段，《寶性論》中云：「不淨不淨淨，極其盡清淨，依次稱眾生，菩薩及如來。」不清淨為眾生時，清淨與不清淨兼具為菩薩時，極清淨為成佛之時。能如理如實完全與佛性相同之比喻何處也無有，此等是就與如來藏相似而比喻的，彼論云：「超越世間故，世間不得喻，如來藏佛性，相似而宣說。」如是比喻與意義不是完全相同，本性是一致的，因為階段不同而說了九種比喻，這些也僅以部分相同表示而已。

若問：誰能如理如實現見此佛性呢？

答：未見實相已被善知識攝受之凡夫、對大乘有信解的聲聞、緣覺以及諸得地菩薩，他們依靠勝解信以總相的方式證悟。十地菩薩片面證悟，如實現見者唯有佛陀，除佛之外，他眾不能如實現見如來藏。《寶性論釋》中云：「猶如雲隙之空中日，具您一分智慧之諸具慧眼清淨聖者亦非全面見，出有壞您清淨法身無邊智慧，盡見遍佈虛空的無邊所知。」也就是說，如來藏或佛性住於具三身五智莊嚴輪之心性剎土中。若如實現見，則為佛陀，所以此等論典中的說法是合理的。

在有學道時，以誠信而衡量佛性的總相。《寶性

論》中云：「自然之勝義，當以信心悟，日輪璀璨光，無眼者不見。」《佛藏經》中云：「僅證一方面並非證悟一切，即凡夫、聲聞、緣覺、菩薩皆非如理如實現見如來藏。譬如，一天盲者問他人酥油之顏色，答曰：『如白雪。』彼手觸白雪，而執酥油色為涼。又言：『如天鵝翅膀。』彼聞天鵝翅聲而執雪色為撲拉拉聲。復問：『翼色如何？』答曰：『如螺。』彼觸螺感覺光滑而執翼色為光滑。無論如何言，然天盲者卻不能如理了知其顏色。同理，佛性亦極難現見。」

　　凡夫也難以證悟佛性。《佛藏經》中云：「國王聚集諸多盲人，指示大象後，告諸盲人分別言說大象之特徵。觸大象鼻之諸盲人言『象如鐵鉤』；觸眼者謂『象如碗』；觸耳者謂『象如簸箕』；觸背者謂『象如擔架』；觸尾者謂『象如繩子』。眾盲人雖未說除大象外之他法，然彼等未全面瞭解。同理，對於佛性，雖有空性、如幻、光明等不同說法，然並非全面證悟。」

　　諸聖者菩薩雖有少許證悟，卻並非如理如實證悟。《涅槃經》中云：「善男子，譬如，一盲人為治眼故往明醫處。醫持金器除其眼翳，舉一手指示之，盲人言『不見』。醫復舉二指或三指示之，盲人方言『見少許』。善男子，我若未宣說此《大涅槃經》，則無量菩薩雖圓滿十度後分別住於十地之間，然亦不見佛性，此理與彼相同，經如來宣說後，彼等方見少許。」直到以

大圓滿心性休息大車疏

「仰觀虛空鵝雁，為是虛空，為是鵝雁？諦觀不已；樹有白鶴，觀察是水是樹；見海上大船樓閣，即作是念『彼是樓閣或是虛空？』方見少分」⑫等等比喻說明了見到少許如來藏也沒有確定現見的道理。

若問：如來藏如此細微、難以觀察，眾生時不見，宣說又有何用呢？

答：宣說自他相續中存在如來藏有五種必要：一、是為了斷除自己的怯懦心，了知修持解脫並不困難而生起歡喜心；二、斷除輕視其他眾生之心，從而對一切眾生具有與佛同等的恭敬心；三、遣除不了知自己本具真實義身智之意趣，進而生起證悟勝義法界的智慧、了達實相；四、遣除有無常斷之增損以後，生起證悟真實義的智慧；五、斷除過分貪執自詡我為最勝，從而對自他一視同仁，進而於其他眾生起大慈心。《寶性論》中云：「如雲如夢幻，所知皆空性。」

若問：諸佛為何說眾生有如來藏？

答：《寶性論》中云：「為斷彼等有，怯懦輕辱眾，執非真謗法，過分貪執我，如是五過說。」遠離五過後生起五功德，即指「喜敬眾如佛，妙慧智大慈，由生五法故，無過平等觀」。

顛倒的龐大身體傲然挺立，用邪分別的金網覆著面部，與了義顯密意趣背道而馳的愚癡者一口咬定說：「如來藏是不了義的，經中所說如來藏的密意是指造因

會生果，否則與外道的常我相同，佛之二身也是由二資而生。」

哎！如大象用蓮網裝飾美貌的可憐人，你們不了知佛所轉三次法輪之密意，這也情有可原，顯然你們是執著了空邊。本來，初轉法輪是相應初學者與下根者而說四諦為所斷與對治法，這是為了讓他們擺脫輪迴，從所捨而言的解脫方便；中轉法輪是針對已經修過心的行道者與中根者，為解脫執著對治束縛的方便，宣說八幻喻與如虛空般的空性；末轉法輪是於修行究竟者與利根者前宣說所知本性如何安住。與外道之神我完全不同，因為他們在不了知的同時增益為「我」，不承認本性無有、大小之量以及身智之法。你們的無我與空執也僅是我執與實執的對治法而已，並非是了義的。《涅槃經》中云：「善男子，譬如，一婦人之嬰兒，口腔糜爛，婦人悲傷尋醫。醫生以藥油、乳汁、石蜜混合喂之，告囑婦言：『此子已服藥，暫時未消化前，切莫喂母乳。』爾後，為使嬰兒不吮乳汁而於乳房上塗苦膽汁，且告子言：『我乳房已塗毒，莫吮也。』其子口乾舌燥，雖欲吮母乳，然感受苦味立即不吮。藥消化後，婦人洗淨乳房，告子言：『來，現可吮乳汁也。』彼童雖為乾渴所逼，然因前時感受苦味亦不願來吮。母再三言：『汝以前服藥，藥未消化前不能吮乳汁，故我塗苦膽汁，今汝藥已消化，膽汁亦洗淨，現無有苦味。』其子方漸吮

大圓滿心性休息大車疏

乳。善男子，同理，如來為救度一切眾生而宣說無我法門，精勤實修此，從而斷除所謂『我』之心，並決定涅槃。即是為遣除順世外道之惡見，以修無我法門而成清淨之身，如婦人為子而於乳房上塗苦膽汁，如來亦與彼相同，為令修空性而宣說諸法無我；如婦人洗淨乳房喚子，喂其母乳，我說如來藏亦與彼相同。比丘，汝等莫畏，如母喚其子，子漸吮母乳。比丘，汝亦當分析，如來藏並非無有。亦當了知我昔於波羅蜜多經中宣說空性乃無自性之意趣。否則，僅修無所有之空性，亦不能成就佛陀之身智，果隨因而生故。」

如是空性也是指顯現的有法正在顯現時遠執為離一多的戲論，以各自本體而空，如同鏡中的影像，而並非是最終一切都不存在，或者最初與現在無有而迷亂顯現。《心經》中云：「色不異空，空不異色，色即是空，空即是色，受想行識亦復如是。」《中般若經》中亦云：「有法當時說為本體空，若無色，豈有以色空？」《寶性論》中云：「具足相之最，空性說為色。」又云：「於此無所遣，所立亦毫無，真實觀真性，見真性解脫。具有差別相，客塵界空性，見無差別相，無上法不空。」此論釋中說：「以此云何？自性完全清淨之如來藏上無有稍許所遣之染汙法，因遠離客塵即此自性故。於此所立之清淨法亦無有少許，因為是無可分類、清淨法的法性即自性的緣故。因此如來藏，有

所分類、可以分離以及所斷之煩惱一切皆空。無有分類、不可分離、不可思議之佛陀的法超越恒河沙數，為不空也。無有任何法即是所謂之空性，隨見真實性；剩有任何法即是所謂之常有。當知如理如實了達真實性。」

眾生本來具足佛陀之二身，其障礙是依靠二種資糧而遣除，並非是能生所生的因果關係，否則有法身報身變成有為法而成為無常的過失。法身本無遷變，《入中論》中云：「此寂滅身無分別，如如意樹摩尼珠，眾生未空常利世，離戲論者始能見。」《寶性論》中云：「法王摧死魔，本無世怙常。」顯然也與這其中所說相違。《寶性論》中又云：「無為任運成，非由他緣證，具足智悲力，具足二利佛。」以此可遮破能生所生的因果關係。

所以務必了達無我、空性、無二等本義。如《大涅槃經》中云：「如來藏，乃佛之自性普皆清淨，無有遷變。若說有，則智者不應貪執；若言無，則成妄語，愚者說是斷空，不了知如來藏密意。若說苦，則不知身具大樂自性，愚者認為身體皆無常，執為如新罐一般；智者對此分析而不說一切皆無常，何以故？自身具有佛性種子之故。愚者執著佛之諸法皆為無我；智者分析認為無我僅是假立異名而已，無有實體，如是了知於彼不生懷疑。若說如來藏為空性，則愚者聞後生斷見或無見；

139

智者了達如來藏無有遷變。若說解脫如幻，則愚者認為獲得解脫是魔法；智者分析而知如人中獅子之唯一如來是恒常不變。若說以無明之緣而生諸行，則愚者聞後分辨為覺與不覺；智者了悟自性無二，無二即是真實性。若說以諸行之緣而生識，則愚者執行識為二法；智者了悟自性無二，無二即是真實性。若說諸法無我，如來藏亦無我，則愚者執著為二法；智者了悟自性無二，即我與無我自性無二。諸佛出有壞皆讚歎如來藏之義無量無邊，吾亦於具德諸經藏中廣說矣！」要按照這其中所說來理解。

如果認為：《幻化經》中說「邪見者永遠無法獲得涅槃」，並且也宣說了斷絕種姓者，因此一切眾生不一定普遍具有如來藏。

答：此種想法是不合理的，《幻化經》中所說的密意是指捨大乘法的邪見者長期不能解脫，以及從道中退轉者暫時已斷了修道的種姓，而並非斷絕了心之自性光明界性。《寶性論釋》中云：「經中所謂的『邪見者永不得涅槃』，密意是指：因為於大乘法起嗔恚是邪道之因，故而為了避免對大乘法起嗔的別時意趣。」因為眾生具有自性清淨的佛性。有些永遠不得涅槃是不合理的，因為出有壞佛陀考慮到眾生無有差別皆具有可清淨性，故言：「無始然有終，自性淨常法，無始障不見，如金色被遮。」因為一切眾生都具有無始善法界（佛

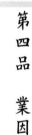

性），終有一日會得以清淨，所以所謂「無始然有終」是成立的。

覺醒二種佛性之相：（一）覺醒自性法身佛性之相：《入中論》中云：「若異生位聞空性，內心數數生歡喜，由喜引生淚流注，周身汗毛自動豎，彼身已有佛慧種，是可宣說真性器，當為彼說勝義諦。」（二）覺醒色身有法佛性之相：《經莊嚴論》中云：「加行觀悲心，勝解及安忍，真實行善法，定說佛性相⑬。」覺醒佛性之功德，彼論云：「縱久墮惡趣，亦速得解脫，彼縱受微苦，生厭度眾生⑭。」意思是說，一次覺醒佛性以後，即使墮入惡趣，也會如線團落地彈起般速得解脫，以其感受微苦及強烈厭離心之緣也可度化眾生。

假設眾生沒有這樣的佛性，那麼遭遇任何痛苦都不會生起厭離心，有些人有擺脫輪迴、趨向涅槃之心也不合理了，甚至欲求解脫的想法也不可能出現。然而，儘管誰也未宣說，卻有些士夫對苦難的其他眾生起悲心，有些人因為感受痛苦而生起出離心等，這都是由於眾生具有無始善法界即如來藏之力所致。《寶性論》中云：「若眾無佛性，於苦不生厭，亦於涅槃法，無欲求心願。輪迴涅槃法，視苦樂功過，具有佛性致，無佛性無故。」

如是已廣說了眾生均具有佛性的緣故本身固有如來藏之理。為總結此理而說暫停偈：

141

眾生皆具如來藏，客塵所遮之殼中，
本具光明法界燈，身智無合無離法，
自即具足任運成。勤修空性大悲藏，
獲得所謂菩提名，利樂一切有情眾。
雖如空日本自生，然為客惑雲障蔽，
如夢三有中受苦，為遣二障當精進。
偶然迷現六趣相，以業習氣如夢幻，
無前無後無而現，本具自成光明智，
縱然恒有今未見，如眠不見自住處，
勿執無義遍計法，修煉光明之心性，
自在成辦自他利。

　　若問：既然一切眾生普遍具有佛性，為何還漂泊於輪迴中呢？

　　答：眾生由於未了知具有佛性，原本無有而執為我，以此為因，以前後屢生的煩惱、惡友、貧窮及隨他人所轉為緣，從而流轉在輪迴中。《經莊嚴論》中云：「串習惑惡友，貧乏隨他轉，當知佛性過，攝略此四者⑮。」《光次第論》中云：「本來光明未覺此，說心為我執我所，外境說他執我所，眾生漂於三有界，以業各受諸苦樂。」《普作王續》中云：「稀有稀奇此遊舞，離作猶如虛空住，一切不得以愚癡，無間之時由自生。彼即等同一切道，一切眾生自性住，凡夫受欺迷惑故。」又云：「諸方光芒集於彼，形成上下四方隅，無有固定

彩虹色，現見佛性之差別，如是動塵不動性，五大種即大主尊。」

本來的心性光明明空自然本智，本體空性如虛空；自性光明如日月；大悲現相不滅如潔淨鏡面。如是從不墮輪涅任何一邊之如來藏法報化三身的自性中，因本體空性而無礙顯現；因自性光明而於外境中出現自然五光；因大悲覺性本智而產生能辨別之妙慧，從此三者中出現迷亂。《密藏續》中云：「奇哉稀有如來藏，由自分別而迷惑。」爾時，從未認識自然智慧本面的角度而言，稱為俱生無明；從自現執為他現的角度而言，稱為遍計無明。因為沒有了知一切皆從實相中產生，反而執著為我和外境，從而迷亂為外器世界與內情世界各自異熟習氣之身心、五毒種種相。《普作續》中云：「未悟普作我自性，觀察我所作之法，因生貪執而成相，無常幻性將壞滅，癡如天盲之自性。」意思是說，眾生由於根本無明而迷惑。《般若攝頌》中云：「佛說諸眾生，皆由無明生。」眾生是以我執、我所執而迷惑的。《般若八千頌》中云：「以我我所執，眾生轉輪迴。」《般若二萬頌》中云：「一切諸凡夫，無蘊起蘊想，無界起界想，無處起處想，無有緣起生，而作緣起想，執著一切法，顛倒緣起生，業異熟遍執。」

是怎樣形成的呢？

如是從兩種無明中形成三有之行，從而形成眾生各

自之有、名、色等。從凝酪等直至出生之間，逐漸形成身體。之後依次是觸、受、六處到老死之間，周而復始形成十二緣起，故稱為輪迴。

如果說：最初實相不成輪迴，而從如來藏中不應該形成輪迴。

駁斥：事實並非如此。就像無有污穢、清淨透明的水以冬季寒風之緣而結成如石頭般堅硬的冰一樣，從最初的本性中，以所生起的所取能取為緣，而形成種種牢不可破的妄相。《道情歌集》中云：「水為風入所攪動，柔水亦成如石冰，分別所攪愚癡心，無色亦成極堅性。」從如來藏中迷亂時，心性上本來清淨之本體無有遷變的本性真實義阿賴耶法身中有圓滿的色身、剎土、智慧這一切，由於迷亂為所取能取的無明遮障，而從無始時以來於種種習氣阿賴耶上播下各種各樣的迷亂習氣種子，眾生因為強大的習氣力而在善趣惡趣中感受種種苦樂，如夢般流轉時，執著我與我所，生起貪嗔等五毒，積累業與習氣，毫無意義地迷亂產生各種實執，晝夜不停地在迷亂的顯現中旋轉，這是由於無基而不能迷亂，從中似乎迷現，如同夢中的妄相一樣，在苦樂（不定的生活中）隨煩惱而漂泊。例如，王子離開父王而流浪街頭，正在受苦的當時，雖因生於王族而具有自性圓滿的快樂，然而暫時他還是會受苦。《無盡藏竅訣歌》[16]中云：「為如生有藤所纏，流浪我執曠野中，猶如太子

離父王，無安樂時心苦惱。」

如前所說，眾生正當無義地漂泊於三有荒野中時，仍然原原本本具有如來藏。《如來藏經》中云：「嗟！佛子，譬如，有一量等同三千大千世界之巨幅整匹綢緞，三千大千世界皆圓滿繪於其上。鐵圍山位置繪鐵圍山；大地位置繪大地；中千世界位置繪中千世界；大千世界位置繪大千世界；四洲世間界位置繪四洲世間界；大海位置繪大海；南贍部洲位置繪南贍部洲；東勝身洲位置繪東勝身洲；西牛貨洲位置繪西牛貨洲；北俱盧洲位置繪北俱盧洲；須彌山位置繪須彌山；行地天無量宮位置繪行地天無量宮；欲天無量宮位置繪欲天無量宮；色界天無量宮位置繪色界天無量宮。巨幅整匹綢緞面積等同三千大千世界，令此巨幅綢緞入一極細微塵，如彼巨幅綢緞入一極細微塵，一切微塵無餘入於巨幅綢緞中。爾後有具卓越智慧之士誕生，彼之肉眼成天眼且一切皆成清淨光明，彼以天眼觀而見此巨幅綢緞存於一極微塵中，眾生皆未利用。其思籌：嗚呼！當以大精進力將此極細微塵展開，令此巨幅綢緞利於眾生。彼發起大精進力，以細金剛將微塵打開，如願以償使巨幅綢緞成為一切有情生存根本。嗟！佛子，如是如來之無量智慧，一切眾生心相續無不具足，一切眾生心相續亦同於如來之無量智，然為想執所縛之愚眾不知如來之智，不了不覺不現。是故，如來以無貪之智徹見眾生遍具法界

大圓滿心性休息大車疏

145

而作師想。嗚呼！此等眾生不知如來真如正智，為令彼等趨入如來之智，我為眾生開示聖道，以此可擺脫一切想之束縛。」

丙四、覺醒佛性得解脫之理：

覺醒佛性發二心，修悲世俗福德資，
瓶等三灌淨生次，空性勝義智慧資，
句灌圓次大手印，勤修增上二次第，
煩惱轉依為智慧，一切善法愈增上，
淨除佛性之障已，現見無垢法相日。

本來具足自性清淨、本體無垢之心性，從本具佛智的自性光明之現分而言，任運自成具有佛陀色身功德，以九種比喻可以說明；從空分而言，具足法身功德，一切經續中用虛空之比喻加以說明。此現空無二無別是指所謂的無始善法界。儘管因無有遷變而稱為自性住佛性，因清淨垢染增長功德而稱為實修生佛性，但實際上根本就是自證之光明智慧。覺醒此二佛性時，通過積累二資糧可以淨除二佛性之垢，顯現功德，最後獲得二身及其功德。六度包括在二種資糧中，同樣，生圓次第也完全可攝於二資糧中。如《幻化網》中云：「生圓之次第，福慧二資糧，三灌一自性，餘分無有量。」通過寶瓶、秘密、智慧三灌頂能淨除生起次第之障，是福德資糧，得受後可以修持本尊壇城等一切有戲法門；通過句寶灌頂能淨除圓滿次第之障，是智慧資糧，得受後可修

持光明等一切無戲法門。通過修煉生圓次第而淨除佛性之垢，本來具有的佛性如日離雲般從垢染之殼中顯露出來。

以上已經廣說了佛性，關於密宗（所說的佛性）之次第下文有講述，在此不作廣說。

丙五（別說同分善業）分三：一、圓滿二資雙運之理；二、不住有寂之理；三、宣說果。

丁一、圓滿二資雙運之理：

宣說善法自性之分類：

> 世間十善禪無色，有現福資後得境，
>
> 超越世間極無戲，勝義慧資入定境，
>
> 行持二資雙運道，成就一切諸善妙。

如前所說，十善與四禪、四無色是隨福德分善法，但此處所說的是一位補特伽羅如若以發心方便與智慧攝持時，那麼他所行的十善與四禪、四無色定等便成了解脫之因。《中般若經》中云：「須菩提，諸凡夫一旦發無上菩提心時，彼等所行之十善與四禪、四無色等即成隨解脫分善而成為一切遍知之因，故當盡力而修行。」

丁二、不住有寂之理：

> 猶如善業轉三有，能得寂滅雖說業，
>
> 然已超離三有故，業中解脫實非業。

若問：如同以隨福德分十善迷惑轉於輪迴中一樣，此隨解脫分善難道不也成了輪迴之因嗎？

147

答：不會的。因為了知業無自性而行可以引向解脫，以相應比喻可說明隨解脫分善是從三有中解脫之方便，而不是遷流三有之因。（佛菩薩）以大悲心救護三有眾生，雖然住於輪迴中卻不為三有過患所染；了知諸法無生，以大悲方便不墮寂滅一邊。《現觀莊嚴論》中云：「智不住諸有，悲不滯涅槃。」《寶鬘論》中云：「無見墮惡趣，有見趨善趣，如實知真義，不依二解脫。」

丁三（宣說果）分二：一、略說；二、廣說。

戊一、略說：

　　入道十善果異熟，等流增上及士用。

戊二（廣說）分九：一、異熟果；二、等流果；三、增上果；四、士用果；五、六度之果；六、四無量之果；七、二諦之果；八、善惡分別之果；九、甚深緣起之果。

己一、異熟果：

　　以行小中大品善，暫成人天終定勝。

隨解脫分善並不是像隨福德分善那樣終將滅盡，它的果報暫時感受人天樂果，究竟獲得佛果。《般若八千頌》中云：「尊者舍利子，以何善根趨入人間、天界復成就無上正等覺？以發無上菩提心攝持之十善、四禪、四無色定、六度，中間永不滅盡也。」

己二、等流果：

同行等流善自增，感受戒殺得長壽，
斷除偷盜受用豐，斷除邪淫夫妻和，
無有一切諸怨敵。斷除妄語不遭謗，
斷除離間互為友，斷除惡語言適宜，
斷除綺語眾悅耳。斷除貪心果知足，
斷除嗔心具慈心，斷除邪見具正見⑰。

《宣說十善經》中云：「精進行十善業並使之增上：長壽、受用豐富、夫妻和睦、無有怨敵、不遭誹謗、眾人悅意、語言適當、眾人悅耳、知足少欲、互相慈愛、具足正見。」

已三、增上果：
增上果生圓滿境，食易消化藥力大，
淨處藥等具美味，他人不欺離畏害，
眾人和合得勝樂，隨季成熟豐收果，
地平嚴飾清涼池，鮮花果實皆繁茂，
葉果藥等具美味，資源富饒具親友。

《十善經》中云：「戒殺者生於環境優美之地；斷除不與取者轉生於飲食容易消化且具美味、藥具強力之境；斷除邪淫者轉生於具有芳香藥樹之清淨處；斷除妄語之人無論生於何處皆無有怨敵、盜匪等危害且不易受騙；斷除離間語者生於眾人和合、瓦礫荊棘鮮少之境；斷除粗語者生於四季無倒、花果應季成熟之境；斷除綺語者轉生於土地平坦、海湖嚴飾之境；斷除貪心者轉生

於鮮花、果實、莊稼繁榮昌盛之境；斷除害心者生於枝繁葉茂、碩果累累、香味撲鼻之境；斷除邪見者無論生於何處，悉是果實豐碩、富有寶礦且怙主、親友皆圓滿。」

己四、士用果：

士用之果善增上，如意成辦諸所願。

《廣大游舞經》中云：「喜善福德資糧增，盡持善妙菩提資。」《普賢行願品》中云：「一切妙行皆成就。」

己五、六度之果：

此外佈施具財富，持戒安樂忍相好，

精進具德禪心靜，智慧獲得勝解脫。

第四品　業因果

以菩提心所攝持的佈施財物、禁戒罪行、摧毀嗔恨、勤於善法、一緣安住、了知二諦自性，即行持六度善法將獲得勝果。《寶鬘論》中云：「施戒忍精進，禪慧悲體性，博施自財物，持戒而利他，安忍斷嗔心，精進喜善法，禪一緣無惑，慧抉擇實義，慈悲憫眾生，一味等心伴。施具財戒樂，忍具相勤威，禪寂慧解脫，慈悲成諸事。此七者無餘，究竟至彼岸，智慧不可思，獲得怙主位⑱。」關於六度加上慈悲，即是以菩提心攝持而修持，下文還有廣說。

己六、四無量之果：

四無量之功德：

150

慈心悅意悲成利，喜心圓滿捨無垢，

總之福慧資糧果，暫時增上決定勝。

此乃妙道大車軌，三世諸佛圓滿因，

慈心眾人皆悅意，悲心利益無邊際，

喜心財富皆圓滿，捨心自心極堪能。

經中云：「具慈心者有寬廣、七大⑲、量無限定，與聲聞、緣覺不共之功德，令人天悅意、獲得妙色……」此外，《寶鬘論》中云：「每日三時施，三百罐飲食，不及須臾間，修慈一分福。人天等慈愛，彼等亦守護，意喜身樂多，無有毒刃害，無勞事得成，感生梵天界，縱然未解脫，亦得慈八德⑳。若令諸有情，堅發菩提心，常得如山王，穩固菩提心。由信離無暇，依戒生善趣，憑依修空性，不執一切法。於善不放逸㉑，正直具正念，思維得智慧，恭敬證法義，護法具智慧。依憑聞正法，施法無障礙，感得伴諸佛，迅速成所欲。無貪成法利。無吝增受用。無慢成主尊。法忍獲總持。以授五精華㉒，及作無畏施，諸魔不能侵，成大威力最。佛塔供燈鬘，暗處置燈盞，油燈加油汁，依此得天眼。供養佛塔時，敬獻妙樂器，鈴鐺螺及鼓，依此得天耳。不舉他過失，不說諸殘疾，隨護他心故，獲得他心通。施履及車乘，服侍羸弱者，乘騎奉上師，智者得神變。為法而行事，憶念法句義，法施無有垢，故得宿命通。如實盡了知，諸法無自性，故得第六通，永盡一切漏。為度諸有情，

大圓滿心性休息大車疏

151

了真如等性，大悲潤修行，成具殊勝佛。種種願清淨，佛剎即清淨。寶獻能仁王，得放無量光。故知業果理，隨同而行持，恒常利有情，即利汝自己。」這些方式是趨至佛地的殊勝方便。《本生傳》中云：「誰具福慧資糧果，即為解脫大津梁，永無其餘解脫因，故降善法之甘霖。」

己七、二諦之果：

如是有寂諸行業，依心心性即光明，

無作離戲如虛空，二諦之義緣起生。

如是所說的一切業皆依賴於自心，若加以觀察，則心無有自性，本來光明，即世俗諦為緣起而生，勝義諦為自性清淨。《三摩地王經》中云：「無罪具足十力佛，說此殊勝之等持，三有眾生如夢境，於此不生亦不滅。眾生名命亦不得，諸法如泡芭蕉樹，如幻亦如空中電，猶如水月如陽焰。有者雖於此世去，遷移往生於他世，然業何時亦不虛，輪迴中熟黑白果。非為常有亦非斷，無有積業亦無住，若作並非無感受，他者已作己無受。無有遷變不復返，一切非有亦非無，似乎住此亦非入，無眾生行無入滅。三有如夢無實質，速壞無常如虛幻，無來亦無自此去，相續恒空無相狀。善逝行境佛功德，無生無寂無相處，具力總持功德力，此乃人尊殊勝佛。積累白法勝功德，功德智慧陀羅尼，力及神變皆為最，殊勝五通皆得故。」

第四品 業因果

己八、善惡分別之果：

宣說無而顯現如夢之業的比喻：

> 本來清淨無而現，業作一切如畫家，
>
> 恒時跟隨如身影，不遷他處如苦樂，
>
> 自性難擋如河流，能變高下如君主，
>
> 極其廣大如虛空，黑白不變如蓮花。

此等業與煩惱雖無自性，然而顯現不滅，為此依賴根本無明，業緣從境而生，業因與三毒相聯。《念住經》中云：「業之根源即無明，若覺知則不隨業轉故。比喻：業如畫家，可作種種故；業緣乃思維對境，業如猴子，所行多種；業如魚兒，住於三有海中；業如家主，積累種種習氣；業如幻術，無而顯現；業如身影，恒時跟隨；業如苦樂，不遷移性；業如河流，勢不可擋；業如國王，掌握苦樂；業如虛空，廣大無邊；業如青蓮、睡蓮，互不改變……」

己九、甚深緣起之果：

> 觀察諸業無本性，如夢能現異苦樂，
>
> 心立諸業無實相，因果無欺深緣起。
>
> 非有非無無二性，行何成熟如是果，
>
> 此乃如所盡所境，遍知如來所宣說。

我們以尋伺尋找一切內外界，根本無法得到業與煩惱。如《入行論》中云：「惑非住外境，非住根身間，亦非其他處，云何害眾生？惑幻心莫懼，為智應精

進。」雖然在勝義本性中無有業，卻於此如夢般的世俗中，以造罪行善而分別感受苦樂。若以智慧詳細分析，則諸業超越有無之邊，猶如虛空，無有所積之業，因此鄭重教誨說：切莫以心強行積累迷亂所生之業。遍知佛陀徹知此理而宣說，而外道中絕無此理。阿闍黎巴雪於《中觀寶燈論》中云：「出有壞您說，因果無欺惑，諸業皆如夢，他論未宣說。」

丙六（破他宗之邪分別）分四：一、破謗因果；二、破斥空見；三、破有頂具識；四、宣說真實業果。

丁一、破謗因果：

> 何人誹謗業因果，則為外道斷見徒，
>
> 誰執空見為究竟，墮於斷邊愈下墮，
>
> 此等趣入諸惡道，永不解脫離善趣。

有些具增上慢的愚者不了知諸法之密意，聲稱：「業與業果均不存在，猶如虛空般的真如中一切皆無。」並且捨棄善法，隨意造罪，他們還口口聲聲地說：「眾生是自現，如夢一般，別處不成立，殺生也無有罪過，如同木頭一樣。」這些人是持斷見者，非佛教徒。《妙臂請問經》中云：「有者說：『無業亦無業之異熟，所謂之業僅是引導諸凡夫之不了義法而已。』彼等多依不善業，當知彼等非佛教徒，乃自詡佛教徒，依止順世外道，為魔所欺。」《寶鬘論》中云：「簡言無見者，謂無業之果，非福惡趣因，稱之為邪見。」又

云：「無見墮惡趣。」

丁二、破斥空見：

> 有謂因果悲福資，不了義法不成佛，
> 言諸瑜伽士當修，了義無作如虛空，
> 此等說法真可笑！此乃最重斷見者，
> 入於最深劣道中，破因立果誠稀有！

順世外道對現量對境的顯現尚且沒有說不存在，而你們這些人破解脫之因（積資等）卻承認解脫之果，想通過修無作之義而得解脫（實在稀奇）！

丁三、破有頂具識：

> 若是虛空何需修，否則雖修徒無益，
> 修無所有若解脫，虛空識派亦成佛。
> 承許修亦成因果，故當捨棄此惡道。

請問你們是否承認如虛空一樣，如若承認，則無需修持，因為已經成立是（如虛空一樣）之故；若不承認，則雖修行也是徒勞無益，因為本來不是，爾後不能修成如是，就像成立虛空空無所有後不成他法一樣。請問，修此有何用？

如果說：依此可從煩惱中獲得解脫。

駁斥：倘若如此，則成立因果，所以你們再也不要說無有因果了。如果修無所有也能夠解脫，那麼現世美外道理應解脫了，因為他們修無所有之故。《道情歌集》中亦云：「我言虛空意識派，何時亦無有解脫。」

大圓滿心性休息大車疏

以此也可破遮上述觀點。因此，教誡說切莫念念不捨這樣的觀點。

丁四、宣說真實業果：

　　　　所謂真實之正道，即是因果之緣起，
　　　　方便智慧任運成，依現無性之業果，
　　　　修現無性之道故，獲得現無自性果，
　　　　現無自性而饒益，現無自性之有情。
　　　　即深因果之緣起，故為了義經續義，
　　　　依二資糧二次第，速成圓滿正等覺。

　　依靠如是現而無自性如幻的二資糧而成佛。《幻師善賢請問經》中云：「如幻積資糧，如幻成正覺，如幻而利益，如幻之眾生。」一切了義經續中已經宣說了此理。諸續部中說：以生起次第與圓滿次第而積累二種資糧，從而於壇城中成佛。

甲三、結尾：

　　此乃無餘而斷除，三有一切因果行，當行解脫之因果，速成增上勝菩提。

　　我們要斷除一切罪業，行持一切善法，應當使人生有意義，因為必然要迅速離開人間之故。《親友書》中云：「壽命多害即無常，猶如水泡為風吹，呼氣吸氣沉睡間，能得覺醒極稀奇！」要這樣來思維，無論是為自己還是為他人，都不應造罪，甚至為了堪布、阿闍黎、三寶也不應當造罪，否則，惡果只會成熟於自身，他們

不會替你分擔。《親友書》中又說道：「汝為沙門婆羅門，師客父母王妃眷，亦不應造諸罪業，地獄異熟他不分。有者所造諸罪業，縱未即時如刀砍，然死降臨頭上時，罪業之果必現前。」

關於斷除罪業，《親友書》中云：「諸不善業之種子，即身語意造惡業，盡力不染纖塵許，汝當如是而精勤。」

解脫唯一依靠自力，他人不可能成為修持解脫之助手或修行助伴。因此，自己務必斷惡行善。《親友書》中云：「解脫依賴於自己，他人不能作助伴，具足廣聞戒定者，應當精勤修四諦。」

那麼如何修行呢？《親友書》中又云：「賢明君主勤度過，白晝上夜及下夜，睡時亦非徒無果，於中夜具正念眠。恒常真實而修持，慈悲喜捨四無量，縱然未證正等覺，亦得梵天無量樂。以斷欲行喜樂苦，四種禪定次第生，梵天光明遍淨天，廣果天之四天界。恒貪不具對治法，殊勝主田之事生，五種善惡更為重，故當精勤行大善。數兩鹽轉少水味，非能改變恒河水，如是當知微小罪，無法摧毀大善根。掉舉後悔與害心，昏睡貪欲及懷疑，當知此等五種障，乃奪善財之盜匪。信心精進與正念，等持智慧勝法位，當勤於此稱力根，乃為頂位之本體。」應當不超越此中所說之理，依此可成就增上生、決定勝之法。

大圓滿心性休息大車疏

甲四、迴向本品善根：

現將如理廣說義理之福德迴向眾生：

> 如是大樂法甘霖，令眾心田二資盛，
>
> 於此業惑三有中，疲勞心性今休息。

以此句義之清涼法雨，令眾生心田中的善資莊稼茂盛，遣除充滿三有的煩惱以及乏少安樂的貧窮，於圓滿功德的佛果虛空藏中得到休息。

> 今從導師所開法門中，擷取甚深意義此珍寶，
>
> 為利他眾謹慎而撰著，以此願眾獲得勝菩提。
>
> 意虛空中煩惱之群星，閃爍非理作意之白光，
>
> 願以廣大福德之陽光，湮沒彼光升起智慧日。
>
> 願諸眾生所願如意成，越過業與煩惱之大海，
>
> 願恒享受圓滿之妙法，願於無勤之中善自增。

大圓滿心性休息中第四品業因果釋終

第五品　依止善知識

通過共同四前行使心相續堪能，以宣說佛性功德令生歡喜，因如理宣說彼等之義者即是善知識，故於此宣說依止善知識品。

依止善知識品分六：一、善知識為無誤引導者；二、善知識為一切決定勝之源泉；三、依止善知識棄離惡知識之教言；四、遠離惡友等；五、了知取捨後求悉地之理；六、迴向本品善根。

甲一、善知識為無誤引導者：

現在宣說能引導眾生之善知識的法相等，承上啟下：

如是無謬因果道，來源依止善知識。

了知正法與非法、善業與惡業都是由依止善知識而來。《華嚴經》中云：「嗟！善男子，汝當令善知識生喜，以此可盡知福德與非福德資糧，故能盡除一切流轉輪迴之因。」

甲二、善知識為一切決定勝之源泉：

三世一切佛菩薩，以及聲聞緣覺眾，

獲三菩提由師生，獲得世間增上樂，

亦源依止諸上師，故當謹依善知識。

《彌勒請問經》中云：「彌勒，當知諸聲聞、緣覺及無上佛陀之解脫、徹見諸法之智慧皆來自於依止善知

大圓滿心性休息大車疏

識；彌勒，當知眾生之一切利樂皆源於自之善根，彼亦來自善知識。」

甲三（依止善知識棄離惡知識之教言）分二：一、略說；二、廣說。

乙一、略說：

> 猶如藤依栴檀樹，依止正士自變善，
>
> 好似糞染吉祥草，依止惡人自成劣，
>
> 故當敬依善知識，棄離一切惡知識。

猶如依於栴檀樹的藤條久而久之也會變得高高聳立、香味撲鼻；如同被爛魚等肮髒物所染的純淨吉祥草也會變得污穢不堪。同樣，我們發覺到依止正士的利益與依止惡人的過患後，應當依止善知識。《毗奈耶經》中云：「藤依薩拉樹，依正士復然，為妙功德飾。」又云：「人前吉祥草，若為腐魚染，不久吉祥草，亦成如是腐。故依非正士，後果亦復然。」

乙二（廣說）分三：一、上師之法相；二、依師之方式；三、弟子之法相。

丙一（上師之法相）分八：一、善知識之總法相；二、善知識之功德；三、殊勝法相；四、以比喻讚頌；五、相合意義而讚頌；六、攝義；七、視上師勝過佛陀；八、依師之功德。

丁一、善知識之總法相：

善知識法相中，首先宣說總的法相或者依照外顯宗

而言：

> 若問上師之法相，為引世間與眾同，
>
> 超世間故與眾殊，三門諸行較眾勝。

《華嚴經》中云：「何為善知識？為引導一切有情，故見無有不同；超越世間故與眾皆不共；所作所為具義故成辦無量利益。」

丁二、善知識之功德：

若問：善知識有何功德？

> 威儀寂靜身無過，善巧遣疑語無垢，
>
> 遍知慧藏意調柔，廣聞大悲德無邊，
>
> 大智意行如虛空，事業無量利緣眾，
>
> 仁慈無厭恒精進，眾生導師當依止。

善知識以其身語意眾多功德利益有情，智慧密意深廣如虛空；以廣大的事業令凡是與之結緣者均播下解脫種子；以大悲心恒時如獨子之母般觀照眾生；因為富有圓滿通達聖教的功德而應機廣轉各乘法輪。《經莊嚴論》中云：「當依調柔極寂靜，具德精進通聖教，證悟實相語善巧，慈主離厭善知識㉓。」

丁三、殊勝法相：

在總的法相基礎上，具足其他功德之內密宗上師的法相：

> 尤其密宗上師相，戒誓言淨具灌頂，
>
> 精通如海續竅訣，念修事業皆自如，

大圓滿心性休息大車疏

見修行果獲證相，以慈善巧之方便，

令所化眾成熟解，傳承加持雲不散，

當依如是成就者，具有功德之上師。

大阿闍黎布瑪莫劄於其所著的《幻化網如鏡疏》中
云：「上師即圓滿獲得內外壇城之灌頂，戒律誓言清
淨，精通續部各自之義，依修及（息增懷誅）事業等義
皆運用自如，因證悟見解而不愚昧，已獲修行之純熟體
驗，各種行為與實證相聯，以大悲心引導所化眾生，具
足此八種法相。」我的上師（大持明革瑪燃匝尊者）
說：「在此八種法相基礎上，尚需具足無垢傳承與加持
之繚繞雲霧，共九種法相。」

丁四、以比喻讚頌：

若問：如是上師具何功德？

具足無邊功德者，一切眾生之至親，

於此略讚善知識，令渡有海大舵手，

令入正道大商主，遣除衰敗如意寶，

熄業惑火甘露水，清涼法雨妙雨雲，

令眾生喜大天鼓，除三毒疾大藥王，

一切有情安樂源，猶如茂盛摩尼樹，

遣愚癡暗大明燈，自成眾願妙寶瓶，

大慈日光無有量，除惱利樂皓月光。

《華嚴經》中云：「嗟！善男子，能令他眾渡過輪
迴海，故如大舟；令入解脫道，故如商主；遣除三有衰

第五品 依止善知識

162

敗，故如摩尼寶；熄滅業惑之火，故如河流；普降大法雨，故如妙雲；令眾生歡喜，故如大天鼓；遣除煩惱之疾，故如藥王；遣除一切無明黑暗，故如明燈；滿足眾生所欲，故如如意樹；成辦一切所願，故如妙瓶；慈心無量，故如日輪；遣除煩惱酷熱，故如月輪；賜予圓滿功德，故如多聞天子。」

丁五、相合意義而讚頌：

> 密意廣如淨虛空，光明等持如星辰，
> 智悲無量如大海，悲心奔騰如瀑布，
> 不外散亂如雪山，毫不動搖如山王，
> 住有不染如蓮花，等慈愛眾如父母，
> 功德無量如寶藏，引導世間如佛陀。

《大方廣佛華嚴經》中云：「嗟！善男子，如是善知識所生功德無有量。即悲心廣大如虛空；具諸多總持、等持如星辰；大悲無量如大海；悲心無量如河流；不為散亂所動如雪山；於真如性中不動搖如山王；雖住於三有中然不為過患所染如大白蓮；慈心無垢平等如父母；功德無量如珍寶之源泉；救度輪迴諸眾如善逝。如是功德無量無數。」

丁六、攝義：

> 具德上師即法王，住於何處等諸佛，
> 令凡見聞念觸者，悉皆摧毀諸輪迴，
> 事業廣大任無量，如眾所依之大地。

163

如若佛陀出於世間，則令凡是見聞憶念的一切眾生行持善法。同樣，上師也能做到這一點。上師以相應的事業利益眾生，由此也說明上師等同佛陀，上師又是佛的化身，由此也說明上師等同佛陀。《大鼓經》中云：「阿難莫哀傷，阿難莫哭泣，我於未來時，化為善知識，利益汝等眾。」《金剛鏡續》中云：「金剛薩埵壇城主，上師等同一切佛。」

上師如大地般無有厭倦地成辦他利，即使見到自利寂樂也不希求，為了他利縱然有再大的困難也甘願承受。

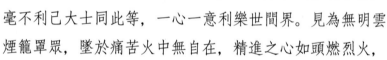

《致弟子書》中云：「一切大士精進而利他，縱為劣種亦勤令眾樂，猶如七馬無厭駕馭日，大地不畏沉重撐世界，毫不利己大士同此等，一心一意利樂世間界。見為無明雲煙籠罩眾，墜於痛苦火中無自在，精進之心如頭燃烈火，彼等即是大士或智者。利他縱入遍火無間獄，亦如清涼月光雪極喜，利己縱是綻放蓮花海，亦如熊熊火舌極酷熱。利益他眾一切諸智者，縱住劍葉林中亦輕鬆，利己剎那相處諸天女，於樂園中歡悅亦不為。為度無有依處諸有情，亦能屢屢入於無灘河，利己依於樂觸之自性，熱氣騰騰天河亦不為。如是謹持寶飾之飾戒，明中光明寂靜甘露定，喜中喜慧報恩人方得，依吉祥之吉祥寂樂因。恒時依止佛語之花朵，藥樹鮮花中生廣大果，當依善逝花語善知識，且觀蜂於蜜中極歡喜。」

丁七、視上師勝過佛陀：

上師即佛第四寶，壇城主尊黑日嘎，

調伏濁世難化眾，所化之前勝諸佛，

三門無偽敬依止，悉地根本金剛師。

《佛雙合續》中云：「佛法僧三寶，上師第四寶。」《廣大密續》中云：「壇城主尊黑日嘎，即是勝師悉地源。」《無垢虛空經》中云：「阿難，諸如來非於一切眾生前顯現，而盡現為善知識宣說佛法，令播下解脫種子，故善知識勝於一切如來，當銘記此理。」又《道情歌集》中云：「悉地根本金剛阿闍黎。」《如意大莊嚴續》中云：「三門具敬畏，恒奉諸供品，真實依上師，令其生歡喜。」

丁八、依師之功德：

除以上所述之外，上師還有其他哪些功德呢？

上師可阻惡趣道，利樂現後善趣梯，

加持相續示真義，令入成熟解脫道，

故以穩固不變信，恒時無厭依上師。

上師開示阻塞惡趣道、開啟善趣門的妙法，引導我們趣入佛地，並且是一切功德的源泉，如果我們無有狡詐、恒時穩固、誠心誠意、毫無厭倦地恭敬承侍，則今生便可獲得殊勝功德。《智慧鑲嵌續》中云：「恒時無諂誑，於具諸德師，雖作微供養，今長壽無病，受用豐悅意，來世得解脫。」《無盡藏竅訣歌》中云：「嗚呼空行之密語，能示諸法為一義，即是猶如天鵝喙，殊勝至尊之上師，當以敬心淨

頂戴。能詮心性唯上師，所詮法器即弟子，證悟此義剎那間，摧毀諸苦源師恩，現見實義為報恩，當恒視師為藥王。深廣輪迴大海中，能渡寶舟唯上師，依此大船得大樂，真敬大力舟子師。以如日之智慧光，能遣無明殊勝士，如點金劑法成樂，恒依善巧輪王師。以如河心伏二執，未捨一切具淨智，未改自心住本地，皆由師言甘露生。心與心所諸名言，假立此法成助緣，源於勝師之語蓮，即皆來自善知識。誰亦不知續隱義，名言以及諸佛密，竅訣眼見遍法味，禮師足塵證智慧。空箭射中諸實法，以現方便證空性，以智慧見所量境，彼慧源於無等師。方便令惑轉道用，任何妄念無法轉，由此竅訣藏所生，定依至尊力獲得，故以方便恒依止，具有傳承加持師。」

丙二（依師之方式）分二：一、依師方式之比喻；二、如同患者依醫師。

丁一、依師方式之比喻：

若問：該如何依止上師呢？

> 如同患者依藥王，黎民百姓依君主，
> 客人依止護送者，商人依止大商主，
> 舟子依賴於船槳，為滅煩惱離過害，
> 因畏生死成二利，為渡有海當依師。

為了消除煩惱的疾病，一定要像患者依止醫師那樣依止上師；為了擺脫罪過的恐怖，要像百姓依賴國王那樣依止上師；為了解脫生死怖畏，要像客人依賴護送者

那樣依止上師；為了成辦自他二利，要像商人依止商主那樣依止上師；為了越過輪迴大海，要像船夫依靠船槳那樣依止上師。

丁二、如同患者依醫師：

首先當如患者就醫般依止上師。

> 上師明醫教言藥，自為患者作此想，
>
> 精進修持如服藥，得寂樂果如病癒。
>
> 其餘依法以此推，當以清淨四想依。

《華嚴經》中云：「善男子，汝當於己作患者想；於法作妙藥想；於精進修持作療病想；於善知識作明醫想。善男子，汝當於己作庶民想；於法作無畏想；於精進修持作滅害想；於善知識作國王想。善男子，汝當於己作客人想；於法作無畏施想；於精進修持作救畏想；於善知識作護送者想。善男子，汝當於己作商人想；於法作商品想；於精進修持作獲利潤想；於善知識作商主想。善男子，汝當於己作舟子想；於法作船想；於精進修持作趨彼岸想；於善知識作船槳想。善男子，汝當想善知識無厭擔負一切如大地；不為一切所害如金剛；不違一切教言如弟子；唯命是從如奴僕；毫無傲慢如斷角牛。」《入行論》中云：「捨命亦不離，善巧大乘義，安住淨律儀，珍貴善知識。」

丙三（弟子之法相）分二：一、應捨弟子之法相；二、應攝弟子之法相。

丁一（應捨弟子之法相）分二：一、劣法器弟子之法相；二、未觀察之過失。

戊一、劣法器弟子之法相：

> 劣緣弟子諸過根，　無信慚愧悲心微，
> 種姓行為緣皆卑，　妄念業惑五毒粗，
> 混淆善惡法非法，　違犯學處破戒律，
> 不守誓言無對治，　愚癡慧淺難知足，
> 增長嗔心多粗語，　師作野獸法麝香，
> 自為獵人修射箭，　獲得法果售他人，
> 以五倒想依師者，　無誓言故今來苦。

第五品 依止善知識

劣緣弟子是諸多過患之器，信心微薄，無有慚愧，悲心微弱，種姓卑賤，性格惡劣，行為下流，緣分淺薄，妄念紛紛，煩惱粗重，善惡不分，違犯學處，失毀戒律，不守誓言，不護惑門，不知對治，智慧淺薄，難以知足，嗔心增長，常出粗語，自然勤做非法之事。如此之人是出賣佛陀靈魂者，是褻瀆正法者，是僧眾的敗類。此等弟子若向上師求法，則不調伏自心，損害他眾，輕蔑有情，如同獵人，心想：我只不過要從這位阿闍黎得傳承而已，其實他也有如何如何的過失，就像旁生一樣。這些人只是表面聞法想勝過他人，視正法如麝香。聞法尚未圓滿，卻為了得到他人的奉承或在別人面前炫耀，或者為得少許資具而將佛法如同商品般出售。此類人今生不吉祥，來世將漂泊於惡趣中。《三誓言莊嚴續釋》中云：「誹謗密宗金剛師，以法換取食財物，且

不如理守誓言，彼等即生壽命短，失毀福德及善緣，空行懲罰遭痛苦，後世墮入惡趣中。」

戊二、未觀察之過失：

此外，惡緣弟子，

> 有者最初未觀察，魯莽草率成師徒，
> 喜新贊德後誹謗，有者陽奉陰違依，
> 間接污辱師眷屬，彼等將墮無間獄。

有些弟子最初沒有觀察上師，上師也不曾觀察弟子相續，而草率結成師徒關係，雖然剛剛接觸時弟子恭敬承侍供養上師，但以小小因緣便惱羞成怒，從而對上師出言譏諷、惡語中傷，獨處時也想著上師的過失，並且污辱上師的一切眷屬。有些弟子雖然當面虛偽地讚歎、恭敬上師，實際上卻毫無信心恭敬心，並且暗中狡詐欺騙上師。此等弟子因誹謗上師的緣故罪過無量。《事師五十頌》中云：「佛經真實而宣說，誹謗上師之眾生，長久住於無間獄，此等恐怖地獄中。」

丁二（應攝弟子之法相）分十二：一、賢善弟子之法相；二、思師功德懺前戒後；三、勿令師不喜所作當請示；四、於師前斷除身之惡行；五、斷除一切語之過患；六、斷除意之邪分別念；七、觀察己過恒敬上師；八、持一切恭敬行為；九、修持正念正知不放逸；十、以三喜恭敬承侍上師；十一、以方便遣除他人之誹謗；十二、如是而行之功德。

戊一、賢善弟子之法相：

宣說殊勝法器之法相：

> 善緣弟子信心大，精進修法智慧高，
>
> 具正知念不放逸，不違教言守戒誓，
>
> 三門調柔悲心大，胸懷寬廣不急躁，
>
> 慷慨具有清淨觀，虔誠恭敬恒穩固。

令上師歡喜的功德也是無量的。《文殊智慧莊嚴經》中云：「任何具殊勝信心之善男子或善女人，若恭敬供養承侍善知識，則勝過供養恒河沙數諸佛福德無量倍。」《勝智續》中云：「若以一滴油，塗師一毛孔，其福則超勝，供養千劫佛。」因為上師是殊勝的對境。《集密意續》中云：「當知上師較，千劫佛嚴厲，千劫一切佛，皆由依師生，無有上師前，佛號亦無有。」

戊二、思師功德懺前戒後：

賢善之弟子，

> 恒時憶念上師德，不思過失見思德，
>
> 定是自現師無過，深思懺戒依對治。

作為賢善的弟子，從不觀察上師的過失，而唯一憶念其功德。假設稍不起信，則應想如夢中出現的惡境皆是自心迷亂顯現一般，上師決不會有過失。即使夢中對上師行為不生信心，（出現邪見等，）醒時也需要立即懺悔。《菩提輪游舞續》中云：「倘若於夢中，見上師過失，醒時即懺悔，倘若未懺悔，亦墮無間獄。」如若

第五品 依止善知識

白日出現此等現象，必須在剎那或須臾或者未過一晝夜時懺悔。若想上師一過失，當思上師一百功德，若說上師一過失，要講上師一百功德。

戊三、勿令師不喜所作當請示：

　　當斷師諸不喜事，精勤令師生歡喜，

　　永不違背師教言，師之愛眷亦如師，

　　不攝師眷為弟子，說法灌頂當請示。

弟子恒時應當斷除上師不歡喜之事，成辦上師歡喜之事，依教奉行。《菩提輪遊舞續》中云：「縱然具過失，若依師言教，亦成真實義，何況應理事？愛眷亦如師，不攝師眷屬，灌頂法開光，燒施當請示。」其他續中亦云：「師喜之眷亦如師。」

戊四、於師前斷除身之惡行：

　　師前當護身語意，不應伸足跏趺坐，

　　亦莫背後向上師，嬉笑顯露愁怒容。

《三次第論》中云：「師前身莫作，跏趺背朝師，面露喜怒紋，總之當謹慎。」

戊五、斷除一切語之過患：

　　切莫信口出胡言，言說妄語離間語，

　　他過不悅耳粗語，未經觀察無關語。

切切不可在上師前言說戲謔之語、無稽之談、人云亦云之語、妄語、離間語、誹謗他人等。即使所說是真實的，自己也會有很大罪業。為什麼呢？因為既被上師

大圓滿心性休息大車疏

所恥笑又擾亂上師的心。即使剎那擾亂上師的心也有嚴重的過失。《三次第論》中云：「師前切莫說，放逸無關語，凡夫若生嗔，亦墮孤獨獄。違背上師意，無間地獄中，無量劫受煮。」

戊六、斷除意之邪分別念：

> 不應貪圖上師財，禁止損害其諸眷，
>
> 切莫口是心非觀，上師各種之行為，
>
> 勿想彼為不合理，前後相違除邪見。

身為弟子，不應貪圖上師的財物而想將其物品據為己有，也不要對上師的眷屬、弟子、施主等所屬之人懷有害心，因為上師把他們當作我所，如此而為將令上師不歡喜。對於上師有必要而顯示寂靜、忿怒或相合世間的行為時，不應該口是心非地認為這是錯誤的、不合理的，或者以為上師的前後語言、少許事情有許多矛盾之處。《成智慧根本續》中云：「斷除貪師財，污辱師眷親，於師為利眾，所現種種行，無量如海密，斷除生邪見。」

戊七、觀察己過恒敬上師：

> 不知自己造罪業，彼相外現如影像，
>
> 倘若上師現忿怒，定觀己過當懺戒，
>
> 頂上觀師猛祈禱，令師生喜獲成就。

當真實的善知識顯現發怒，要想到事情不妙，一定因為是自己做錯了事讓上師不歡喜，一邊想實在不該如此，一邊觀察自己的過失，猛烈懺罪戒犯。無論與任何

人結怨，都必定有一半過咎在自己，即無有不生，如南贍部洲及北俱盧洲中的人互不見聞不會生嗔，又如鼓與鼓椎，相互接觸方出聲音。怨恨之因是自己不應如此，因為在他人眼裡也是罪業，自己的嗔心與憤恨一生再生，久而久之就會成為地獄種子。無論與何人結怨，都要把對方觀在頭頂上，進行懺悔，幾日後一定可化解怨恨，清淨罪障。

尤其與上師結怨就更不應當了，因此將上師觀想在頭頂上，頂禮供養，極度追悔，以至於淚水湧出，雙手合掌，念誦：「嗚呼，上師如意寶，我無餘依處，祈以悲目視，無明迷壓我，三門一切罪，以大悔心懺。違犯三戒律，以罪垢染心，皆依您大悲，剎那得清淨。因我極愚昧，無知中造罪，昔漂輪迴中，今依大悲師，令我一切障，剎那得清淨。如是見無知，凡夫過患時，若不悲觀照，如何垂念他？如子一切罪，母除令清淨，汝初發心已，立誓而饒益，吾等六道眾，此時何不念？見我等迷眾，若不悲攝受，以汝之事業，如何利所化？昔日無量佛，捨吾等涅槃，如今十方佛，請您利我等，化為上師相，汝豈敢捨棄？如畏送者欺㉔，您今欺騙歟？若祈如意寶，亦賜眾所欲，汝通悲方便，何不觀照我？供施說諦語，羅剎尚立即，棄前嗔降臨，您乃眾悲怙，敬供虔祈禱，懺罪何不見？我罪未淨前，若轉生他世，唯有獄火焚，您若不觀照，豈謂大悲主？嗚呼哀祈禱，我罪悉清淨，剎那悲垂念，灌頂加持我，賜共勝悉地，遣除諸魔障，

大圓滿心性休息大車疏

即生成諸願，臨終無諸苦，中陰脫諸畏，引至密嚴刹。」如是在晝夜四座中每座祈禱七遍，依此可以清淨所失毀的一切戒律，迅速獲得共同殊勝成就。在所有懺罪酬補法中再無有比此更深的要訣了。

戊八、持一切恭敬行為：

> 見上師時起頂禮，坐時敷墊供資具，
>
> 合掌美語作讚頌，行時起立敬隨行。

見上師到來時，要起立並鋪設坐墊，合掌讚頌上師；上師來去時，應當起立迎送等。《勝法毗奈耶經》中云：「見堪布時當立即從座上起立。」《百業經》中說：「如果上師來時未起立，則五百世轉為跛子。」如果在上師來去之時起立承侍，則獲得相好。《現觀莊嚴論釋》中云：「若迎送上師等，則將具足手輪足輪相。」

戊九、修持正知正念不放逸：

> 與師相處時恒具，正知正念不放逸，
>
> 當以敬畏心而住，猶如新媳之姿態，
>
> 師前三門極寂靜，放蕩不羈不應理，
>
> 不求名利無偏袒，無有諂誑不狡詐，
>
> 表裡如一不虛偽，一視同仁無貪嗔。

也就是說，坐在上師面前，務必要以正念攝持，謹小慎微嚴禁身語意的一切惡作；以正知攝持，以心觀心，不為煩惱所轉；以不放逸攝持，需要像新媳婦或新

比丘那樣寂靜調柔來成辦所願。《入行論》中云：「盡力遍觀察，此若狂象心，緊繫念法柱，已拴未失否？精進習定者，剎那勿馳散，念念恒伺察，吾意何所之？」又云：「合掌誠勸請，欲護自心者，致力恒守護，正念與正知。」

獨自住於自己的室內等處時也不該有放逸的行為，要以正知正念攝持，因為佛陀等具有天眼者可無礙徹見。《入行論》中云：「佛及菩薩眾，無礙見一切，故吾諸言行，必現彼等前。如是思維已，則生慚敬畏。」

此外，在何時何地，自心都不應散於善法之外。《入行論》中又云：「無義眾聞談，諸多賞心劇，臨彼境界時，當斷意貪著。無義掘挖割，於地繪圖時，當憶如來教，懼罪捨彼行。若身欲移動，或口欲出言，應先觀自心，安穩如理行。吾意正生貪，或欲嗔恨時，言行應暫止，如樹安穩住。掉舉與藐視，傲慢或驕矜，或欲評論他，若思偽與詐，或思勤自贊，或欲詆毀他，粗言並離間，如樹應安住。或思名利敬，或欲差僕役，若欲人侍奉，如樹應安住。欲削棄他利，或欲圖己利，因是欲語時，如樹應安住。不耐懶與懼，無恥言無義，親友愛若生，如樹應安住。應觀此染汙，好行無義心，知已當對治，堅持守此意。深信極肯定，堅穩恭有禮，知慚畏因果，寂靜勤予樂。愚稚意不合，心且莫生厭，彼乃惑所生，思已應懷慈。為自及有情，利行不犯罪，更以

幻化觀，恒常守此意。吾當再三思：歷劫得暇滿，故應持此心，不動如須彌。」也就是說，剎那也不應散亂於非法方面今生的瑣事上。

如若長期依止上師，承蒙上師教誡，那麼畏懼惡趣等輪迴痛苦，恭敬精進修行自己所實修的法門，具有正知正念不放逸，許多善法自然而然會生起。《入行論》中云：「恒隨上師尊，堪布賜開示，畏敬有緣者，恒易生正念。」如是行持善法，恭敬上師也是說要無有偏袒、一視同仁、不求名利、無有諂誑、表裡如一，時時刻刻都要這樣去做，因為依此無有差別可圓滿自之資糧、淨除罪障。

戊十、以三喜恭敬承侍上師：

　　　　自己有財供上師，身語恭敬而承侍，

　　　　捨棄今生修正法，三門當令師歡喜。

上等者勤修正法；中等者身語承侍；下等者財物供養，必須做到其中之一。

戊十一、以方便遣除他人之誹謗：

　　　　他人謗師制止之，若無能力則思德，

　　　　覆耳悲心行饒益，莫依止彼勿交談。

有些人惡語誹謗上師時，應當想方設法加以制止，如果自己無有能力制止，則一邊思維上師的功德一邊用手指捂住耳朵（不聽他的胡言亂語），切莫與該人親密交往、暢所欲言。《生甘露續》中云：「若謗金剛阿闍黎，則以

第五品　依止善知識

176

寂猛方式止，倘若無有此能力，當以正念捂自耳，莫依於彼勿交談。倘若與彼互來往，則墮惡趣受煎熬。」

戊十二、如是而行之功德：

> 以此生世成利益，值遇正士聞正法，
> 地道等持陀羅尼，種種功德皆圓滿，
> 擺設寂樂之喜宴，款待一切諸眾生。

《華嚴經》中云：「嗟！善男子，如是依止承侍善知識，則恒常回憶宿世，利樂眾生，值遇諸善知識，成就地道殊勝等持。」

甲四（遠離惡友等）分六：一、棄離惡知識之教言；二、棄離造罪之親友；三、棄離惡知識惡友之利益；四、彼等之攝義；五、依止善知識善友之教言；六、如理依止之功德。

乙一、棄離惡知識之教言：

分別教誡棄離惡知識及惡友、謹依善知識：

> 諸惡知識皆應捨，不具前述之功德，
> 破戒誓言過失多，慧淺寡聞無慈悲，
> 懈怠愚昧我慢高，暴躁粗野煩惱重，
> 貪圖今生棄後世，傳法亦成非法因，
> 如不淨堆之上師，所化蛆眷多亦棄，
> 引信士入歧惡道，欲解脫者永莫依。

如是惡知識，破別解脫戒及誓言，無有悲心，孤陋寡聞，懶惰懈怠，貢高我慢，暴躁易怒，五毒粗重，貪

求現世之眷屬資具、名聞利養，雖居靜處卻降下憒鬧煩惱之雨，棄離後世，誹謗其他正法與補特伽羅，雖然口中似乎是在傳講正法，外表也顯得無所不知，但實際上對自心無利，因而言行不一的此等上師即是所謂的旁生種姓之上師。如肮髒糞堆般的惡知識即使聚集眾多如蛆般的眷屬，也只能將求解脫的信士引入惡趣，所以一定要遠遠棄離這樣的惡知識。《佛藏經》中云：「世間之敵僅僅掠奪生命，只是令己捨棄身體而已，不能令墮惡趣。而入邪道之愚癡者將尋求善妙者引入地獄千劫。何以故？因其行持有實有相之法，宣說顛倒之法故。如此宣說令入邪道之法，則較斷一切眾生之命罪還重。」

乙二、棄離造罪之親友：

附帶教誡棄離惡友：

> 亦當棄離罪惡友，愈親近彼愈增罪，
> 滅善降下煩惱雨，阻塞善道惡趣梯，
> 誹謗正士嗔白法，讚歎劣者依黑法，
> 讚揚同行不善者，恒時將其引入於，
> 邪道惡趣中之故，具慧眼者當遠離。

若依止了增長罪業、恒造罪惡，而讚歎這些惡人，就會被遠離善法的惡友引墮惡趣，所以必須棄離。《寶積經》中云：「所謂之惡友，即一切滅善造罪之人，切莫親近，切莫依止，亦不應見。」又如頌云：「聲聞勤利己，利自不利他，誰依攝財物，永不以法攝，佛說惡

師友，徹底遠離之。」

乙三、棄離惡知識惡友之利益：

不依止惡知識、棄離惡友之利益：

　　　　遠離惡友惡知識，今來世樂成妙德，

　　　　獲解脫道恒增善，永遠不見惡劣者，

　　　　親睹佛子中怙主，垂念自己賜加持。

　　　　安祥而逝趣善趣，具彼不可思議德。

《般若八萬頌》中云：「須菩提，棄離惡友之功德不可思議，恒行善法，見諸善逝，安詳而逝，轉生善趣，生生世世不離菩提心，迅速現前無上真實圓滿菩提果。」

乙四、彼等之攝義：

　　　　恒依正士與善友，以此增上諸善業，

　　　　滅盡罪惑止過患，成就增上決定勝，

　　　　現世安樂後得果，成人天師恒具義。

律典中也說：「持梵淨行者乃殊勝善友，若依止之，則梵行究竟，善根增上，成解脫因故，諸長者當身恭敬、言敬語、以畏懼心依止。」《念法經》中云：「若依止善友，則具清淨正知正念且能圓滿善根。」

乙五、依止善知識善友之教言：

　　　　依止善友善知識，增長善資得樂果，

　　　　不畏三有利樂廣，成辦無量眾二利。

　　　　上師乃是佛化身，濁世如是而顯現，

大圓滿心性休息大車疏

179

乃至菩提果之間，當依一切善知識。

《殊勝等持經》中云：「善男子，末法之時，我化現為善知識宣說此等持法門，是故善知識乃汝之本師，直至菩提果之間當依止且恭敬承侍。」

乙六、如理依止之功德：

以此無偏現淨觀，圓滿慈悲菩提心，

增上證悟與覺受，利他無量成所願。

《頂寶龍王請問經》中云：「天子，若依止善知識恭敬承侍，則親睹一切如來清淨剎土，獲得殊勝大悲等持，不離智慧波羅蜜多，令一切眾生圓滿成熟，圓滿一切所願。」以上已宣說了上師之法相。

甲五（了知取捨後求悉地之理）分五：一、修法；二、念誦法；三、修事業；四、分別之次第；五、功德。

乙一、修法：

了知依止善知識棄離惡知識之理後，於此宣說求悉地之理：

如何觀修祈禱師？平時積資與淨障，

畫觀頂上夜心間，隨信觀想根本師，

本尊空行無有別，相好嚴飾四周繞，

空行勇士傳承師，意供祈求賜所欲。

《聚寶續》中云：「何者十萬劫，觀十萬本尊，不如稍憶師，此福無邊際。」大阿闍黎蓮花生大士將此義結合竅訣這樣說道：我們平時祈禱時，應將上師、本

尊、空行三者合在一起修持，因上師賜加持、本尊賜殊勝悉地、空行遣除違緣並且主要成就共同悉地。修法：坐在舒適坐墊上，皈依、發心後於空性中，將自己明然觀為有信心的一位本尊，頂上獅子日月蓮花上，根本上師威光燦然，周圍由有法緣的傳承上師所環繞，空行如雲密佈。如若喜歡廣修，則迎請智慧尊者後作意幻供養、讚頌、懺悔罪業等。如若略修，則念誦三遍：「上師佛陀如意寶，本尊空行聖眾前，恭敬頂禮而皈依，供養內外密供品，分別懺悔一切罪，隨喜一切諸善根，祈請廣轉妙法輪，祈求不入涅槃地，願賜共不共悉地，遣除魔障及違緣，成就圓滿菩提果。」

乙二、念誦法：

師名梵語前加嗡，後加啊吽所欲咒。

嗡啊吽 (ༀཨཱཿཧཱུྃ) 三個字是諸佛身語意本來任運自成之心咒，因此加在上師名字中念誦，若能將上師尊名翻譯成梵語，則譯成梵語；若不能，則加在原來名字中再加上所欲咒即可。所欲咒：息業加「現當革熱耶索哈 (ཤནྟིཾ་ཀུ་རུ་ཡེ་སྭཱ་ཧཱ)」；增業加「畢張革熱耶索哈 (པུཥྚིཾ་ཀུ་རུ་ཡེ་སྭཱ་ཧཱ)」；懷業加「瓦相革熱耶索哈 (ཝ་ཤཾ་ཀུ་རུ་ཡེ་སྭཱ་ཧཱ)」；誅業加「瑪日阿雅帕達 (མཱ་ར་ཡ་ཕཊ)」。例如，嗡班則革熱班瑪薩巴瓦啊吽噶爾瑪畢張革熱耶索哈 (ༀབཛྲ་གུ་རུ་པདྨ་སཾབྷ་ཝ་ཨཱཿཧཱུྃཀརྨ་པུཥྚིཾ་ཀུ་རུ་ཡེ་སྭཱ་ཧཱ)。也就是說，修上師時，外修寂尊，內修寂猛尊，密修猛尊，即是

181

化身、報身、法身之意趣。

乙三（修事業）分三㉕：一、息增懷誅業；二、結行；三、驗相。

丙一、息增懷誅業：

現在宣說四種事業：

> 若息病魔罪障者，觀想一切放白光，
> 遣除違緣獲悉地；欲增壽德財等者，
> 觀想黃光降願雨；自在招引等懷業，
> 觀想紅光鐵鉤狀；制伏魔障等誅業，
> 觀想青光兵刃狀，千輻火聚輪摧之。

修息業時，觀想上師身體等一切均為白色，放射白光，所有光的頂端出現上師本尊遍布虛空，並發出轟隆隆的咒語聲，以此獲得息業的悉地；修增業時，觀想一切為黃色，降下財壽等所欲之雨，遍滿自己的住處、身體，並念誦咒語；修懷業時，無論做懷柔、勾召或招引等任何懷業之事，觀想一切現為紅色，皆放射鐵鉤狀紅色光芒，引來所欲後置於自己足下，同時念誦咒語；若出現魔障等違緣，則觀想一切成青色放出兵刃狀光芒，以此粉碎邪魔，又觀想住處與虛空界具有千輻的火輪，交織著向下旋轉，勾召作害者，並將之粉身碎骨。

丙二、結行：

> 咒聲震動三千界，成就事業修生次。
> 後攝無緣空性中，須臾放鬆作迴向。

第五品 依止善知識

觀想：誦咒聲轟轟隆隆，傳遍一切世間界，分別觀修四種事業的生起次第。之後，現有一切攝為本尊相，本尊相又攝入自身，自己攝入頂上之上師，於無緣中安住。此修法等同圓滿次第，最後將善根迴向菩提。夜晚於心間觀想上師後入眠，這樣有著使迷亂夢境現為光明的必要。

丙三、驗相：

現各事業之驗相，此乃深道大樂海。

息滅病魔之驗相：夢見自己沐浴、流膿血、身著白衣等；增上壽命之驗相：夢到含生成群、莊稼豐收、日月升起等；增上受用之驗相：夢到降下寶雨、收割莊稼等；懷業自在之驗相：夢到眾人向自己頂禮、讚頌等；降伏邪魔之驗相：夢到燃起大火、殺害燉煮眾生、作戰勝利等。（除以上夢相之外）會出現相應各事業的真實驗相。

乙四（分別之次第）分六：一、觀想對境；二、淨增甘露；三、佈施賓客；四、作迴向；五、宣說功德；六、修持之理。

丙一、觀想對境：

贖死除障病魔時，觀想前方虛空中，

無畏獅子蓮座上，師佛無二露笑容，

為諸菩薩與空行，傳承上師所圍繞，

六道債主可憐客，三世父母輪迴眾。

出現死相、魔障或嚴重疾病時，觀想前方虛空中與佛陀無二無別的上師由傳承上師、空行眾所圍繞，其前下方是六道眾生父母、作害的魔障。迎請智慧尊者，略作供養、讚歎。

丙二、淨增甘露：

　　　　自心吽字頂上出，變勇士持劍托巴，

　　　　自身眉間處斬斷，置於骷髏三灶上，

　　　　內滿身骨及血肉，降下甘露下燃火，

　　　　托巴量等三千界，其中充滿妙甘露。

觀想：自己心間的白色吽字從頭頂上出來，變成白色勇士，右手持寶劍，左手持托

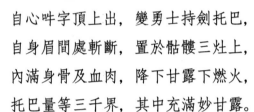

巴，用劍從自身的眉間斬斷，將屍體放於骷髏的三灶架上，托巴內充滿了屍體的血肉，托巴下的「樣（ཝཾ）」字吹風，「讓（རཾ）」)字燃火，從而煮沸托巴內之物。從托巴上降下甘露流，量等同三千世界。

丙三、佈施賓客：

　　　　自心化現無數士，同持托巴灑甘露，

　　　　令諸息客皆歡喜，圓滿資糧獲悉地，

　　　　有客生喜還宿債，令害魔喜遣違緣，

　　　　諸眾皆大歡喜光，照射自己去疾病，

　　　　魔障逆緣皆滅盡，贖死獲得二成就。

觀想：自己化現出與賓客數量相同的勇士，同時供養一切賓客，令彼等心生歡喜。即令諸佛等出世間聖眾

第五品　依止善知識

欣喜，從而獲得二悉地；令六道眾生歡喜而還清宿債；令魔眾生喜而遣除違緣。令諸賓客皆大歡喜之光芒照射自己而止息一切病魔違緣。

丙四、作迴向：

不緣諸法自心性，不緣心性法界性，

如是境界中安住，如幻性中作迴向。

如是了知賓客、施物、施者皆是自心，而在諸法除了自己離戲之心性外別無其他的境界中入定，在如幻的境界中作迴向。

丙五、宣說功德：

修革薩裡的瑜伽士圓滿一切內會供：

以此可除諸違緣，圓二資糧離二障，

心生無量加持悟，急生出離無我執，

現有現師成所願，安樂臨終現光明，

中陰解脫圓二利，故當勤修上師法。

此外，修上師法還有酬補一切失戒，成為供養諸位天尊之最，斷除我執、常執，從而毀滅二取迷亂等無量功德。

丙六、修持之理：

佛說剎那念上師，勝過劫修生次第。

《菩提輪游舞續》中云：「佛陀說憶念，怙主上師福，勝過俱胝劫，觀修天尊身。」

乙五（功德）分二：一、上師為一切功德之本故當

185

依師；二、追循前輩依師之教言。

丙一、上師為一切功德之本故當依師：

> 欲求遍德雲聚中，所降三地甘露者，
> 當依勝德財根本，具信大悲上師尊。

遍知佛陀是自他功德的尊主，即佛陀以無死正法財富救度眾生，想要獲得擁有無量功德佛陀利樂雲聚中所降下的滋潤三界之三轉法輪妙雨者，應當依止善知識。《中般若經》中云：「須菩提，欲得遍知佛果者當依善知識。」《般若攝頌》中云：「當恒依止智者師，智者德由彼生故。」三轉法輪：出有壞佛陀成佛後於七七四十九日未說法。於第一七日中跏趺不解，第二七日中凝視菩提樹，第三七日踏遍贍部洲，第四七日踏遍三千界，第五七日詣至龍宮，第六七日在柱吉林園中說道：「深寂離戲光明無為法，猶如甘露法性我已獲，縱於誰說亦不能證悟，是故默然獨自住林中。」如是默然安住。當時，嘎滾與桑波商人供養世尊蜂蜜，佛無有器具接納。爾時，四大天王同時各獻一石缽。佛陀僅誦吉祥文作加持。第七七日後經梵天、帝釋祈請，前往鹿野苑為五比丘及八萬天子轉了四諦法輪。爾後於靈鷲山為來自十方的菩薩、四眾眷屬以及天龍等轉了無相法輪。之後赴往天界、龍宮、明月城等處為種種不定眷屬轉了了義法輪。轉三次法輪之密意是相應下根、中根、上根或初學者、入道者、悟實義者以能說三藏、所說三學之方式而次第宣說的。儘管有些阿闍黎說三次法輪是同時轉的，只是在不同眾生前如是

次第顯現而已。但我認為：根據諸經藏中所說的各個年數，此種說法不妥。《大毗婆沙論》中說佛住世八十年；《涅槃經》中說是八十年零三個月。如《八大佛塔經》中云：「珍達祈請三月後，世尊涅槃禮彼塔。」也有些阿闍黎說佛住世八十二年。諸多佛經中所說八十年零三個月一定是確切的。關於佛住世八十年，《大毗婆沙論》中云：「說法處㉖及廣嚴城，具白地城與天界，雪巴瘦與僑賞彌，靜處以及佛塔山，竹林園及具怨城，及與迦毗羅衛城，佛於此等聖地處，各自安住一年矣。熾熱山洞住二年，妙藥林中住三載，王舍城中住五年，苦行之處住六年，舍衛城住廿三年，王宮中住廿九年，如是佛壽為八十，爾後能仁趣涅槃。遍知世尊所安住，此等福德之聖地，當以身語意三門，恒時恭敬而頂禮。」

丙二、追循前輩依師之教言：

　　　　為息無始時串習，以及意惑而求法，
　　　　如同善財與常啼，無有厭倦依上師。

在還沒有達到業和煩惱不復存在之前，為了消滅這些業和煩惱，必須依止勝過自己的善知識，因為還需要獲得殊勝功德。應當像善財童子與常啼菩薩那樣尋求正法，樂源城商主堅財之子善財走遍南方一帶，恒時求法，依止了文殊童子等授記並加持的五十四位上師和隨學彼等教言的五十四位上師，共一百零八位上師。常啼菩薩尋求智慧波羅蜜多法門時賣身，後與商主之女等

187

大圓滿心性休息大車疏

五百隨從一同乘車前往東方香積城，供養承侍法勝菩薩而求得正法。

甲六、迴向本品善根：

將本品善根迴向於一切眾生：

> 利行帝釋琵琶聲，善緣者聞成甘露，
>
> 令依惡師邪道者，疲勞心性今休息。

關於利行，《蓮聚經》中云：「以佈施招手，以愛語迎接，以同事安撫，以利行勸諫。」依止真實善知識中所得之善說，勝過帝釋所彈奏的琵琶聲之妙語。以此福德願長久依止惡知識流轉輪迴中疲憊不堪的一切眾生於人天導師出有壞佛陀之樂園中，在如意雲下得到休息。

> 祈願因依顛倒惡知識，長久沉於三有眾多罪，
>
> 自心疲憊不堪諸有情，詣至大樂佛陀之盡地。
>
> 願諸小乘根基心低劣，唯一自尋寂樂之道者，
>
> 悉皆追隨佛子之足跡，趣入大乘聖道成佛果。
>
> 諸佛金身如同滿月輪，人天群星之中極莊嚴，
>
> 利樂白光遣除惑惱熱，願諸眾生獲得彼功德。

大圓滿心性休息中第五品依止善知識釋終

第六品　皈依

一切大乘道之前行或基礎皈依品分三：一、宣說入大乘道之方法；二、別說真實皈依；三、迴向本品善根。

甲一、宣說入大乘道之方法：

要宣說趨入大乘道之次第前必須修學皈依的方法，因此承接剛剛講的道理：

　　　　如是謹依上師後，當漸修學解脫道。

為什麼要次第而趨入解脫道呢？因為頓超而趨入是不合理的。也就是說，沒有生起下面道之功德，則無法獲得上面功德，不次第而行，不能上進。《涅槃經》中云：「猶如梯級般，我之甚深教，亦當漸勤修，漸次非頓超。猶如小孩童，體力次第增，此法亦如是，從初入次第，直至圓滿間。」

甲二（別說真實皈依）分三：一、因皈依；二、果皈依；三、皈依之利益。

乙一（因皈依）分四：一、皈依之人㉗；二、皈依時間；三、皈依對境；四、真實皈依。

丙一、皈依之人：

　　　　諸道基礎為皈依，諸小士夫畏惡趣，
　　　　中士聲緣畏三有，大士現見輪迴苦，
　　　　不忍他苦畏寂樂，大乘佛子為眾生，

大圓滿心性休息大車疏

皈依三因三意樂，平凡殊勝及無上。

未曾皈依者得不到戒體，如果沒有以戒護持也就不具備正道，因此說，皈依是道之基礎。《皈依七十頌》中云：「眾雖皆有戒，未皈依不得。」

皈依的補特伽羅種姓有三類，其中小士是指欲求輪迴樂果、畏懼惡趣而皈依各自天尊或三寶，未入宗派的士夫，或者雖入宗派卻是外道，或者佛教徒中雖信仰三寶卻無入道能力者。《勝幢經》中云：「處於畏懼恐怖者，多數依止山森林，寺院樹木及佛塔，彼非主要皈依處，依止彼等皈依處，不能解脫大痛苦。」此中宣說了依止其他天尊欲求得樂。《毗奈耶經》中云：「阿難白佛言：『婆羅門女由皈依而得善趣功德。』佛告阿難：『阿難，並非如是。尋求世間安樂者稱為劣士，故當稱頌真實解脫之功德。』」雖然皈依了三寶，但意樂如果不清淨，則只能稱為小士。

中士是指一切聲聞緣覺種姓的眾生，他們是因為畏懼輪迴、渴求自利寂滅而皈依的。《勝幢經》中云：「何時皈依佛，正法及僧眾，了知諸苦諦，根除諸集諦，修學諸道諦，趣涅槃滅諦。若以慧眼觀，聖道之八支，既為主皈依，亦為勝皈依。依止彼依處，解脫一切苦。」

大士是指為利他眾、畏懼寂樂而皈依的補特伽羅。《大解脫經》中云：「為救渡墮入三有河中之彼等眾

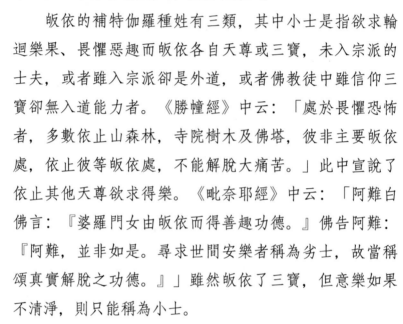

第六品 皈依

190

生，斷除尋求自我寂滅之念而皈依者稱為勝士，又名勝商主。」

如是士夫定為三種是依照心力決定有三種類別而安立的。《菩提道燈論》中云：「當知三士夫，即下中勝士，知彼等法相，此說各分類。何人依方便，僅為輪迴樂，謀求自利者，知此為下士；棄離三有樂，斷除諸罪業，唯求自寂滅，稱之為中士；以悟自心苦，欲令他諸苦，真實皆滅盡，乃為殊勝士。」也就是說，小士夫中有以外道的清潔、不害眾生及行持正法而趨入善趣的，也有以皈依內道三寶稍稍行善而趨入善趣的，無論是這兩者中的哪一種都需要依靠隨福德分的十善與四禪四無色定，如若不具備這些，就不能趨入善趣。此法在數論派等有些外道中也有，但並非所有的外道都具備。中士夫是聲聞緣覺。大士夫是由經大乘道而出離。

丙二、皈依時間：

如是皈依的三種人為成就三果而皈依，以三種意樂而說為平凡、殊勝、無上。彼等所皈依的時間是怎樣的呢？

時間亦隨意樂轉，小士後世樂果間；
中士暫時至死間，究竟聲緣得果間；
勝士恒皈菩提間，獲得無量智慧間。

平凡之士於成辦所願之間皈依各自的天尊，尤其是獲得善趣之間，佛教中的小士也是如此；中士的聲聞緣

大圓滿心性休息大車疏

覺二者暫時於有生之年，究竟於獲得阿羅漢之前皈依；大士直至菩提果間或者未得佛智之前恒時皈依。

丙三（皈依對境）分二：一、總說共不共皈依境；二、別說因皈依境。

丁一、總說共不共皈依境：

　　一切皈依境分二，共同因與不共果。

　　為因發誓因皈依，為果發誓果皈依，

　　顯宗成就許他時，密宗成就今自心，

　　因相乘中說此理，僅名相同乃部分。

　　皈依境分共同與不共兩種。小士與中士二者之皈依對境為共同皈依境；大士之皈依對境為不共皈依境。為什麼呢？因為小士夫片面趨入此法，中士夫的聲聞緣覺將暫時的所依執為殊勝皈依處。大乘皈依境在此之上，承認小士、中士未承認的佛之法身、大乘之法以及菩薩僧眾。其中，因皈依是指得果的護送者；果皈依是指欲求自己的相續中真實成就果三寶。二者具有相同的儀軌與慈悲的助緣。《經莊嚴論》中云：「求真而承諾，亦知依悲心。」因相乘承認在三大劫等之末際獲得佛果而皈依，承認於自相續中獲得究竟法身即是果皈依，在未得果之前將三寶視為道之護送者而皈依，即是作為所得果之因，稱為因皈依。

　　暫時承認三寶為所依，究竟是唯一佛法身。除此之外，色身、教法、證法、菩薩相續中的四道、聲聞緣覺

相續中的二滅㉘、小乘沙門四果以及入大乘住十地的諸位菩薩都非為皈依處，因為彼等是世俗諦故、尚未究竟故、自己仍需依他緣而得解脫故。也就是說，色身是世俗諦之故；除佛所證之法外，菩薩與聲緣相續所攝之證法也要通過勤修、進步，是無常法的緣故實屬欺惑性；一切教法於見諦時必須捨棄；彼等僧眾也畏懼自地之障及隨眠煩惱而需要皈依佛陀，具有畏懼之故。《寶性論》中云：「棄故欺惑故，無故具畏故，二法與聖眾，非究竟皈處。」那麼應當皈依何者呢？皈依究竟之法身。彼論又云：「皈處唯一佛，能仁法身故，僧亦彼究竟。」《報恩經》中云：「具壽阿難請問世尊：『皈依何佛？』佛告阿難：『皈依法身而非色身。』又問：『皈依何法？』告曰：『皈依勝義之法而非世俗之法。』復問：『皈依何僧？』告曰：『皈依勝義僧眾而非世俗僧眾。』」

總而言之，欲求自相續獲得三菩提而立誓為了這一目的實修彼義並皈依是因之究竟所修，所以稱為果皈依。於他相續前出世的釋迦牟尼佛等佛陀宣說了救護怖畏之道，因而作為導師；佛陀所開示的正法作為至無畏地之道，因而作為道；僧眾作為救脫怖畏的助伴。由於作為自相續成就三寶之因的緣故安立為因皈依境，因為與僧眾一同實修佛所宣說的正法，就可以解脫怖畏。

對此，有些上師說：「大乘承認，唯有自己將獲得

的法身佛才能救護疾病恐怖與細微障礙的畏懼，所以安立為果皈依；緣覺乘自相續未來將自然而然生起證悟之法寶為果，所以也安立為果皈依；聲聞乘自相續未來所得阿羅漢之僧眾也安立為果皈依。因此，三乘各自果皈依是分開的。」

此種說法也稍不合理，因為大乘承認成佛時三身在三寶的自性中是一體的，所以其果皈依無有法寶與僧寶難道應理嗎？聲聞緣覺承認二滅為究竟所得，他們自宗的勝義諦實際上成了無上菩提法身，因此聲聞怎麼無有佛寶與法寶呢？緣覺也承認滅法為法性菩提，而並未承認滅法是唯一的法寶。所以說，承認果皈依為各自之菩提。即想獲得究竟三寶為果皈依。《聖雄長者請問經》中云：「皈依佛即欲得佛果；皈依法即欲得正法；皈依僧即欲得僧位。」為成辦自他二利而皈依三寶是因皈依。《寶積經》中云：「諸比丘，汝等無論為自他，抑或為解脫怖畏、損害而皈依，汝之願望皆能圓滿。」

密宗承認的是，想現見自己具有、現在就固有存在著的心性正等覺，進而皈依共同對境——外三寶，於不共對境——自己本來無生之心性中入定。也就是承認各自壇城之三寶與共同教之三寶二者為因皈依境，對此皈依即是因皈依；承認本來具有三寶的自心自然本智為果皈依境，於無取無捨無改無染的境界中一緣安住為果皈依。雖然從依外三寶而得果的角度而許為果皈依、從為

第六品 皈依

得果而承認皈依境的角度而許為因皈依也可以，但最主要的是，於自己本來任運自成具足果三寶而不希求其他之境為果皈依，為了修行的順緣而皈依外三寶安立為因皈依。《成智論》中云：「三壇城主尊，承認他圓滿，何故希求因，證光明心性，三壇城本性，一緣而入定，真說果之最。」

此處認定三寶有兩種，其中共同小乘中承認佛為殊勝化身；法為十二部契經之教法以及各自相續之道、等持等證法；僧眾有凡夫僧眾與聖者僧眾兩種，凡夫小僧為沙彌、沙彌尼及居士，是眾生之福田故；大僧為具近圓戒者，即是說比丘大僧，四位比丘以上稱為僧眾；聖者僧眾是預流果、一來果、不來果、阿羅漢向、阿羅漢果即正等覺。

大乘共稱佛寶為具二清淨、究竟圓滿二利之三身自性，《寶性論》中云：「無為任運成，非依他緣證，具足智悲力，具足二利佛。」法寶之本體是不可言思的，自性為成佛之道或對治法，（法分義法與句法：）具相道與二滅之有相法為義法，句法為十二部契經。《寶性論》中云：「無二無思念，依除之對治，何依何離貪，二諦有相法，二離貪為滅，及道諦所攝。」二滅是指以對治法去除前有之垢無有戲論的抉擇滅與垢染或戲論，住於猶如虛空般無有自性之義中的非抉擇滅；道為資糧道、加行道、見道、修道的證悟分；受持二諦之法相是

指一切教法與證法。僧眾是指重新現見心性光明之義住
於十地的聖者。《寶性論》中云：「如所盡所義，智慧
淨見故，具慧不退眾，具無上功德。」

　　不共金剛乘中各續部的觀點各不相同。

　　事續與行續承認佛寶為三身或四身五智，或者清淨
法性、神變、加持之天尊、如來部、蓮花部、金剛部所
攝之報身以及寂猛裝束大小壇城諸化身尊眾；法寶即如
前所說的一切法，尤其是各自共稱之經論；僧寶指聲
聞、菩薩與持明僧眾三者。

　　瑜伽續承認佛寶是三身或四身五智的清淨法性，包
括屬壇城中的諸部主尊金剛薩埵、珍寶部、蓮花部、事
業部、如來部五部所攝之三身寂猛相以及主尊、眷屬、
一多根本壇城、誓言、法、事業之壇城、四手印、一手
印等次第即包括於大小壇城中的一切聖尊；關於法寶、
僧寶與剛剛講的（事續、行續所許）相同。

　　大瑜伽續中承認佛寶是一切出有壞報身如來之身語
意與金剛自性無別之主尊、眷屬、一本尊、多本尊、聖
聚、住於自成壇城密嚴剎土中的聖眾以及從中示現的一
切化身；法寶也是前面所說的一切法；與三寶無二無別
之自性並具燦然相好者為無上僧寶。

　　為何稱為寶呢？《寶性論》中云：「難得無垢染，
具力世間飾，超勝性無變，是故稱為寶。」總而言之，
以六種相同點可以說明所謂的佛法僧三寶與珍寶相同。

難得相同：若不是多生累劫中積累善根者不能值遇的緣故（二者相同）；無垢相同：因為隨時隨地都遠離垢染的緣故（二者相同）；具力相同：具有六神通等不可思議功德力的緣故（二者相同）；成為世間之飾相同：作為眾生善心之因的緣故（二者相同）；超勝相同：較人造珍寶殊勝作為相同點而超越世間的緣故（二者相同）；無變性相同：不以褒貶等而改變作為相同點，是無為法自性的緣故（二者相同）。

三種安立方式，《寶性論》中云：「依於佛法僧，三乘三事業，不同之信解，安立三皈依。」《寶性論釋》中云：「對於為宣說本師功德、趣入佛真實義之菩薩乘的補特伽羅，以及對佛殊勝事業有信解之人而言，佛為皈依處，是二足尊故；對於為利本師所說教法、自己隨念甚深緣起法之緣覺乘補特伽羅，以及對法殊勝事業有信解者而言，法是皈依處，乃離貪之尊故；對於為宣說入佛法之僧眾的功德隨念從他人處所聞之法音而趣入聲聞乘補特伽羅，以及對僧眾殊勝事業有信解者而言，僧是皈依處，為諸眾之尊故。」總之，暫時皈依處是三寶；究竟皈依處是唯一佛陀。《寶性論》中云：「勝義眾皈處，唯一正等覺，具佛法身故，僧亦究竟佛。」因此正等覺是所求究竟義之果皈依。

丁二（別說因皈依境）分三：一、總說三寶；二、別說法寶；三、別說僧寶。

戊一、總說三寶：

誰具救護之能力，自己應向其請求救脫怖畏之法，並且通過儀軌而承諾，為宣其自性而說：

> 有緣三寶因皈依，佛為化身相好飾，
>
> 一切佛法分二種，其中無垢之教法，
>
> 種種經續乘之義，顯現經典文字相。

此觀點是大小乘共同承認的。尤其是成為皈依境的三寶，佛寶是指相好嚴飾的化身、法身以及報身；法是指一切經續之句義以及一切文字相。（僧寶下文有廣說，故於此未述。）

戊二（別說法寶）分二：一、教法；二、證法。

己一（教法）分二：一、因法；二、果法。

庚一、因法：

> 彼即經典十二部，契經應頌記諷誦，
>
> 自說因緣喻本事，本生方廣希論議。

《月燈經》中云：「契經、應頌、記別、諷誦、自說、因緣、譬喻、本事、本生、方廣、希法、論議稱為經部。」相同部分合在一起為契經；最初以散文的形式，最終將彼義集為頌詞為應頌；佛陀等授記為記別；均是頌詞為諷誦；勸誡聞法者而宣說之經為自說；以各自傳記加持為譬喻；宣說宿世為本事；具有因及緣所說之經為因緣；無邊廣說為方廣；生起信心的情節為本生；略說一義後再說其解釋為論議；宣說稀有精華義為

希法。

庚二、果法：

> 一切續部分六種，事行瑜伽苦行續，
> 智慧方便及無二，父續母續無二續，
> 即是內密大瑜伽，彼字書籍等果法。

苦行者依靠外在的清潔而成就菩提，與彼相同之事續、行續、瑜伽續三者為苦行續乘，無有取捨而成就菩提之方便、智慧、無二者是內密乘，這六種是密宗，包括它的所有文字（都是果法）。

己二（證法）分四：一、總說生圓次第；二、宣說十地；三、別說內外分類；四、宣說五道。

庚一、總說生圓次第：

> 證法地道生圓次，總持等持智慧藏，
> 以及大悲之自性，種種方便無有量。

庚二、宣說十地：

> 十地極喜無垢地，發光焰慧難勝地，
> 現前遠行不動地，善慧及與法雲地。

《般若八千頌廣釋》中云：「成為功德所依故稱為地。」地有聲聞、緣覺八地與菩薩十地。關於聲緣八地，《中般若經》中云：「種姓地、第八地、現見地、微薄地、離貪地、已證地、聲聞地、緣覺地，此等稱為聲緣八地。」《寶鬘論》中云：「聲聞乘中說，聲聞有八地，如是大乘中，菩薩之十地。」

聲緣八地：最初的加行道，分別決定三乘的緣故為種姓地。對此，《般若二萬頌》中云：「現見白法地。」是說現見白法。預流向是從阿羅漢向前數第八位，故為第八地；脫離欲界一地、四色禪定、四無色之九種垢染故為阿羅漢，現見沙門第一果預流果為見地；欲界之修斷多數已微薄，是故一來果稱為微薄地；在欲界遠離貪欲是無來果，稱為離貪地；已經完成所作的緣故，阿羅漢稱為已證地；一來向、無來向、阿羅漢向三地稱為聲聞地，依此有理解不同乘的必要。緣覺地是說緣覺四果地。

於此宣說菩薩十地，因為能脫離無量的見斷、修斷煩惱魔的畏懼並且越來越向上，故稱為地。《經莊嚴論》中云：「無量魔畏無，無量彼等中，後後趨上故，彼等許為地㉙。」觀待遣除慳吝等十種違品而安立為十地。《華嚴經》中云：「嗟！諸佛子，為清淨十地之十種違品而詳細分為十度。一地以行佈施度為主，其餘諸度並非完全不修……」到智度之間以此類推。所謂十度，《辨中邊論》中云：「十波羅密多，謂施戒安忍，精進定般若，方便願力智。」十地的十種所斷依次是慳吝、破戒、嗔恨、懈怠、散亂、愚癡、不具方便、力障、不成所願以及所知障十者。觀待斷除彼等而分為十地。

其中第一極喜地，《經莊嚴論》中云：「趨近證菩

提，見成眾生利，極其生歡喜，故稱極喜地㉚。」《寶鬘論》中云：「第一極喜地，菩薩歡喜故，已斷除三結，生於佛種族。彼之異熟果，施度最殊勝，震動百世界，成為贍洲王。」

一地菩薩能在一剎那間面見一百尊佛；了達百佛加持；示現一百化身；顯示一百劫；徹見前後百世；入出百種等持；成熟一百眾生；震動一百剎土；照亮一百剎土；開啟百種法門；示現一百自身；每一身體都由一百圓滿眷屬所圍繞；受生為南贍部洲之王。

第二離垢地，《經莊嚴論》中云：「離破戒垢故，稱為離垢地㉛。」《寶鬘論》中云：「二地名離垢，身語意十業，纖塵不染故，自守彼等故。彼之異熟果，戒度最殊勝，成為七寶主，利生轉輪王。」二地菩薩不造十不善業，行持十善法，剎那間獲得千數的十二種功德（即剎那間面見千尊佛陀……），成為四洲轉輪王。

第三發光地，《經莊嚴論》中云：「能放法大光，故稱發光地㉜。」《寶鬘論》中云：「三地名發光，智放寂光故，禪定神通起，永盡貪嗔故。彼之異熟果，勝行忍精進，明智大天王，遣除欲貪者。」三地菩薩有十二種十萬數的功德，投生為帝釋天王。

第四焰慧地，《經莊嚴論》中云：「菩提同分法，具如烈火光，四地焚二取，故稱焰慧地㉝。」《寶鬘論》中云：「第四名焰慧，放正智光故，一切菩提分，尤為

大圓滿心性休息大車疏

修行故。彼之異熟果，離諍之天王，薩迦耶見生，盡毀乃智者。」四地菩薩獲得十二種百萬數的功德，轉生為夜摩天王。

第五難勝地，《經莊嚴論》中云：「成熟諸眾生，亦護自心故，具慧者難行，故稱難勝地㉞。」《寶鬘論》中云：「第五名難行，諸魔難勝故，善知聖諦等，微細深義故。彼異熟感成，兜率之天王，能除諸外宗，煩惱惡見處。」五地菩薩有十二種千萬數的功德，作兜率天王。

第六現前地，《經莊嚴論》中云：「依於慧度已，爾後即現前，輪迴涅槃故，稱為現前地㉟。」《寶鬘論》中云：「第六名現前，現前佛法故，修習止觀已，得滅增上故。彼異熟感成，化樂之天王。」六地菩薩獲得十二種十萬俱胝數的功德，作化樂天王。

第七遠行地，《經莊嚴論》中云：「與行一道繫，故許遠行地㊱。」《寶鬘論》中云：「第七名遠行，數具遠行故，剎那剎那間，入於滅定故。彼之異熟成，他化之天王。」七地菩薩有十二種十萬俱胝那由他數的功德，作他化自在天王。

第八不動地，《經莊嚴論》中云：「二想不動故，定稱不動地㊲。」《寶鬘論》中云：「第八童子地，不動無念故，不動身語意，行境不可思。異熟果感得，一千梵天主。」八地菩薩能面見等同十萬大千世界微塵數的

佛陀……

第九善慧地，《經莊嚴論》中云：「無礙解妙慧，稱之善慧地㊳。」《寶鬘論》中云：「第九名善慧，猶如王太子，因得無礙解，此地慧善妙。彼之異熟成，二千界梵主，有情心疑問，羅漢不可奪。」九地菩薩現見等同成無數大千世界微塵數的佛陀等。

第十法雲地，《經莊嚴論》中云：「如雲之二法，遍空稱法雲㊴。」《寶鬘論》中云：「第十名法雲，降妙法雨故，菩薩蒙佛陀，光明灌頂故。彼之異熟成，淨居之天王，無量智境主，殊勝大自在。」十地菩薩剎那剎那可親睹等同不可言說微塵數之所有最極微的佛剎……共有十二種功德。

此外，一地菩薩證悟心性光明藏遍佈一切眾生而生起自他平等之菩提心。二地菩薩證悟一切所知之最而精進淨除如來藏之垢。三地菩薩證悟聞法為法界之順緣，縱然三千世界變成一大火焰也越過而聞法。四地菩薩證悟無我所執而斷除貪法。五地菩薩證悟自他相續具有的如來藏無有差別而通過一切佛陀以十清淨意樂平等。十清淨即功德、學處、了知道與非道、三十七道法、能成熟眾生，前二者各分身語意三種。六地菩薩證悟如來藏自性清淨而遣除取捨輪涅的一切執著。七地菩薩證悟如來藏無異而遣除一切相執。八地菩薩證悟如來藏無有功過增減而生起極其清淨殊勝之無生法忍。九地菩薩證悟

本來佛性中具有四無礙解而獲得智慧自在。十地菩薩證悟如來藏是圓滿事業之來源而獲得四種自在。

關於四種自在，《辨中邊論》中云：「遍行最勝義，等流殊勝義，一切無執義，相續無異義，（無淨無染義，種種法無別，）無增無減義，四種自在處。」何為四種自在？《經莊嚴論》中云：「意能取分別，轉為無分別，淨剎事業智，即為四自在。不動等三地，具此四自在，八地二自在，餘地各許一⑩。」意思是說，染汙意轉依而獲得無分別自在；五根識能取轉依而獲得清淨剎土自在，八地菩薩具此二自在；意識轉依而獲得四無礙解、事業圓滿自在，能成熟眾生相續，九地菩薩具此自在；十地時分別念意識之現基阿賴耶識轉依而獲得大圓鏡智自在，能夠行持與佛行境相同之事業。《寶性論》中云：「菩薩之後得，於諸世間界，救度諸有情，等同諸如來。」也就是說，八地平等性智、妙觀察智獲得自在；九地成所作智獲得自在；十地大圓鏡智獲得自在，十地末相續後際時，種種習氣阿賴耶轉依即刻獲得法界性智自在，從而成佛。十地相續後際時得受大光明灌頂而成佛。《經莊嚴論》中云：「修道末獲得，大光明灌頂，得不為念毀，金剛喻定已，轉依究竟地，無有諸障垢，住於任何處，但為利有情，獲得遍知佛，無上之果位⑪。」即十地菩薩於十方佛前作大供養，即刻從十方諸佛白毫間放大光芒融入彼菩薩之頭頂，使其獲得金

第六品 皈依

204

剛喻定等前所未得的十萬阿僧祇數等持，清淨細微所知障，從而成佛。

庚三、別說內外分類：

> 因乘安立學十地，十一化身普光地，
> 金剛乘以功德分，安立十二等無量。

因乘承認相續後際時以前的界性轉為菩提，諸法皆為無垢分位及無分別智所攝。《成就三身論》中云：「除無垢真如，無分別智外，諸佛前他法，少許亦無有。」無垢之身是指法性本性身；彼之自性無分別智慧力等相為法身；彼智慧於十地菩薩前所現相好嚴飾之相為報身；彼智慧於所化眾生前隨機所現之相為化身；彼智慧乃至輪迴未空前，不間斷任運利益他眾為事業。

本性身：《現觀莊嚴論》中云：「能仁自性身，得諸無漏法，一切種清淨，彼自性為相。」

法身：《現觀莊嚴論》中云：「順菩提分法，無量及解脫，九次第等至，十遍處自體。最為殊勝處，差別有八種，無諍與願智，神通無礙解，四一切清淨，十自在十力，四種無所畏，及三種不護，並三種念住，無忘失法性，永害諸隨眠，大悲諸眾生，唯佛不共法，說有十八種，及一切相智，說名為法身。」

宣說法身之二十一種無漏智：（一）菩提分三十七品：四念住、四正斷、四神足、五根、五力、七菩提支、八正道。（二）四無量：慈無量、悲無量、喜無

大圓滿心性休息大車疏

量、捨無量。（三）八解脫：有色觀色定、無色觀色定、淨色定，以及空無邊定、識無邊定、無所有定、非想非非想定四無色定，定即是解脫，再加上滅盡定。

（四）九等至：四禪、四無色定與滅盡定。（五）十遍處：觀地水火風、青黃白赤四顯色、空無邊及識無邊。

（六）八勝處：以內有色相觀外色小勝處，以內有色相觀外色大勝處，以內無色相觀外色小勝處，以內無色相觀外色大勝處，為形色四勝處；現見唯以內無色觀藍黃紅白四種（成就光明）。共八種處。（七）遣除他相續之煩惱故為無染等持。（八）一切事業任運自成故為願智。（九）六通：神變通、天耳通、他心通、宿命通、現行而生之天眼通、漏盡通。（十）四無礙解：義無礙解、詞無礙解、法無礙解、辯無礙解。（十一）四淨：身淨、緣淨、心淨、智淨。（十二）十自在：命自在、心自在、資具自在、業自在、受生自在、解自在、願自在、神力自在、法自在、智自在。（十三）十力：知處非處智力、知業報智力、知種種解智力、知種種界智力、知根勝劣智力、知遍趣行智力、知靜慮解脫等持等至智力、知宿住隨念智力、知死生智力和知漏盡智力。

（十四）四無畏：正等覺無畏、漏永盡無畏、說障法無畏和說出離道無畏。（十五）三無護：身語意之諸行不想顛倒隱瞞。（十六）三念住：於恭敬聽受所說法者，不以為喜之心念住；於不敬聽受所說法者，不以為

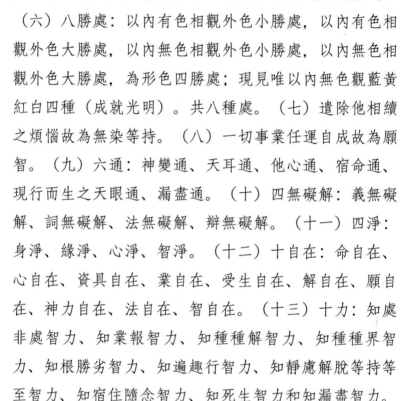

怒之心念住；於聽及不聽二者，不以喜怒之心念住。
（十七）不忘利益眾生。（十八）摧毀一切習氣之垢。
（十九）具饒益一切有情之大悲。（二十）佛十八不共
法：如來無有誤失、無卒暴音、無忘失念、無不定心、
無種種想、無不擇舍、志欲無退、正勤無退、念無退、
慧無退、等持無退、解脫無退、一切身業智為前導隨智
而轉、一切語業智為前導隨智而轉、一切意業智為前導
隨智而轉、於過去世無著無礙智、於未來世無著無礙
智、於現在世無著無礙智，共為十八種。（二十一）一
切種智。

報身：《現觀莊嚴論》中云：「說三十二相，八十
隨好性，受用大乘故，名佛受用身。」詳細內容在下文
有講述。

化身：《現觀莊嚴論》中云：「若乃至三有，於眾
生平等，作種種利益，佛化身無斷。」《經莊嚴論》中
云：「工巧及受生，以及大菩提，勝菩提化身，解脫大
方便㊷。」

事業：《經莊嚴論》中云：「輪迴未空前，事業不
間斷。」

密乘中說：在十一地之上，還有十二蓮花地，在菩
薩面前不現，而唯有遍知佛陀前大受用身無一無多恒時
任運自成。也有些人說：在十二地之上，還有十三金剛
持地，它是遍空大樂離戲之法身所周遍。有些論中說

「十四大樂地、十五等持地、十六上智地」等，雖說無量無數，然而這些都與普光地是一本體，只是從不同的反體分出的。其他論中對三身五智之法相分開加以分析。

庚四、宣說五道：

資糧加行與見道，修道無學之五道，

二次第等深心境，妙法日具無垢光。

初學者入門的資糧道與加行道隨抉擇分法是勝解地即凡夫之二道；見道與修道是聖者有學道，聖者在這二道中斷除見斷與修斷並精進修持；無學道是無與倫比、究竟唯一之地。彼等地中的總持、等持等甚深心智之境的一切法，即是此處所說的法寶。此外，所謂的無學道為正法、助緣為僧眾、本師為佛陀是從不同方面而言的，此中可包括相同、不同究竟暫時的一切三寶。

戊三、別說僧寶：

僧寶是助緣的所依：

聲緣佛子為外僧，空行密眾為內僧。

聲聞緣覺之預流等四果與住於十地之間的菩薩為外僧眾；空行眾、力行眾、密咒者、事業者、金剛部、珍寶部、蓮花部、事業部以及如來部所攝之出世間聖眾和住於大手印持明、長壽持明、任運持明地的諸阿闍黎即是內僧眾。

這裡的持明有四種分類，即異熟持明、長壽持明、

大手印持明與任運持明。

異熟持明：資糧道與加行道中通過修生圓次第，雖然身體平凡存在，但心已成為本尊身。《廣幻網續》中云：「如秤星秤桿，速獲大手印，相圓滿具力。」這裡的秤星是指身體，秤桿是指心獲得大手印。又如同印模與泥像。倘若此人沒有獲得勝法位就離開了人世，則將於中陰獲得大手印持明果位，捨棄身體時心已成熟為本尊身之故。《業次第論》中云：「一多本尊之瑜伽，所示之地抑得彼，六月十六依修時，未成金剛身之前，力微緣願薄弱故，生分別念身住世，覺性趨至金剛持。」如果已經得到勝法位就已真實獲得長壽持明果位。《業次第論》中云：「倘若諸緣未斷絕，此即獲得金剛身。」

長壽持明：究竟勝法位以後，因獲得金剛身而無生無死，心得見道。《業次第論》中云：「究竟趨入現見義，修行資糧之成就，身界生處有漏盡，成金剛身壽持明，所見之法定涅槃，不捨身體至佛地，遠離諸畏神變圓。」也就是說，獲得長壽持明者的身體住於勝法位，《密藏續》中云：「雖持人與天，梵天清淨身，然住殊勝地。」彼之化身與功德皆等同於一地菩薩。

大手印持明是從二地到十地間的住修道九地者，即身體現為壇城（本尊的）形相，心已淨除九垢具有無相智慧。《業次第論》中云：「自心大手印，以修現前

大圓滿心性休息大車疏

身，具共勝相好，第二報身者，大手印持明，金剛輪寶珠，蓮花與寶劍。」即二地、三地、四地、五地稱為金剛持明，因為以如金剛般的證悟摧毀自地之障。六地主要行持智慧度，並轉法輪，所以稱為輪寶持明。七地善巧方便如同寶輪，因此也稱為寶輪持明。八地獲得無分別智慧寶自在，所以稱為寶珠持明。九地以無貪修行剎土、行持事業故稱為蓮花持明。十地圓滿而行利眾事業，因此稱為寶劍持明。

任運持明是指佛地。《業次第論》中云：「較前力圓滿，如說淨垢染，佛之三智慧，任運持明者。」有些阿闍黎認為一地至七地之間是大手印持明，任運持明在三清淨地。但這是因為他們尚未懂得聖教密意。為什麼呢？因為從初學地至佛地之間為四持明經行包含。

丙四（真實皈依）分三：一、皈依境；二、皈依方法；三、放攝光芒。

丁一、皈依境：

觀所緣境虛空中，尤許上師佛尊主。

平凡之士因畏懼惡趣欲求善趣等功德而皈依；聲聞緣覺在此基礎上畏懼三有、生起三信而皈依；大乘之士以悲心為救度他眾脫離輪迴而皈依。《經莊嚴論》中云：「當知以大悲……」上師宣說皈依功德後，（皈依者）應當調正自心，於三寶所依前供養、懺悔，觀想前方虛空中上述的佛陀等三寶如雲密集般降臨、安坐。顯

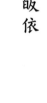

第六品 皈依

210

宗說佛為主尊，密宗承認上師為主尊。

丁二、皈依方法：

真實意幻而供養，內外密之供品後，

我與諸眾敬合掌，直至菩提為利他，

皈依上師佛法僧，誠心誠意反復行。

在遍佈虛空的諸佛菩薩賓客前供養香花等外供品、甘露冰片等內供品以及等性喜勝菩提等密供遍滿虛空的供品，誠心念誦「我某某從即日起直至菩提果之間為一切眾生而皈依上師、皈依佛、皈依法、皈依僧」三遍。通過表示（上師彈指或自己觀想）而獲得皈依戒。之後於不緣一切的境界中安住，由此證悟無生法性，這是勝義皈依。即依法性而獲得（皈依戒），是超越世間皈依之因。

丁三、放攝光芒：

觀想彼等喜放光，淨除自他三門障，

獲得一切諸悉地，圓滿福資成色身。

《寶積經》中云：「皈依三寶者，二資盡圓滿，亦得成佛果，獲得正法僧。」

暫時之因皈依宣說完畢。

乙二（果皈依）分四：一、宣說皈依境；二、真實皈依法；三、宣說後得；四、皈依學處。

丙一、宣說皈依境：

究竟果皈依之境，即是唯一之法身，

大圓滿心性休息大車疏

佛法僧眾了義尊，離戲光明之自心。

法相乘（即顯宗）中說自己欲求獲得佛果為果皈依，彼之皈依境暫時是法與僧，究竟為唯一法身佛。如云：「勝義眾皈處，唯一正等覺。」然而，此處（密乘）所說的究竟果皈依境即是法身，因為它是究竟的三寶。所謂的法身，就是於他相續中已現前佛果的為因皈依境；住於三寶自性中離諸戲邊之自心性為果皈依境。所以要對它皈依。（證悟自之心性乃為真正的果皈依。）《成智論》中云：「離得淨心即為佛，無變無垢為法寶，功德圓滿乃僧眾，故自心性最殊勝。」

丙二、真實皈依法：

> 世俗皈依道用後，當知一切皆自心，
> 實無能所皈依故，入定真如境界中，
> 執著心境非究竟，無願即為果皈依。

於所觀想的皈依境前，自己與一切眾生皈依，之後在力所能及之前一直念誦皈依偈，這是世俗有緣之因皈依。

（宣說本體：）於虛空中所觀想的對境三寶與作皈依的我等一切眾生此二者，也僅是自心的幻化而已，實際上微塵許異體也不成立。心性不墮於任何一方，處於如虛空的本體中，在遠離戲論的境界中安住。《中般若經》中云：「須菩提，何者若既不緣佛，亦不思法與僧，則此為真實皈依。」所以，認為皈依境——三寶與

皈依者——我及一切眾生為異體並非是實相義，要了知真實皈依為無願之自性。

丙三、宣說後得：

　　圓滿慧資得法身，如夢幻中作迴向。

　　無緣空性是智慧資糧，依此可成就法身。《宣說二諦經》中云：「文殊，以福德資糧可得色身；依智慧資糧可現前殊勝法身。」因此，應當在現有輪涅之諸法無而顯現、如夢如幻的境界中作迴向。如何迴向呢？《毗奈耶經》中云：「以此廣大之善根，願眾生內自成佛，昔日諸佛未度眾，願我悉皆救度之……」以這種方式作迴向。

　　丙四（皈依學處）分二：一、因皈依學處；二、果皈依學處。

　　丁一（因皈依學處）分四：一、不捨三寶；二、不欺應供；三、皈依三寶之戒；四、以信供養。

　　戊一、不捨三寶：

　　　　學處分二初因戒，不為王位及生命，

　　　　一切獎賞等利益，捨棄上師與三寶。

　　為什麼不能捨棄三寶呢？因為獲得王位等只是在現世中稍稍安樂而已，而皈依三寶者能成辦增上生、決定勝之一切安樂，因此這二者有著勝劣的差別。與寂天菩薩所說「勿因小失大，大處思利他」之義相同。《毗奈耶經》中云：「汝為生命、王位，即使是開玩笑亦不應

大圓滿心性休息大車疏

捨棄三寶。」

戊二、不欺應供：

不欺上師應供處，斷除惡言謗聖者。

《華嚴經》中云：「依止善知識後不欺應供，當斷除於諸聖者大德說不悅耳之語，隨正法而行。」

戊三、皈依三寶之戒：

自此皈依佛陀後，不禮其餘諸天尊，

皈依正法不害眾，皈依僧不交外道。

《大涅槃經》中云：「何人皈依佛，彼為真居士，恒時不皈依，其餘諸天尊；皈依正法者，遠離損害心；皈依僧眾者，不交往外道。」

戊四、以信供養：

以信供養三寶相，日夜隨念恒皈依。

對三寶以及上師像，也不能污辱，也不能踐踏他們的影子，要盡力供養，因為這些是佛的幻化，是眾生福田。如頌云：「吾於五濁時，化為善知識。」《白蓮經》中云：「化為諸多佛像後，利益眾生令行善。」《耳飾經》中云：「末法五百世，吾現文字相，意念彼為我，爾時恭敬之。」日日夜夜或晝夜六時或三時，最起碼每日應當憶念一次而皈依上師三寶，隨修善法。也就是說，讚頌善知識的功德並隨學他的行為。贊說三寶功德並隨學。相應行為律、修為經、見為論而實修即是修道之皈依。《攝事分》中云：「依止聖士，聽聞正

法，隨僧而修，此乃皈依。」

丁二（果皈依學處）分二：一、真實學處；二、失毀之因。

戊一、真實學處：

> 果戒等性當勤守，不念賢劣無取捨，
>
> 不依戲論修法性，皆於圓一壇城行。

《中般若經》中云：「欲修智慧波羅蜜多者，當以不緣任何法，不隨其見而修學。即不應以見二者之式而伺察謂『此乃殊勝，此乃下劣，此為應取，此為應捨，此為佛法，此為他法。』」

戊二、失毀之因：

宣說護持共同學處之方式：

> 相似捨因超受時，真實捨因生邪見，
>
> 失毀學處向下墮，當具正念慎取捨。

成就菩提佛果時，則超過了以儀軌而受戒的時間，故名相似捨戒因。以生邪見而捨棄三寶及不能修持而捨棄皈依學處，是真實的捨戒因。禮拜其他天尊等僅僅失壞了少許學處，稱為趨向下劣。如果失壞皈依戒，則如同腐敗的王族一般不能趨入內道；如同受到護送者欺騙的商人一般所作所為都懷有畏懼；如同倒塌牆壁上的圖案一般容易失毀一切戒律；如同遠離靠山的百姓一般容易遭受損害；如同違犯法律之人一般會因為破戒而墮入惡趣等有許多過患。因此，如果發現破戒的過患後懺悔

並以不再就犯之心受戒，則可恢復。有些人認為皈依戒數量一定，但我認為是不一定的。因為何時生起（捨惡）守戒的善心，就可得戒。《入行論》中捨：「斷盡噁心時，說為戒度圓。」

乙三（皈依之利益）分七：一、救護諸世之利益；二、圓滿二資之利益；三、無量功德之利益；四、蒙受善法天尊護佑之利益；五、具有無量之利益；六、諸德所依之利益；七、遣除有寂衰敗之利益。

丙一、救護諸世之利益：

皈依外道的大自在天等結果會墮入惡趣。

　　　見他依處皆欺惑，更加誠信大悲尊，

　　　生生世世救離畏，何有勝彼之利樂？

僅僅皈依三寶也能阻塞惡趣之門，生生世世獲得善趣解脫大道之安樂。因此說，這是無與倫比的皈依處。《豬傳經》中云：「何者皈依佛，不墮惡趣中，離開人身已，轉生為天身。」

丙二、圓滿二資之利益：

　　　清淨誠信心田上，灌溉福慧之甘霖，

　　　生長善法界苗芽，成熟圓滿佛莊稼。

眾生信心的田地上，二資的雨水使佛性的種子發芽、成長，最後使佛陀之莊稼成熟。《涅槃經》中云：「皈依三寶者，福慧勝資糧，世間佛法增，終獲正等覺。」

216

丙三、無量功德之利益：

　　如法行善知慚愧，具有正念不放逸，

　　獲得諸多之功德，心現總持雲智日，

　　夢中亦見不離此，憶念宿世種財飾。

　　《施寶童子請問經》中云：「皈依佛者，一切善法皆明顯增上，知慚有愧；皈依法者，常不放逸，具有諸多功德，恒時能憶宿世，具有修法之緣分福德；皈依僧者，自心堪能，具眾多等持總持法門，種姓恒時高貴，夢中亦不離佛法僧。」

　　丙四、蒙受善法天尊護佑之利益：

　　自成二利眾皆喜，終成眾生之依處，作為有情之至親，故得三身之財富。喜愛善法的諸天神歡喜護佑皈依三寶者，並使其善根增上。《施寶童子請問經》中云：「此外，蒙喜白法之諸天神護佑，諸善根亦得增上。」並且可迅速獲得佛果，《涅槃經》中云：「皈依三寶者，速疾得佛果。」因皈依佛而成就佛果；因皈依法而轉法輪；因皈依僧而集聚如海般不退轉之僧眾。

　　丙五、具有無量之利益：

　　皈依功德若有形，超勝虛空無量倍。

　　《無垢經》中云：「皈依之福德，倘若有色相，則遍佈虛空，較此更超勝。」皈依可遣除一切畏懼與危害。《勝幢經》中云：「諸比丘，汝無論住於寺廟、屍林抑或曠野等處，若皈依三寶，則無有畏懼、痛苦及毛

骨悚然之現象。」皈依者也不會出現惡魔及惡趣的恐怖。《日藏經》中云：「皈依佛陀之眾生，俱胝魔眾不能害，縱然失戒心煩亂，亦定趣向解脫道。」總而言之，若皈依三寶，則可救脫煩惱、危害、小乘道以及輪迴惡趣等一切違緣，並且獲得增上生、決定勝之一切利益。《經莊嚴論》中云：「佛陀盡救脫，一切諸煩惱，一切罪惡行，衰老與死亡。救脫諸危害，惡趣與非處，壞聚小乘故，即是勝皈處㊸。」

丙六、諸德所依之利益：

諸妙功德之根本，智者誰人不依之？

對於功德無量的皈依處，諸位智者理應依止。《寶積經》中云：「智者隨功德，依此圓成事。」因此當依此理而皈依。

丙七、遣除有寂衰敗之利益：

百倍誠信而頂禮，棄罪趨寂眾至親，

皈依恩賜三界福，利樂源泉如意樹。

包括天界在內的世間中堪為依怙之最的就是三寶，因為三寶是救脫一切罪惡並將眾生引向寂樂的大商主。三寶是福田，賜予所欲之如意樹，功德之寶庫。《寶積經》中云：「三寶是天等世間之應禮處、應合掌處、殊勝福田。」《入行論》中云：「誰令怨敵樂，皈敬彼樂源。」此等經論中均說明了此理。為此，晝夜六時甚至用餐時也應當觀想三寶在前方虛空中，意念頂禮、意幻

供養、懺悔罪業、隨喜福德、請轉法輪、祈不涅槃，此後隨念三寶功德，觀想為利一切眾生願我也獲得如是功德。邊觀想邊合掌念誦《寶積經》、《月燈經》中所說的（「如是佛陀薄伽梵者，謂：如來、應供、正等覺、明行圓滿、善逝、世間解、無上士調禦丈夫、天人師、佛、薄伽梵。諸如來者，是福等流，善根無盡，安忍莊嚴，福藏根本，妙好間飾，眾相花敷，行境相順，見無違逆，信解歡喜，慧無能勝，力無能屈。諸有情師，諸菩薩父，眾聖者王，往涅槃城者之商主。妙智無量，辯才難思，語言清淨，音聲和美；觀身無厭，身無與等。不染諸欲，不染眾色，不染無色。解脫眾苦，善脫諸蘊，不成諸界，防護諸處。永斷諸結，脫離熱惱，解脫愛染，越眾瀑流，妙智圓滿。住、去、來、今諸佛世尊所有妙智；不住涅槃，住真實際，安住遍現一切有情之地。是為如來正智殊勝功德。正法者，謂：善說梵行。初善、中善、後善。意妙、文巧。純一、圓滿、清淨、鮮白。佛、薄伽梵，善說法律。正得，無病，時無間斷。極善安立，見者不空，智者各別內證，法律善顯，決定出離，趣大菩提。無有違逆，成就和順，具足依止，斷流轉道。聖僧者，謂：正行、應理行、質直行、和敬行。所應禮敬，所應合掌。清淨功德，淨諸信施。所應惠施，普應惠施。」）後行迴向善根。如此而行，即可滅盡罪業，增上善法，迅速成就菩提，生生世世不

219

離三寶。

甲三、迴向本品善根：

讚揚大樂勝德故，諸眾謹持正士行，
願依罪業劣境者，疲勞心性今休息。

以此珠連妙語讚頌福德雲中所發出的蒼鳴聲，願長久依於劣境為輪迴數千痛苦折磨得精疲力竭的眾生於佛陀出有壞勝樂處得到休息。

以此寂滅正法甘露雨，願眾心之善妙皆增上，
恒時享受佛果如意雲，具有殊勝解脫之智慧。
祈願十方所有世界中，一切善逝普降法甘霖，
佛子以利樂光照有情，三惡趣處皆空成正覺。
願於無有導師世盲眾，普傳三寶一切諸功德，
令彼皆入解脫之正道，無餘成就佛陀之果位。

大圓滿心性休息中第六品皈依釋終

第六品 皈依

第七品　四無量心

第七四無量心品分十：一、宣說承接文與修四梵住；二、宣說差別；三、宣說所緣境之差別；四、不清淨所緣境之過患；五、宣說真實所緣境；六、宣說意相；七、宣說修持方法；八、宣說其他修法；九、宣說修行之果；十、迴向本品善根。

甲一、宣說承接文與修四梵住：

>　　如是已具皈依者，慈心大地開悲花，
>
>　　喜心涼蔭捨淨水，為利眾生修自心。

此處以極為舒心悅意的林間比喻來加以說明。在眾生喜愛的休息處綠草蔭蔭的慈心大地上，到處盛開著形態各異的悲心鮮花，並有喜心的涼蔭遮陽，還有許許多多鳥類野獸生存著，湖泊池塘中流淌著、瀑布飛瀉著捨心的淨水。三有中疲憊的眾生在這裡得到安慰，自心也得到休息。這以上是運用形象化修飾法㊹來說明四無量心。《中般若經》中云：「須菩提，菩薩大菩薩當修大慈、大悲、大喜、大捨。」

甲二、宣說差別：

>　　若與解脫道脫離，則四梵住三有因，
>
>　　滅道所攝此四者，越過有海四無量。

《勝藏經》中云：「舍利子，未真實發心或未隨真實發心之慈悲喜捨四者即是四梵住，現行於三有中；若

221

是真實發心或已隨真實發心之慈悲喜捨則是四無量，行
於涅槃道之故。」

甲三、宣說所緣境之差別：

　　緣無量眾為有緣，周遍法性為無緣。

　　四無量心的所緣境若是一切眾生則生起有緣四無量
心，如果所緣境是諸法之真如法性，則生起無緣四無量
心。《瑜伽師地論》⑮云：「依於眾生與法性分別生起有
緣與無緣四無量心。」

　　甲四（不清淨所緣境之過患）分二：一、宣說不淨
所緣境之過患；二、教誨修學解脫之四無量心。

　　乙一、宣說不淨所緣境之過患：

　　前者有限量，緣於少量眾生，

　　　　不清淨之所緣境，有緣之故梵天因。

　　四梵住之所緣境為一兩個等有限的眾生，生起有相
慈心等四心，沒有被解脫之心所攝持，如母女二人同過
恒河時，相互生起了慈心，因此死後轉生於梵天中，這
樣的四梵住只能成為三有之因，就是《入行論》中所說
「生一明定心，亦得梵天果」的道理。

　　乙二、教誨修學解脫之四無量心：

　　先了知差別後再修四無量心：

　　　　此為無緣入解脫，具悲心者當修學。

　　欲求解脫者唯一應當修學真實所緣境與四無量心。

　　甲五、宣說真實所緣境：

第七品　四無量心

宣說四無量心之所緣境：

> 不具快樂之有情，痛苦所逼可憐者，
> 幸福貪親嗔疏者，慈悲喜捨之對境。

緣於眾生之四無量心的所緣境：不具安樂者、痛苦可憐者、快樂富裕者、貪親嗔疏者分別是慈、悲、喜、捨之對境。《經莊嚴論》中云：「尋求安樂者，痛苦可憐者，安樂具惑者……」

甲六、宣說意相：

> 許相得樂離痛苦，不離歡喜心堪能。

願慈心對境的眾生具足安樂、悲心對境的眾生無有痛苦、喜心對境的眾生不離歡喜、捨心對境的眾生捨棄貪嗔後一視同仁。《經莊嚴論》中云：「合心及離心，不離利益心，憐湣諸眾生，利樂尊前禮。」四無量心之本體即遠離各自之違品。彼論又云：「捨梵天違品，具無分別智，趨入三所緣，成熟諸眾生。」

捨棄各自之違品即是指《經莊嚴論釋》中所云：「不分別他境，緣快樂者、痛苦者、中等者三對境而利益眾生。」

如何趨入所緣境呢？以三種心態趨入不具苦樂之中等對境，痛苦可憐或具有貪嗔苦因苦果之痛苦對境，幸福快樂之安樂對境這三種對境。

緣法之四無量心是通過聽聞論典而生起的。緣法性之四無量心是指證悟了彼等無生之自性。或者，與未證

大圓滿心性休息大車疏

悟無我、證悟一個半無我以及證悟二無我者相續聯繫的四無量心分別是緣眾生、緣法、緣法性之四無量心。《菩薩地論》中云：「緣眾生與諸外道共同；緣法與諸聲緣共同；無緣與彼等皆不共。」也就是說，有依靠眾生、依靠正法、依靠無緣三者而生起的四無量心，也有依四種對境而生的四無量心以及現見六度之六種違品而生的四無量心。《經莊嚴論》中云：「慈饑慈蠻者，慈惑放逸者，慈為他轉者，慈生邪見者。」還有說由十種對境而生的四無量心。如《經莊嚴論》中云：「為煩惱敵轉，苦逼黑暗障，入於難行道，真具大束縛，貪雜劇毒食，棄捨正道者，力微入歧途，所慈之眾生㊻。」此中宣說了初學菩薩修學四無量心的十種對境：煩惱如烈火般熾盛者，雖已入道卻被魔製造違緣者，三惡趣眾生，不知業因果者，入於顛倒途者，為煩惱結緊緊束縛者，享受禪定樂味者以及入聲緣道者。

四無量由四種緣產生，自性存在的佛性或界性稱為因緣；宣說四無量教言之善知識稱為增上緣；各自現前的對境稱為所緣緣；了知修四無量之利益以及不修之過患，修前前之因稱為等無間緣。《經莊嚴論》中云：「菩薩之慈心，苦樂因中生，智者之悲心，因師自性生㊼。」《俱舍論》中云：「四緣生諸心心所，以三緣生二種定，他法則由二緣生。」意思是說，一切心及心所是由增上緣等四緣而生，因緣、增上緣、等無間緣三者產

224

生二滅定⁴⁸；一切無情法是由因緣及水肥等增上緣所生。

甲七（宣說修持方法）分四：一、修捨無量心；
二、修慈無量心；三、修悲無量心；四、修喜無量心。

乙一（修捨無量心）分十三：一、修捨無量心之必
要；二、修捨無量心之所緣境；三、憶念眾生之恩德；
四、以對境不定而修捨無量心；五、以等性修捨無量
心；六、為利眾生修捨無量心；七、離得同時修捨無量
心；八、捨無量心之真實對境；九、捨心對境逐漸增
加；十、捨無量心之修量；十一、修捨無量心之後得；
十二、修捨無量心之利益；十三、修捨無量心之果。

丙一、修捨無量心之必要：

　　　修法次第雖不定，初學補特伽羅者，

　　　首先觀修捨無量，親疏平等修餘三。

　　從相續中容易生起的捨心開始修。若未對一切眾生
平等，則難以生起其餘三種無量心，因此首先修捨無量
心。阿闍黎智藏在《中觀莊嚴論》中云：「捨心遼闊大
地上，遍開慈心之鮮花，嚴飾悲心之涼蔭，喜心淨水無
混濁。」此外，《二觀察續》中所說「初當修慈心，其
次修悲心，爾後修喜心，最終修捨心」的次第，是從結
合內在本尊之真如而宣說的，這也是因為一開始慈心等
三者容易生起的緣故。

　　丙二、修捨無量心之所緣境：

　　　彼所緣境諸眾生，心中如是當觀察，

貪今父母友嗔敵，汝之此心極惡劣。

每一位眾生無有不曾成為親人與怨敵的，所以對他們不應該有貪嗔之心。

丙三、憶念眾生之恩德：

　　無始無終漂泊時，此敵亦成父母友，

　　饒益於我具恩德，豈能恩將仇報耶？

對於往昔曾經饒益過自己的眾生，以損害回報實在不應理。《毗奈耶經》中云：「於饒益者當報恩，不應加害或漠然。」

丙四、以對境不定而修捨無量心：

再者，許多生世中，

　　此友亦成敵加害，如今亦感彼痛苦，

　　回報利益豈應理？中者亦成親非親，

　　利益損害不一定，貪戀嗔恨不應理。

如果因為受到怨敵加害而不行饒益，那麼親友也曾經於前世加害過自己並且現在也令自己感受痛苦，僅以此對他們生起貪嗔有何利益呢？中等者從前、以後對自己有利有害都不一定，所以他們不是該貪戀、該嗔恨的對境，要對所有的人都無貪無嗔，生起親、疏平等之心。《般若二萬頌》中云：「須菩提，汝當於一切眾生有平等之心。」

丙五、以等性修捨無量心：

　　初當於諸親友方，觀成中者斷貪戀，

後將怨敵觀中者，斷除嗔恨無親疏。

如是將親怨二者平等觀成不親不怨之人而修捨無量心。

丙六、為利眾生修捨無量心：

於諸中等者之心，亦為應斷愚癡故，

如是觀修離三有，同遣有情煩惱心。

將任何眾生都觀為不親不怨的中等者之心也屬癡心，所以但願徹底消除親怨為主一切眾生的煩惱，永遠不再生貪嗔之心，但願一切眾生彼此之間心皆調順。

丙七、離得同時修捨無量心：

眾欲離苦得安樂，然不知此行苦因。

如同自己實在不想受苦一樣，一切眾生也是如此，怎能對他們懷有加害之心呢？雖然他們想得到安樂，卻因愚昧而行痛苦之因——十不善業，自己應當竭力制止他們行不善業。

丙八、捨無量心之真實對境：

願可憐兮煩惱眾，息諸習氣心平等，

願猛貪嗔所惱眾，無有親疏離貪嗔。

願眾生息滅一切煩惱，尤其熄滅貪嗔之烈火，從而無有貪嗔，自心堪能。

丙九、捨心對境逐漸增加：

觀眾從一至二三，一域一洲至四洲，

一千二千三千界，直至一切世間眾。

大圓滿心性休息大車疏

初學者觀修捨無量心時，先從自己的親友怨敵開始，在沒有達到熟練（即修量）之前一直觀修。爾後從一個眾生、兩個、三個等直至自己的城鎮、區域，一直修到南贍部洲之間。再後，從東勝身洲到一千世界、二千世界、三千世界，直至所有世間界的眾生。最初觀修人類，之後同樣觀想旁生等一切眾生。

丙十、捨無量心之修量：

　　　捨無量心之修量，自他親怨皆平等。

達到對自他親怨皆平等之心境，並且對誰也不生嫉妒、嗔恨，一視同仁。（這就是捨無量心的修量。）

丙十一、修捨無量心之後得：

如是有緣修捨無量之座間，

　　　後得無緣捨對境，諸眾唯心心如空，

　　　勝義無生空性中，自心離戲中安住。

所觀修的對境——所顯現的這些眾生也如影像般無而顯現，自性無生。於如是憶念中安住。我們雖然對所取境——蘊及蘊以外的他法有我與我所的貪執，但實際上，此二者都是虛妄的自性，如同將鏡中的影像妄執說「這是我的面容」一般，是無而顯現，依蘊而存在的。《寶鬘論》中云：「猶如依明鏡，雖顯自面影，然彼真實性，少許亦非有。如是依諸蘊，我執成所緣，猶如自面像，真性中毫無。猶如不依鏡，不現自面影，不依於諸蘊，我執亦同彼。」

如若將自性的諸蘊執著為我，就會有業，業中有生，一直到老死之間。如果無有蘊執，也就避免了這一切。《寶鬘論》中云：「何時有蘊執，爾時有我執，有我執有業，有業亦有生。三道之輪迴，無初中末轉，猶如旋火輪，彼此互為因。於彼自他二，三時亦未得，故能盡我執，業與生亦爾。此見因果生，彼等泯滅已，不思真實中，世間有無性。」因此，我們應當了知諸法如影像般無有我執與我所執的對境。

丙十二、修捨無量心之利益：

如是捨心之修量，生起深寂之證悟。

捨無量心的修量，即相續中生起諸法自性本來無生之等性證悟。《普作續》中云：「無二住於無所思，法性菩提中生智。」

丙十三、修捨無量心之果：

果無親疏垢染心，任運自成實相義。

從世俗諦來說，達到無有自他親疏之境界；就勝義諦而言，證悟無二法性。如是精進修習捨無量心完以後當觀修慈無量心。

乙二（修慈無量心）分五：一、增上慈心；二、慈心之所緣境；三、慈心之證相；四、無緣之慈心；五、修慈心之果。

丙一、增上慈心：

若於眾人皆平等，如願自母得安樂，

229

當於一切諸有情，亦皆如是而思維。

若已對一切眾生有平等之心，則當如敬愛父母般對一切眾生作父母想而觀修慈無量心。《般若八萬頌》中云：「當修不為聲聞、緣覺所動之慈心。」

丙二、慈心之所緣境：

祈願慈心所緣境，所有一切諸眾生，

暫時獲得人天樂，究竟獲得菩提樂，

從一乃至無邊數，一切眾生而觀修。

當見到不具安樂的有情時，心裡要想：但願他們暫時獲得人天之安樂，究竟獲得佛陀之安樂。從一個眾生直至盡虛空際的一切眾生觀修。《中般若經》中云：「見不具安樂之眾生時當如是思量：願此等眾生獲得天境諸天人之圓滿安樂。」

丙三、慈心之證相：

生起周遍之慈心，勝過慈愛獨子母。

也就是說，無論見到任何眾生，都以滿心喜悅、無限憐愛之情想利益他們。

丙四、無緣之慈心：

修習有緣慈心後，諸法等性中入定，

無緣廣大之慈心，慈空雙運為驗相。

這樣觀修：其實，修慈心對境的眾生也是地水火風空識六界積聚而形成的。如若加以觀察，則粗大的物質可分為微塵，無分微塵與無分心識也如虛空般不存在。

第七品　四無量心

《寶鬘論》中云：「士夫非地水，非火風虛空，非識非一切，此外士為何？士六界聚故，非為真實有，如是一一界，聚故真性非。蘊非我無彼，蘊我非互依。」又云：「爾時不得實，豈能成無實？色法唯名故，虛空亦唯名，無大豈有色，故唯名亦無。由此當思維，受想行識蘊，如大種及我，故六界無我。」

　　眾生到底怎麼不存在呢？對於眾生顯現時身體之界，無論如何觀察都不存在，心識的能依所依也見不到。所以說我與我所不可得，因為詳細觀察分析時本體皆為空性。《寶鬘論》中云：「猶如芭蕉幹，盡析無所有，倘若析諸界，士夫亦同彼。諸法稱無我，是故諸佛說。」我們所見所聞的諸法，顯現分也是非真非假，因為真實虛幻都是心安立的法。彼論云：「佛說見聞等，非真亦非妄。」又云：「世間離實妄。」可見，諸法超離真實與虛妄，如同芭蕉樹一樣。《三摩地王經》中云：「如人剝開濕芭蕉，欲從中得實有果，然而內外皆無實，當知諸法亦如是。」

　　慈無量心之證相：自己生起慈無量心的同時，就證悟了眾生如芭蕉樹般無有自性、無我的體性。

　　丙五、修慈心之果：

　　　　修習慈無量心果，令人見而心愉悅。

　　如是修習慈心，將令一切眾生見而悅意，自己見到眾生時也是心情舒暢，無有貪嗔等垢染。《般若八千

大圓滿心性休息大車疏

頌》中云：「多修慈心並得穩固者令眾生見而愉悅，無有嗔恨。」修慈心可獲得無量福德。如《十方廣大解脫經》中云：「誰於諸世界，乃至一劫間，護持清淨戒，不如一剎那，修持慈心勝，誰於此世間，身語意造罪，縱定墮惡趣，依慈令速淨。」

乙三（修悲無量心）分七：一、思維眾生痛苦；二、宣說悲無量心之修法；三、真實宣說悲無量心；四、修悲無量心之原因；五、修悲無量心之證相；六、修悲無量心之入定與出定；七、修悲無量心之果。

丙一、思維眾生痛苦：

慈心周遍眾生後，如心不忍父母苦，

思維一切眾生苦，生起強烈大悲心。

觀想曾經做過自己深恩父母的這一切眾生為了我們而造下罪業，如今正在遭受三惡趣等痛苦的逼迫，他們實在太可憐了，我應當竭盡全力拯救這些苦難的眾生。《中般若經》中云：「若見苦難眾生，願彼等遠離痛苦之心即是悲心。」

丙二、宣說悲無量心之修法：

我之大恩諸父母，為我而造諸罪業，

遭受寒熱與饑渴，殘害役使所逼迫，

溺於生老病死河，受多種苦真悲慘！

一切老母有情為了我們而造罪，尤其如今仍舊在感受各自的痛苦，真是可憐！

丙三、真實宣說悲無量心：

　　無欲解脫寂滅心，無示正道善知識，

　　漂於輪迴誠可悲，現見此等豈忍捨？

　　應當這樣來思維：輪迴中的一切眾生雖然在受苦，卻不知道從中解脫的方法，而且善知識也是僅僅攝受少數人，而並沒有為所有的眾生指引解脫道。如今仍然在輪迴中受苦的這些眾生，往昔無不成為過自己的父母或親友，捨棄這無依無怙的苦難眾生實不應理。《致弟子書》中云：「父母若得空閒而住時，滿懷慈愛抱子於懷中，除非極為下劣愚癡者，誰願捨棄無依苦惱眾？」

丙四、修悲無量心之原因：

　　故當誠心而思維，願以吾身及受用，

　　三世善根令諸眾，瞬間遠離一切苦。

　　誠心誠意深深思維：願我的一切安樂與善根轉移給眾生從而使他們遠離痛苦，恒時享受無量安樂。《般若八萬頌》中云：「當修不同於一切聲緣廣大無量之悲心。」

丙五、修悲無量心之證相：

　　修習悲心之證相，無法堪忍眾生苦。

　　從一個眾生到一切眾生之間修悲無量心達到修量時，對於別的眾生遭受痛苦比自己遭受還難以忍受的心態會油然而生。

　　丙六、修悲無量心之入定與出定：

大圓滿心性休息大車疏

233

修有緣悲心的結座，修無緣悲心。

無緣悲心後入定，空悲雙運為驗相。

若詳細觀察悲心對境的眾生，如同本無水而顯現為水的陽焰一樣無而顯現。《三摩地王經》中云：「猶如春季正午時，乾渴之人向前行，見到陽焰誤認水，當知諸法亦復然。」《寶鬘論》中云：「陽焰現似水，非水非真實，如是蘊似我，非我非真實，陽焰思謂水，是故往彼處，設執謂水無，此即愚癡者。如是似陽焰，世間說有無，此執乃愚昧，有癡不解脫。」又云：「二者真實中，無有去來住，故世間涅槃，實有何差異？」復云：「是故諸佛說，無死甘露教，甚深離有無，當知乃特法。」

通過如是修行而了達諸法之自性，進而才是行持空性大悲雙運之勝道。大悲與空性二者其中一者不具備也是歧途。《道情歌集》中云：「何者離悲修空性，彼人未得殊勝道，相反僅僅修悲心，亦住輪迴不解脫，何人二者能雙運，輪迴涅槃皆不住。」

丙七、修悲無量心之果：

果離損惱心堪能，成就本來清淨性。

如是修悲無量心之果：獲得無有損害之心，內心堪能，成就正等覺菩提。《勝藏經》中云：「修習大悲令心堪能，無有損害，獲得為喜心所嚴飾之妙果。」

乙四（修喜無量心）分六：一、修喜無量心之必

要；二、修喜無量心之所緣境；三、修喜無量心之證相；四、宣說喜無量心之本體；五、修喜無量心之功德；六、修喜無量心之果。

丙一、修喜無量心之必要：

　　　　於諸悲潤之有情，各得其樂修喜心。

若見到安樂之眾生，則觀修喜心。《般若二萬頌》中云：「若見眾生各享其樂，則當思維：願彼等不離此樂，願其具足超勝人天之樂、遍知之樂。」

丙二、修喜無量心之所緣境：

　　　　所緣具樂之眾生，奇哉此等諸有情，

　　　　不需我令獲安樂，各享其樂極善妙，

　　　　從今乃至菩提果，願彼永不離此樂，

　　　　如是觀修喜無量，當從一至一切眾。

修喜無量時，觀想方式即從一位擁有安樂的眾生到一切眾生這樣來修。

丙三、修喜無量心之證相：

　　　　喜無量心之驗相，無有嫉妒生歡喜。

對於他人的圓滿無有嫉妒，生起歡喜之心即是修喜無量心的驗相。

丙四、宣說喜無量心之本體：

　　　　後修無緣靜慮喜。

觀修喜無量心對境的一切眾生也是無而顯現，猶如幻術。《三摩地王經》中云：「如是大庭廣眾中，諸魔

大圓滿心性休息大車疏

術師幻化相，各種馬象及馬車，如是顯現實皆無，當知諸法亦復然。」《寶鬘論》中云：「異生前保密，此乃甚深法，世間如幻即，佛教真甘露。猶如幻化象，雖現生與滅，然於真實中，無生亦無滅。如幻之世間，雖現生與滅，然於勝義中，無生亦無滅。譬如虛幻象，無來亦無去，愚心所致已，真實無安住。如是幻世間，無來亦無去，愚心所致已，真實無安住。超越三時性，唯是名言立，一切有或無，世間豈實有？」

丙五、修喜無量心之功德：

　　　　　三門任運成寂樂。

通過修習，以實相之喜心自然使身語意趨入寂樂，這是標準。

丙六、修喜無量心之果：

　　　　修習喜無量之果，境地穩固心歡喜。

《般若八千頌》中云：「具足廣大喜無量心，不為一切聲聞、緣覺所奪者，能得圓滿增上生。」

甲八（宣說其他修法）分七：一、反復觀修；二、以悲心遣慈心之障；三、以喜心遣悲心之障；四、以捨心遣喜心之障；五、以慈心遣捨心之障；六、輪番修法；七、如是修四無量心之功德。

乙一、反復觀修：

　　　　如是修後先修慈，以此依次除四執。

如果恒時依前次第而修，則有人會執著修法次第實

第七品　四無量心

有，所以以反復觀修來對治。

乙二、以悲心遣慈心之障：

　　　修慈若貪眾如親，修悲除苦因果執。

有些人修到最後，若對其他眾生如父母般貪執，則可依靠修二種悲心加以對治。

乙三、以喜心遣悲心之障：

　　　悲心微弱若有緣，以無緣喜除憂患。

修悲心時，如果有自相貪執，則依靠如幻之無緣喜心能遣除一切厭煩與貪執。

乙四、以捨心遣喜心之障：

　　　修喜心若極散亂，以修大捨離親怨。

若對他人安樂生起歡喜而產生貪戀，則修厭離心或無緣捨心加以遣除。

乙五、以慈心遣捨心之障：

　　　捨心若成無記法，如前慈等次第修，

　　　以此容易至修量，獲得穩固之驗相。

若對一切都是無記狀態，則再從慈心開始修，這些是總的對治法。分別而言，對於各自有緣障礙依照所說各自無緣對治法來修。如是觀修有著自相續中的四無量心達到究竟並且能迅速得到穩固的必要。

乙六、輪番修法：

　　　修極穩固瑜伽士，順逆輪番頓超修。

四無量心得以穩固的瑜伽士為了提高修行境界，從

237

慈心開始次第而修，也有從捨心逆行而修，還有慈心、喜心、悲心、捨心輪番而修的。修捨心後修悲心、慈心為小修；修慈心後反過來修喜心為中修；修捨心後修慈心為大修，即中間擱置，上下跳躍頓超而修。《中般若經》中云：「須菩提，如是修慈心、修喜心、入悲心定、修捨心……」

乙七、如是修四無量心之功德：

如是修持有何必要呢？

　　依此增進新證悟，較極穩固更穩固。

通過修持四無量心，獲得新境界，使不穩固得穩固，使穩固者更加穩固。

甲九（宣說修行之果）分十二：一、成就增上生決定勝之理；二、等流果之利益；三、增上果之利益；四、士用果之利益；五、修慈心之利益；六、修悲心之利益；七、修喜心之利益；八、修捨心之利益；九、贊頌功德；十、四無量心為諸佛之遺跡；十一、宣說二獲得之理；十二、如是修持之攝義。

乙一、成就增上生決定勝之理：

宣說修四無量心所得之果。

　　如是修持異熟果，獲得增上決定勝，

　　轉生欲界人天身，能得利益與安樂。

修持四無量心，可獲得增上生人天之身，圓滿二資糧，饒益眾生，不離四無量，縱然是放逸睡眠之時也具

有功德，不為猛烈損害所奪。《經莊嚴論》中云：「行梵住智者，恒時生欲界，圓滿二資糧，亦成熟眾生，不離四梵住，遠離其違品，放逸亦不為，難忍違緣轉㊾。」究竟之果就是成就菩提。《經莊嚴論》中云：「斷害菩提種，利他苦行因，本性成熟者，不久獲菩提㊿。」意思是說，斷除損害為離繫果；播下解脫種子為增上果；為令他眾安樂自己忍受苦行為士用果；今生修持四無量心他世也成熟修行四無量心為等流果。諸位佛子的相續中生起此等四無量心，也有幾種方式，即自然而生，或由修習而生，由見外境而生，由摧毀違品而生。《經莊嚴論》中云：「大悲主仁慈，自然妙觀察，具昔修習力，摧違品得四(51)。」

乙二、等流果之利益：

同行等流恒修彼，感受得樂離違品。

同行等流果：恒時修持而生起四無量心；感受等流果：無有害心，無有損惱，無有不喜，無有貪嗔。

乙三、增上果之利益：

轉生悅意喜樂境，眾生和合財富裕。

修慈心之生處悅意；修悲心之生處安樂；修喜心之生處藥花等豐富，享受快樂；修捨心之生處眾生和睦，無有損害。

乙四、士用果之利益：

四無量心更增上，任運而成自他利。

依靠修四無量心更加增上之福德，能夠成就一切善妙、安樂。

乙五、修慈心之利益：

　　修持慈無量心者，無嗔受用皆圓滿，

　　獲得大圓鏡智慧，相好嚴飾報身相。

通過修慈心使嗔心轉依，現前大圓鏡智，獲得報身。《蓮花頂經》中云：「慈令嗔心轉依為，大圓鏡智得報身。」

乙六、修悲心之利益：

　　依悲無貪得法身，現前妙觀察智慧，

　　一切法身之功德，力等十八不共法。

修悲心使貪心清淨為妙觀察智並獲得法身。《蓮花頂經》中云：「悲令貪心清淨為，妙觀察智得法身。」

乙七、修喜心之利益：

　　依喜無有嫉妒心，獲得報身成作智，

　　幻化種種不定相，任運成身即事業。

修喜無量心，可獲得事業圓滿之成所作智，清淨嫉妒而現前化身。《蓮花頂經》中云：「喜令嫉妒清淨為，成所作智得報身，任運自成諸事業。」

乙八、修捨心之利益：

　　修習捨心無慢癡，現前平等性智慧，

　　以及法界性智慧，離戲法性本性身。

修持捨心使慢心、癡心清淨為平等性智與法界性

智。因本性身不變而現前金剛身與現證菩提身。《蓮花頂經》中云：「依捨及與大捨心，令我慢癡清淨為，法界性智等性智，獲得菩提金剛身。」

四無量心的作用也有四種：（一）修四無量心者不貪世間：《經莊嚴論》中云：「慈悲諸尊主，尚不住寂滅，況於世間樂，自命豈貪執㊿？」（二）修四無量心者不求自樂：《經莊嚴論》中云：「大悲見苦者，未樂何有樂，是故慈悲者，令他樂方樂㊾。」（三）修四無量心者壓服世樂：《經莊嚴論》中云：「由慈所生苦，壓服世諸樂，所作皆具慈，豈有更稀奇㊿？」《致弟子書》中云：「佛說可憐眾生受劇苦，為利他眾受苦乃安樂，剎那自令他離饑渴熱，何有等同於彼之歡喜？精勤利樂他眾所生喜，環境受用之樂不可比，王位資具之樂不可比，妻子天非天樂不可比。」（四）修四無量心者不厭煩輪迴：《經莊嚴論》中云：「大悲智者知，輪迴假立苦，我我所皆無，無厭罪不害㊿。」具有如此殊勝無量心之勝士超越世間，無有過患。彼論又云：「貪者非無過，非為超世間，智者之慈悲，無過超世間㊿。」父母慈愛子孫是有貪執的，菩薩慈愛眾生並非有貪執，因為菩薩能救度彼等脫離輪迴。此慈悲心無有過患，因為依靠此心可以救度苦難眾生脫離輪迴。《經莊嚴論》中云：「依方便引導，感受劇烈苦，依愚暗世眾，豈能有罪過㊿？」這種慈悲是超越世間的，因為菩薩具有聲聞緣覺也

241

不具備的慈心等。彼論又云：「世菩提緣覺，羅漢亦無慈，何況說他眾，豈不超世間⑤？」

如果未修四無量心，則有許多過失。《經莊嚴論》中云：「菩薩皆不喜，害心損惱心，具有欲貪者，具有諸多罪⑤。」生於欲界中稱為欲貪，生於上二界（色界、無色界）中稱為有貪。《俱舍論》中云：「二界所生為有貪。」增上煩惱的過患無量，《致弟子書》中云：「諸惑毀已毀戒毀眾生，具失得微仙人導師呵，惡語相諍他世轉無暇，失毀已得未得受劇苦。」失毀已得是指失去今生安樂，失毀未得是指失去來世安樂。

修四無量之利益：修四無量心者無有上述過患，並且為利益眾生住於輪迴中，但不是具有煩惱而流轉的，因此無有痛苦。《經莊嚴論》中云：「具有慈心等，不生此等過，非為煩惱者，利眾住輪迴⑥。」

乙九、讚頌功德：

　　　　慈等功德無邊際，無等人天導師讚。

《吉祥鬘經》中云：「誰修四無量，得善逝垂念，功德無有量，超過虛空界。」

乙十、四無量心為諸佛之遺跡：

　　　　皈依餘師為劣道，持四無量此正道，

　　　　趣向解脫無垢染，三世諸佛前後跡。

《瑜伽師地論前釋》中云：「此四無量心是趣向解脫之道，其餘為顛倒之邪道。」

乙十一、宣說二獲得之理：

　　因乘承許如種芽，方便智慧生二身，

　　果乘承許身二障，遣除依緣悲方便，

　　實一空性大悲藏，因果二乘同實修。

　　因乘中多數承認二資糧是獲得二身之因。《六十正理論》中云：「此善願諸眾，積累福慧資，福德智慧中，獲得二妙身。」密宗承認遣除身之二障，需要實修甚深方便與智慧二種資糧。顯宗與密宗共同承認修四無量心是得果之助緣，因為都要修持空性大悲藏。

乙十二、如是修持之攝義：

　　經說無始善種子，未作本來即存在，

　　密許本來具三身，遣除客障顯密同，

　　總之經續諸道一，諸成就者說內外，

　　是故佛子後學者，當勤修持四無量。

　　末轉法輪承認，眾生本來具足自性清淨之佛性功德，通過修道方可生起此功德。密宗承認的眾生普遍存在自性壇城這一觀點將於下文中廣說。這兩種說法實際上無有差別，都承認一個本基、方便智慧二資之道以及三身五智之果。因此，大阿闍黎蓮花生大士等大德說顯宗為外乘，密宗為內乘。所以，諸位應當精勤修持四無量心。

甲十、迴向本品善根：

　　如是寂性之善說，盡除眾生心污垢，

令入歧途劣道者，疲勞心性令休息。

以此法理善說所散發出如秋月般的光芒力，將入聲聞緣覺道、外道、不圓滿道、三有道者疲倦之心的煩惱污垢黑暗悉皆驅散，令彼等在功德池、絢麗花園襯托的稀有美妙解脫的林苑中得到休息。

猶如秋季滿月飾天空，　此法完美無缺明月光，
啟開百倍信心之睡蓮，　願以此光照耀諸眾生。
淨心山王利樂海環繞，　四周四無量心四洲飾，
美妙世界善資鐵圍山，　願成有情生存之根本。
三地遊舞寂靜雲朵中，　閃電降下稀有善資雨，
發出悅耳四無量蒼鳴，　祈願利樂無邊後代眾。

大圓滿心性休息中第七品四無量心釋終

第七品　四無量心

第八品　發菩提心

趨入佛子如海行之發殊勝菩提心品分三：一、修持諸法根本之二菩提心；二、廣說真實發心之理；三、廻向本品善根。

甲一、修持諸法根本之二菩提心：

現在宣說發殊勝菩提心，先承上啟下：

> 如是善修無量者，修諸法根二覺心。

世間出世間諸法之根本、諸道之核心、一切眾生之引導者、迅速趨向無上宮殿之乘即是殊勝意樂菩提心，因此應當學修發菩提心。《彌勒請問經》中云：「彌勒，菩薩若具一法，則棄離諸惡趣、不為惡友所控制、速得無上真實圓滿正等正覺佛果。何為一法？即殊勝圓滿意樂之菩提心。彌勒，若具此法，則離諸惡趣，不為惡友所控制，迅速成就無上真實圓滿正等正覺菩提佛果。」《菩薩契經》中云：「欲速得無上真實圓滿菩提佛果者，當學修殊勝意樂菩提心。」

甲二（廣說真實發心之理）分十：一、宣說菩提心利益；二、宣說菩提心之本體；三、發心儀軌；四、三誦之必要；五、當生歡喜心；六、學處次第；七、明示二十墮罪及同分；八、分說護持二菩提心；九、修者補特之伽羅次第；十、修學如來行之方式。

乙一（宣說菩提心利益）分六：一、從三有引向寂

245

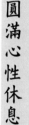

大圓滿心性休息大車疏

滅；二、成為世間之福田；三、增上善根；四、為諸法之根本；五、遣除苦疾獲得智慧光明；六、功德廣大。

丙一、從三有引向寂滅：

菩提心有什麼利益呢？

> 脫離煩惱三有海，遣除一切畏憂罪，
>
> 摧毀業與痛苦行，引導眾生趣寂滅。

依靠菩提心能脫離三有大海。《華嚴經》中云：「嗟！善男子，菩提心如同救度眾生脫離有海之大船。菩提心如同能救脫輪廻惡趣恐怖之勇士。」又《彌勒傳》中云：「善男子，依靠勇士則不畏一切怨敵，如是諸菩薩依靠發心勇士亦不畏一切惡行之敵。」《入行論》中云：「如人雖犯極重罪，然依勇士得除畏，若有速令解脫者，畏罪之人何不依？」

菩提心能遣除一切憂傷與罪業，《入行論》中云：「欲滅三有百般苦，及除有情眾不安，欲享百種快樂者，恒時莫捨菩提心。」又如《大乘竅訣經》中云：「何人生起無垢無上菩提心，彼斷絕一切惡趣與八無暇，此人通達並修持人天之道，不成盲聾，諸根具足。」

菩提心能焚盡業惑乾薪如同烈火，《入行論》中云：「菩提心如劫末火，剎那能毀諸重罪。」《彌勒傳》中云：「菩提心能焚盡一切罪，故如劫末火。」此外，菩提心也能引導眾生脫離三有獲得佛果，《入行

246

論》中云：「無量眾生依於此，順利能獲最勝樂。」

丙二、成為世間之福田：

具有發心之人：

雖無現行菩提心，悲心善根日益增，

縱入根本慧定時，智慧方便亦雙運。

身語所作皆具義，成為世間應供處。

具有得而未失之發心戒者，即使心處於無分別而入定時，也是與智慧相聯，甚至在無心五位福德也會增上。無心五位是指極睡眠無心、極悶絕無心、無想定無心、滅盡定無心、無想天無心。如《三十頌》中云：「遠離意識者，眠悶絕無心，以及二等至，無想天無心。」如若具有得而未失之菩薩戒，福德就會不間斷存在。《入行論》中云：「何時為度盡，無邊眾有情，立志不退轉，受持此行心。即自彼時起，縱眠或放逸，福德相續生，量多等虛空。」

此外，具菩提心者所作所為均有意義。《華嚴經》中云：「善男子，發殊勝菩提心者，彼身所作語所言心所想皆具義，恒時唯成善法。」一切無記行為與善行雖然沒有立即以現行發心攝持，但因有得而未失之發心攝持，所以屬隨解脫分善。具菩提心者成為世間應供處。如《華嚴經》中云：「發菩提心者乃天等一切世間之大福田。」

丙三、增上善根：

大圓滿心性休息大車疏

餘善果劣將殆盡，發心攝善不盡增，

猶如水入澄清海，良田莊稼極茂盛。

哪怕是一滴水流入大海，數劫中非但不會消失反而
會增長，良田裡栽種一棵苗芽也會茁壯成長，發心所攝
持的善法也與之相同。《彌勒請問經》中云：「彌勒，
譬如，流入大海之所有水經數劫亦不盡，彌勒，如是為
發心所攝之善法直至成就無上正等菩提之間不會耗盡；
彌勒，又譬如，肥沃土壤可令任何種子茁壯成長，如是
以菩提心所攝之善根亦將不斷增上。」

此外，隨福德分善如芭蕉樹一樣結一次果就會耗
盡，但以菩提心所攝持之隨解脫分善並非如此，雖然已
經生出暫時、究竟的無量樂果，仍不會殆盡，反而增
上，如同碩果累累的妙樹。《入行論》中云：「其餘善
行如芭蕉，果實生已終枯槁，菩提心樹恒生果，非僅不
盡反增茂。」《佛說大乘莊嚴寶王經》⑥中云：「文殊，
各種妙樹皆以四大所攝護而增上，文殊，如是善根若為
菩提心所攝並廻向遍知佛果則增上。」

丙四、為諸法之根本：

諸法根本大悲心，於世間亦多樂果，

寂滅自性大覺因，故當勤發珍寶心。

《梵天請問經》中云：「梵天，此殊勝意樂菩提心
即是諸法之根本，故如種子。何以故？種子可生出苗
芽、葉花、果實，如是依殊勝意樂可於人天之中享受安

樂，復成就遍知佛果。」《教王經》中云：「大王，汝因無上真實圓滿菩提心之善根異熟而感，多次轉生於天界享受安樂，多次生於人間享受快樂，今亦成為人天之君主，然大王汝之菩提心善根仍不增不減。」

丙五、遣除苦疾獲得智慧光明：

此外，菩提心還有無量功德：

> 此心增福如意瓶，治癒眾疾之妙藥，
> 智慧日輪除惱月，亦如虛空無垢染，
> 功德無量如群星，恒時利樂之自性。

《華嚴經》中云：「菩提心乃一切佛法之根本，故如種子；能增上一切眾生之善法，故如田地；焚燒一切罪業，故如劫末火；能滅盡一切不善業，故如地下；成辦一切利益，故如摩尼寶；能拔出沉溺於輪迴海中之眾生，故如鐵鉤；為人天非天等世間之應供處，故如佛塔；能實現一切所願，故如妙瓶。」《入行論》中云：「滅死勝甘露，即此菩提心；除貧無盡藏，即此菩提心；療疾最勝藥，亦此菩提心。彼為泊世途，眾生休憩樹；復是出苦橋，度眾離惡趣。彼是除惱熱，東升心明月；復是璀璨日，能驅無知霾。是拌正法乳，所出妙醍醐。於諸漂泊客，欲享福樂者，此心能足彼，令住最勝樂。」

丙六、功德廣大：

> 菩提心之福德雲，不可思議無有量，

如來功德極稀有，廣如法界無邊際。

　　如是具有菩提心者可受持無量佛法。《菩薩契經》中云：「舍利子，菩薩大菩薩若具一法，則普皆受持此等及其他無量佛法。何為一法？即圓滿意樂之菩提心。舍利子，菩薩大菩薩若具此一法，則普皆受持此等及其他無量佛法。」

　　同樣，如果具有清淨心，則佛陀也會顯現種種法相加持他。《攝正法經》中云：「世尊，圓滿意樂乃諸法之根本，何者不具意樂將遠離一切佛法。世尊，若具圓滿意樂即使佛不在世，然虛空、牆壁、樹木亦發出法音，意樂清淨之菩薩自己觀察中亦可獲得一切竅訣、教法，是故菩薩當具圓滿意樂。世尊，譬如，具有雙足方可行走，如是何人具有意樂方可具佛法。世尊，譬如，肢體中首先當具頭顱方可生存，如是具有殊勝意樂者方可成就正覺菩提。」

　　發菩提心是對如來的殊勝供養。《德施請問經》中云：「佛剎遍七寶，誰以此供養，世間之怙主，誰人作合掌，發起菩提心，此供勝前者，福德無邊際。」《月燈經》中云：「俱胝那由他剎土，所有無量諸供品，恒時以此供聖士，不及慈心之一分。」《無邊法門經》中云：「梵天，有三法是對如來之無上供養、承侍，福德無量。何為三法？即發無上真實圓滿菩提心、受持諸善逝之正法、如理修持所聞之法義。梵天，此三法是對善

250

逝之無上供養、承事。梵天，設若如來壽住數劫，此等真實供養之異熟亦會耗盡，而此三法之福德利益不會耗盡。」

此外，具菩提心者可從惡趣中解脫，獲得殊勝寂滅等有無量不可思議之福利，是應禮處。《入行論》中云：「生死獄繫苦有情，若生剎那菩提心，即刻得名諸佛子，世間人天應禮敬。」並且菩提心可使低劣變為殊勝。《入行論》中云：「猶如最勝冶金料，垢身得此將轉成，無價之寶佛陀身，故應堅持菩提心。」《不可思議秘密經》中云：「菩提心福德，倘若有色相，遍滿虛空界，較彼更超勝。」《華嚴經》中云：「總之，諸佛出有壞所具之一切善妙功德，即此發菩提心之善妙功德，故其廣如虛空與法界。」

這樣的菩提心，佛陀為了饒益眾生而宣說的。《入行論》中云：「佛於多劫深思維，見此覺心最饒益。」具菩提心之菩薩受到讚頌，此菩薩即是大福田，若有人嗔恨他，則罪過無量，其果報將墮於惡趣。《入行論》中云：「博施諸佛子，若人生噁心，佛言彼墮獄，長如心數劫。」此外，《寂滅決定幻化經》中云：「文殊，於菩薩生嗔心、輕蔑心多久將於地獄住多久，故當披上鎧甲。」

相反，若以信心對菩薩做善事，也會使福德增長。《入行論》中云：「若人生淨信，得果較前勝。」如何

大圓滿心性休息大車疏

增長呢？《趨入定不定手印經》中云：「文殊，恒持菩提心。譬如，將十方世界中一切眾生之雙目挖出，有人將彼等復原，或者將關於漆黑監獄中之十方世界一切眾生釋放，令彼等享受轉輪王或梵天之安樂，若有善男子善女人以信心目視大乘信解菩薩，且讚頌之，則福德勝過前者無數倍。」

此外，即使以煩惱心眼看菩薩，也不會墮入惡趣，而會轉於善趣，更何況說以信心目視菩薩呢？《寶積經》中記載：「昔日有一位樂生菩薩相貌莊嚴，令人見而生喜。一次，他於舍衛城化緣時，商主之女勝德母見到他後欲火中燒，以致於命絕身亡，死後轉生於三十三天，當時成為天子的他回憶起前世，不禁暗想：奇哉！以貪心而視菩薩，竟然也能獲得如此異熟果報，更何況說以信心目視、供養菩薩呢？於是他與五百天人眷屬一起來到樂生菩薩前供養鮮花。」

另外，即便是因為對菩薩無有信心而墮入惡趣，最後也會依靠菩薩大悲救護而脫離輪迴的，以信心結緣頗有意義並且可以速得菩提。《寶積經》中云：「何者雖於菩薩造惡業，且以此轉生於惡趣，然依彼菩薩大精進亦可解脫，獲得無上菩提。」《入行論》中云：「若人因見我，生起信憎心，願彼恒成為，成辦眾利因。」又云：「誰令怨敵樂，昄敬彼樂源。」

乙二（宣說菩提心之本體）分七：一、總說願行菩

提心；二、廣說各自之自性；三、願菩提心之利益；四、相應之比喻；五、行菩提心之利益；六、圓滿資糧之理；七、當生歡喜之理。

丙一、總說願行菩提心：

　　發心為利無量眾，欲獲真實正等覺，

　　此心可分為二種，即是願行菩提心。

　　意樂發願實際行，猶如欲行與正行。

　　所謂的發心就是為了利他而欲求成佛。《現觀莊嚴論》中云：「發心為利他，求正等菩提。」心是指認知事物之本體，心所是指觀察對境之差別，此處可承認生起心的同時順便生起心所，發起希求心的同時順便可獲得發心。

　　發心之本體分二：即願菩提心與行菩提心。願菩提心是指希求獲得菩提，行菩提心是指行持菩提法，以意樂發願與真實行持如同想要去與正式去。《入行論》中云：「略攝菩提心，當知有二種：願求菩提心，趣行菩提心。如人盡了知，欲行正行別，如是智者知，二心次第別。」

　　應當瞭解菩提心諸多分類的方式。菩提心也可分為世俗菩提心與勝義菩提心二種。《涅槃經》中云：「世俗勝義別，分二菩提心。」即是以凡夫與聖者之發心或者以緣外眾生與緣內心性而稱為世俗與勝義菩提心。《發大菩提心經》中云：「迦葉菩薩請問世尊：『世

大圓滿心性休息大車疏

尊，當如何發心？』世尊告言：『諸法如虛空般無相本來光明清淨即稱為菩提，生起與彼相應前所未生之心寶即謂發菩提心。』」

觀待三戒或者三學而言有三種發心。《中般若經》中云：「防護罪業心，攝集善法心，成熟眾生心，當勤三發心。」

發心又可分為四種，即資糧道加行道之信解行發心、一地至七地之增上清淨意樂發心、三清淨地之異熟發心、佛地之斷障發心。《經莊嚴論》中云：「諸地信解行，增上淨意樂，異熟利他眾，斷障四發心⑥。」

也有資糧道、加行道、見道、修道、無學道之五種發心。《般若二萬頌》中云：「初業者發心，修煉者發心，見法者發心，解脫者發心，不可思發心，須菩提，未入道者當入道，已入道者當修煉，當具天眼，當修聖道諦，當獲得無垢佛眼。」

觀待六度也有六種發心。《般若二萬頌》中云：「具六度之心廣大無量，與一切聲聞、緣覺皆不同。」

觀待十度有十種發心。善天尊者說：「如是當以內在真實禪定觀修十種菩提心。」

按照地道分界有二十二種比喻發心，依據《慧海請問經》中所說之義於《現觀莊嚴論》中云：「如地金月火，藏寶源大海，金剛山藥友，如意寶日歌，王庫及大路，車乘與泉水，雅聲河流雲，分二十二種。」此等比

喻的意義，按次第而言，《現觀莊嚴論釋》中云：「欲樂、意樂、增上意樂、加行、佈施度、持戒度、安忍度、精進度、靜慮度、智慧度、方便度、願度、力度、智度、神通、福慧二資、菩提分法、大悲與勝觀、總持與辯才、正法喜宴、同行之道、具足法身。」

地道分界：欲樂如地，意樂如金，增上意樂如月，此三者依次是小、中、大資糧道之發心；加行如火，此為四種加行道之發心；佈施度如藏，持戒度如寶源，安忍度如海，精進度如金剛，靜慮度如山，慧度如藥，善巧方便如親友，願度如摩尼寶，力度如日輪，智度如妙音，此等依次是一地至十地之發心；神通如王，二資如王庫，菩提分法如大路，悲心勝觀二者如妙乘，總持辯才二者如泉水，此五者在八地、九地、十地具有；正法喜宴如雅聲，同行之道如河流，具足法身如妙雲，此三者為十地之發心，以廣大智慧與事業利益有情之故。《現觀莊嚴論釋·明義疏》中云：「初三者為小中大資糧道初業地所攝，下一發心為趨入一地道（加行道）所攝，其下十種發心為極喜地等十地所攝，是見道、修道者之行境。其下五種發心為殊勝道所攝，其下三種發心是以佛地之加行、正行、後行所攝。」如是發心之詳細分類為初業地到佛地之間所包含。

有些人將這裡最後三種發心立為普光地的說法是不合理的，因為佛陀無有後行發心，即佛陀發心不可窮

大圓滿心性休息大車疏

盡或不見邊際，因此這裡所說的佛地是指大乘阿羅漢向，也就是說十地有加行正行後行三種發心。如《經莊嚴論》中云：「諸佛子發心，說為猶如雲。」所以，二十二種發心是資糧道至十地之間包括的。

若問：佛地到底有無發心？

像有學道那樣後來想獲得之發心在佛地是沒有的，因為佛已經獲得了，而且由於超越了受戒時間也無有以儀軌受菩薩戒之發心，但是佛地卻有勝義發心，具有以法性獲得之發心，因為此發心得而未失且越來越向上存在，也就是因為具有無捨空性，並以無緣大悲利益眾生。《中般若經》中云：「吾以佛眼徹見一切有情皆具發心而越過東方恒河沙數世間界赴至地獄、餓鬼、旁生處，為利樂彼等眾生而說法。」

對此二十二種發心，阿闍黎智稱認為前三種發心為願菩提心，後十九種為行菩提心，並說：「欲樂等三類，為三種願心，所謂之行心，許為十九種。」實際上應該承認每一階段願行菩提心都有，因為願菩提心是尋求菩提的這一分，行菩提心是實際行持差別的這一分，每一階段二者必須具全。

發心之所依也是同樣，依照唯識宗的觀點，最初獲得發心必須具備別解脫戒七種㉔人之一種這一基礎。《菩提道燈論》中云：「別解脫戒律，恒具七種人，菩薩戒有緣，其餘不可受。」按照中觀宗的觀點，凡是有想受

第八品　發菩提心

發心式意樂的任何眾生都可以得受菩薩戒，不必非要是暇滿人身才能得到。如《寶積經》中云：「爾時說此法門，天、龍、非天、大鵬、大腹行等無數眾生皆發無上真實圓滿菩提心。」其實，中觀與唯識這兩種觀點也不相違。發心時雖然未命名別解脫戒，實際上都必須發誓不殺生等，從這一點來說所依身份是相同的。意思是說具備不損害眾生之心才能得到菩薩戒。如果別解脫戒中任何一戒也不能受持，則無法獲得菩薩戒，因為與發心學處相違。總之，想受戒的眾生為彼地所攝即是身之所依；信心福德等殊勝心是意樂之所依。《寶篋經》中云：「若信佛佛法，信無上菩提，信諸佛子行，生起智者心。」處所依也是如此，已受戒之人在沒有出現失戒之因前一直具有菩薩戒。

發心之因：菩提心由緣佛陀之信心、緣眾生之悲心、聽聞菩提心之功德而生起。《經莊嚴論》中云：「助因根本力，聞力善習中，生穩不穩固，稱他說發心⑥。」其中所說之義指依靠殊勝道友或者經善知識勸導以及聽聞是生起不穩固願菩提心之初因，自己之善習、覺醒種姓、根本悲心是生起穩固行菩提心之因隨後而生。

發心之本體：為他利而不離欲求獲得圓滿菩提的願行菩提心所攝六度之本體。《華嚴經》中云：「菩提心即始行他利，具願行自性之諸波羅蜜多。」也就是說，二種菩提心、三律儀及菩薩戒三者的關係只是一本體異

大圓滿心性休息大車疏

反體而已。發心利他並且行持善法即是願行菩提心。阿闍黎慧源於《能仁密意莊嚴論》中說：「二菩提心即不超離為利他而欲求真實圓滿菩提。」三律儀：護持自相續為嚴禁惡行戒，利益他眾為饒益有情戒，增上二資糧等叫做攝善法戒。依靠這一切能防護自相續的一切不善業，故稱為菩薩戒。譬如，如意寶一本體上也有遣除瘟疫、賜予所欲、驅散黑暗等不同反體。

丙二、廣說各自之自性：

宣說願行菩提心之本體：

> 願心本體四無量，行菩提心許六度。

《彌勒請問經》中云：「彌勒，發願利他即大慈心、大悲心、大喜心、大捨心。真實行持即六度。」

丙三、願菩提心之利益：

由願行各自利益差別來了知願菩提心的利益：

> 何人俱胝數劫中，供養無量數佛陀，
>
> 僅僅為求自利益，福德不及願發心。

《大涅槃經‧法門品》中云：「若人有生年，以無量七寶，臥具及神饌，供養一切佛，不及一剎那，為眾發願心，福德無有量。」又云：「何人一剎那，觀修菩提心，彼之諸福德，佛陀不能量。」

丙四、相應之比喻：

> 佛說剎那間發心，遣除眾生微小苦，
>
> 以此可離諸惡趣，享受人天無量樂。

匝哦之女商主因為曾經以四個嘎夏巴、八個嘎夏巴、十六個嘎夏巴、三十二個嘎夏巴貨幣孝敬母親而在海島上受到四名、八名、十六名、三十二名天女迎接，善業窮盡後，又因曾用腳踢母親的頭之惡業所感而步入南方鐵室中，旋輪轉到頭上之剎那，他心想：南贍部洲中許多腳踢母親頭的人也必定會來到這裡受苦，願以我所受的痛苦取而代之，使他們不轉生於此。瞬間，旋輪騰空，他死後轉生到兜率天。

世尊曾經轉生為地獄眾生嘉瓦謝達，在拉火馬車時，看到同伴嘎瑪熱巴拉不動馬車，獄卒氣急敗壞地用火錘擊打它，於是對其生起悲心。當它準備代替同伴拉車時，獄卒邊用鐵錘毆打它邊說「眾生感受各自業力誰有辦法」。剎那間，嘉瓦謝達轉生到三十三天。佛在經中宣說了願菩提心的無量功德。

丙五、行菩提心之利益：

與願心獲得的巨大利益相比，

> 行心利益更無量，真實行持遍佈故，
> 剎那行持遍勝心，圓滿數劫二資糧。

如是由增上意樂引發的真實行為，一剎那行持功德不可限量，甚至僅僅發願的利益也是無量的。《勝月女經》中云：「僅思利他心，利益尚無量，何況行利益？」《入行論》中云：「僅思利眾生，福勝供諸佛，何況勤精進，利樂諸有情？」又如《大密善巧方便經》

中記載：從前，大悲商主殺了手持短矛的俗人（短矛黑人），以此圓滿四萬劫資糧。婆羅門喜星童子在兩萬年間於林中持梵淨行，一次去城中化緣，商主之女見其後祈求成家，因遭到拒絕而想尋死。喜星童子為救她的性命而捨梵行，以此圓滿了二萬劫資糧……願菩提心並非能連續生福德果，而行菩提心則連續不斷生福德。《入行論》中云：「願心於生死，雖生廣大果，猶不如行心，相續增福德。」

丙六、圓滿資糧之理：

宣說每一剎那可圓滿許多資糧，同時遣除淺慧者之邪分別念：

> 三大劫等諸說法，義為速圓或久圓，
> 一生解脫依智力，方便精進及勝智，
> 以此三者而修持，則有無上廣大力。

如是極為鈍根的諸位菩薩經過三十三阿僧祇劫後成佛，即資糧道、加行道經過三大劫、十地中的每一地各經過三大劫。中根者經過七大阿僧祇劫後成佛，即資糧道加行道各經過兩大劫、見道經過一大劫、修道經過兩大劫。利根者經三大阿僧祇劫後成佛。阿闍黎巴雪所著的《中觀寶燈論》中說：「利根者經三大劫現前佛果，中根者經七大劫，鈍根者經三十三大劫。」關於利根者所經三大劫，《經莊嚴論》中云：「三大劫圓滿，修行趨究竟。」《般若八千頌廣釋》中云：「第一大劫從資

糧道開始至一地之間圓滿；第二大劫二地至七地之間圓滿；第三大劫從不動地至佛地之間圓滿。」

《菩薩地論》中云：「資糧加行一大劫，一至七地一大劫，三清淨地一大劫。」意思是說，如同田地邊緣以內都算為田地一樣，一地已包括在資糧、加行道之一大劫中的說法與《瑜伽師地論》中的意義相同。

如是所說的大劫也是以利根鈍根而安立的，利根的三大劫也是根據次第平等積累二資糧而言的，但具有廣大心力者每一剎那中便可圓滿數劫資糧，因此不需要積累三大劫資糧。密宗就利根鈍根而言，心力大者每一剎那便可圓滿無量資糧，連續修學迅速一生等可得解脫的說法是合理的。也就是說，獲得灌頂後修生圓二次第就進入了小資糧道，之後若依靠大精進與大方便勤修，則即生便可獲得見道。獲得見道後無生無死而即生可以究竟修道，證得菩提果。即獲得見道以後，如果欲求，那麼七日也可以成就菩提。《般若二萬頌》中云：「獲得現見諸法清淨法眼之大菩薩，若欲求正果，則七日亦可現前無上菩提圓滿佛果。」此後，因圓滿自在而隨心所欲成辦一切事業。聲聞、緣覺入大乘者都是依彼聖者身現前菩提的。因此，將密宗即生解脫推向劣道實在不應理。密宗是以諸多甚深方便獲得見道的。見道之前，顯宗密宗在精進與方便上有差別。從此之後，極利根的菩薩與趣入密宗持明地的時間無有差別，諸鈍根者中修持

261

大圓滿心性休息大車疏

密宗持明聖者可速得解脫。例如，世間上具有大精進、大方便、大智慧的人可以迅速成辦事情，而普通人卻無法成辦，以此比喻也可理解。續部中說：解脫並非是從一處至另一處，僅僅是淨除內在光明心性之垢，而不是修成本基中不成立的他法，因此也稱為捷徑成就。

丙七、當生歡喜之理：

殊勝菩提心，

　　　此乃悲心之果樹，肩負有情之重任，

　　　梵等世間前皆無，為己夢中尚未夢，

　　　何況利他菩提心，前無新生當歡喜。

《入中論》中云：「聲聞中佛能王生，諸佛復從菩薩生，大悲心與無二慧，菩提心是佛子因……是故先讚大悲心。」悲心的妙樹肩負著指引無量眾生之鳥群的重擔。殊勝的菩提心，為了利益自己的父母以及世間尊主梵天等皆不具有，自己以前除了僅僅追求今生利益之外並沒有生起菩提心，今日生起了前所未有的菩提心，理應感到萬分喜悅。《入行論》中云：「是父抑或母，誰具此心耶？是仙或欲天，梵天有此耶？彼等為自利，尚且未夢及，況為他有情，生此饒益心？他人為自利，尚且未能發，珍貴此願心，能生誠稀有！」如是稀有之心能成辦自他二利，也是對如來最殊勝的供養。《入行論》中云：「悅眾令佛喜，能成自利益，能除世間苦，故應常安忍。」

第八品　發菩提心

如果沒有發心，就不能獲得佛果，為此也應當發菩提心。《菩提心釋》中云：「未發菩提心，永不得成佛，成辦自他利，無有餘方便。」

乙三（發心儀軌）分三：一、前行；二、正行；三、後行。丙一

（前行）分二：一、積順緣；二、七支供。丁一（積順緣）分六：

一、受戒之對境；二、清淨法器；三、佈置所依擺放供品；四、幻化

會供；五、如是而行之合理性；六、迎請沐浴佩飾。

戊一、受戒之對境：

菩提心從上師生，如摩尼寶降所欲。如果自己有觀想的能力，就在前方的虛空中觀想諸佛菩薩眾，並在他們面前受菩薩戒。按照《文殊剎土莊嚴功德經》中所說也可依儀軌來受戒。《菩提道燈論》中云：「若未遇上師，依軌亦可受。如文殊剎土，莊嚴經中說，昔日文殊尊，成阿巴日匝，發起菩提心，成為文殊佛，如是此明書：於諸怙主前，發圓菩提心，為諸眾生客，救脫出輪廻。直至菩提間，不生害嗔心，無有慳吝心，不生嫉妒心。當持梵淨行，斷除罪貪欲，歡喜持戒律，隨學諸佛陀。不希求自我，速得菩提果，縱為一有情，住盡未來際。我修無有量，不可思議剎，若持我名號，住於十方

界。我之身語業，一切當清淨，亦當淨意業，不造諸罪業。」應當依這種方式來發心。倘若自己無有觀想的能力或者想從上師處受戒，則珍寶菩提心也依靠善知識而得，如同如意寶中可降下所欲之雨，寶珠中可降下所需之雨，一切善法皆依善知識而獲得，生起菩提心也依賴於善知識。為什麼呢？因上師具有菩提心並且精通菩提心學處，有能力攝受我們。《二十律儀》中云：「當於持戒精通戒，具能力師前受戒。」又《入行論》中云：「捨命亦不離，善巧大乘義，安住淨律儀，珍貴善知識。」《道燈論》中云：「賢師前受戒，通達戒儀軌，已持諸戒律，慈悲能傳戒，知此為賢師。」

戊二、清淨法器：

> 無過功德圓滿師，為令弟子生歡喜，
>
> 當說輪迴之過患，以及解脫利益等，
>
> 初中後之諸善法，讚頌無邊菩提心。

上師通過前面所說的方式宣說輪廻之過患與解脫之功德利益以及菩提心讚頌文，轉變弟子的心態。

戊三、佈置所依擺放供品：

接著是發心的地點：

> 悅意供品嚴飾處，陳設佛像等所供。

裝飾清潔的房室，散佈零星的花朵，安放三寶佛像，擺設香、燈等供品，聚集人天所喜的資具。

戊四、幻化會供：

觀想遍滿虛空界，如海雲聚佛菩薩。

以妙香、樂器等迎接，合掌迎請佛菩薩，念誦一遍《月燈經》中的「發大殊勝菩提心，一切眾生成佛因，此無非法器有情，祈盼十力尊降臨，及時以自大悲力，垂念眾生三寶尊，祈請佛陀及眷屬，降臨於此意幻處」，觀想三寶從十方剎土降臨而遍佈虛空界。

戊五、如是而行之合理性：

觀想彼臨極應理，此為自心清淨力，

智悲尊主大悲力，佛說如意成所願。

《寶積經》中云：「何人作意佛，能仁住彼前，恒時賜加持，解脫一切罪。」佛陀以遍知智慧了知何人祈禱迎請，以大慈大悲觀照，以大神變事業剎那降臨，這是一定的。為什麼呢？因為佛陀除了利眾之外無有其他事業，而這就是利益我等眾生。佛陀僅為飲食尚且經遠途去化緣，而應為發菩提心積福德之眾生的迎請，佛親自降臨更是理所當然的。

戊六、迎請沐浴佩飾：

觀想祈請佛菩薩蒞臨，彼等降臨空中。

合掌手捧鮮花後，請住供沐衣飾等。

觀想虛空界的佛菩薩從三千世界自處的無量殿降臨，請他們落座於日月蓮花珍寶墊上。念誦一遍《勝明續》中所說的「一切眾生之怙主，摧毀野蠻魔軍者，如理了知一切事，祈求世尊臨此處」一遍。觀想諸佛降

大圓滿心性休息大車疏

臨，浴室中有諸多天子天女，手持寶瓶為無量佛沐浴，等待他們沐浴完畢以浴巾拭身，獻上妙衣。再念誦一遍「馥鬱一淨室，晶地亮瑩瑩，寶柱生悅意，珠蓋頻閃爍。備諸珍寶瓶，盛滿妙香水，洋溢美歌樂，請佛佛子浴。香薰極潔淨，浴巾拭其身，拭已復獻上，香極妙色衣，亦以細柔服，最勝莊嚴物，莊嚴普賢尊，文殊觀自在。香遍三千界，妙香塗敷彼，猶如純煉金，發光諸佛身。」之後將諸佛菩薩請入室內於各自墊上落座。

丁二（七支供）分三：一、真實七支供；二、淨化自相續之理；三、以此可積無量福德之理。

戊一（真實七支供）分七：一、頂禮支；二、供養支；三、懺悔支；四、隨喜支；五、請轉法輪支；六、請不涅槃支；七、廻向支。己一（頂禮支）分二：一、頂禮方法；二、頂禮功德。庚一、頂禮方法：

> 猶如悅意水池中，含苞待放蓮花狀，
>
> 雙手合掌妙音贊，幻化無數身敬禮。

合掌方式如蓮花苞狀。《大解脫經》中云：「猶如蓮花苞，合掌於頂上，無數身雲聚，頂禮十方佛。」《普賢行願品》中云：「普賢行願威神力，普現一切如來前，一身復現刹塵身，一一遍禮刹塵佛。」

庚二、頂禮功德：

> 大地山海微塵數，三界無有如是福，
>
> 獲得身禮所覆處，直至金剛大地塵，

第八品 發菩提心

同等數量輪王位，究竟獲得勝佛果。

三界中無有能等同於為發菩提心而頂禮的福德，因為有人僅為自利而頂禮也能獲得許多福德。《毗奈耶經》中云：「諸比丘，汝等以信心頂禮有如來髮甲之佛塔，乃至於諸同持梵行者未生嗔心的人之間，其異熟果將享受等同至金剛大地間極微塵數之輪王安樂，且生於人天中。」

己二（供養支）分二：一、略說；二、廣說。

庚一、略說：

以真實財意幻供，無上供品作供養。

庚二（廣說）分二：一、陳設真實供品；二、意幻供養。

辛一、陳設真實供品：

以香鮮花酥油燈，淨水神饈與華蓋，

幡旗寶傘樂器聲，勝幢拂塵腰鼓等，

身與受用諸資具，供養師尊三寶等。

陳設無量的莊嚴供品作供養，《入行論》中云：「於諸勝供處，供以香蓮花，曼陀青蓮花，及諸妙花鬘。亦獻最勝香，香溢結香雲，復獻諸神饈，種種妙飲食。亦獻金蓮花，齊列珍寶燈。」又云：「金柄撐寶傘，周邊綴美飾，形妙極莊嚴，亦展獻諸佛。」

辛二（意幻供養）分五：一、供養天物；二、五種無主之供品；三、有主之供品；四、如海等持之供品；

五、不共之供品。

壬一、供養天物：

> 以諸天界悅意物，無量宮具寶瓔珞，
>
> 歌舞鈸聲妙讚雨，百種勝飾作供養。

觀想遍佈三十三天等一切天界的圓滿無量殿、妙音讚歎、普降花雨，供養一切殊勝應供處。《入行論》中云：「廣廈揚讚歌，懸珠耀光澤，嚴空無量飾，亦獻大悲主。」

壬二、五種無主之供品：

以一切清淨世界中的無主物作供養：

> 以林寶山蓮花湖，天鵝翩翩而起舞，
>
> 藥等妙香如意樹，垂枝花果作供養。
>
> 蓮花飄動引蜜蜂，手鐲嚴飾睡蓮花，
>
> 離雲日月光令開，悅意青蓮皆供養。
>
> 涼風吹拂旃檀樹，散發撲鼻之芳香，
>
> 山洞岩窟悅意處，清水滿池皆供養。
>
> 秋季夜晚皎潔月，離曜群星所環繞，
>
> 璀璨千光日輪飾，四洲世界皆供養。
>
> 鐵圍山等無數剎，圓滿妙欲作嚴飾，
>
> 十方如海塵數剎，悉皆供養佛佛子。

《入行論》中云：「鮮花與珍果，種種諸良藥，世間珍寶物，悅意澄淨水。巍巍珍寶山，靜謐宜人林，花嚴妙寶樹，珍果垂枝樹。」又云：「自生諸莊稼，及餘

第八品　發菩提心

諸珍飾，蓮花諸湖泊，悅吟美天鵝。」

壬三、有主之供品：

妙瓶寶樹如意牛，輪王七寶八瑞物，

七近珍寶廣大物，供養應供大悲主。

意幻供養遍滿虛空的供品，即以輪寶、寶珠、玉女寶、大臣寶、駿馬寶、大象寶、將軍寶輪王七寶，白芥子、鏡、酪、長壽茅草、木瓜、右旋海螺、牛黃和黃丹八瑞物以及宮室、臥具、靴履、寶劍、衣服、蛇皮褲與林苑輪王七近寶作供養。

壬四、如海等持之供品：

依照《普賢行願品》及供雲咒等觀想而作供養：

等持意供遍虛空，內外密之供雲海。

鮮花妙雲飾美宅，藥香甘露之雲聚，

燈光神饈樂音雲，贊聲海雲皆供養。

《寶篋經》中云：「美麗鮮花妙華蓋，鮮花光彩極耀眼，種種鮮花遍地開，悉皆供養佛佛子。觀想掌中諸供品，供養一尊佛陀前，如是供養一切佛，仙人定幻亦復然。」關於此理《華嚴經》中也有相同的闡述。又《普賢行願品》中云：「各以一切音聲海，普出無盡妙言辭，盡於未來一切劫，贊佛甚深功德海。」

壬五、不同之供品：

內密供品：

意幻供雲無邊際，散佈美女持鬘女，

大圓滿心性休息大車疏

歌舞供養天女雲，獻佛菩薩令歡喜。

觀想金剛色女、聲女、香女、味女、觸女、鬘女、燈女、花女等將各自遍滿虛空界的供品供養佛菩薩，並且自己所珍愛的身體也獻給三寶作奴僕。《入行論》中云：「浩瀚虛空界，一切無主物，意緣敬奉獻，牟尼諸佛子，祈請勝福田，悲湣納吾供，福薄我貧窮，無餘堪供財，祈求慈怙主，利我受此供。願以吾身心，恒獻佛佛子，懇請哀納受，我願為尊僕。」

己三、懺悔支：

> 無始串習之習氣，業及煩惱所造罪，
>
> 成為三有輪廻因，懺悔所有一切罪。

此處宣說懺罪方式分為四個方面：

（一）所淨罪業之六門：身語意與貪嗔癡。對境是父母、親教師、軌范師等；時間即從無始以來到現在。所懺罪業之本性即十不善業等自性罪，若是出家人，還有不持過午不食等一切佛制罪。《普賢行願品》中云：「我昔所造諸惡業，皆由無始貪嗔癡，從身語意之所生，一切我今皆懺悔。」行動包括自做或令他做，或隨喜他做，罪業的作用是遮障善趣與解脫道，並將我們牽引到惡趣受苦。

（二）清淨方式──四種對治力：對於自己所造的不善業經常生起後悔心為厭患對治力；造不善業之後又精進奉行善法為現行對治力；受戒後不再造罪為返回對

治力；依靠三寶與菩提心來滅盡、減輕罪業為所依對治力。《宣說四法經》中云：「彌勒，菩薩若具四法，則能勝伏所造所積之一切罪業。何為四法？即厭患對治力、現行對治力、返回對治力、所依對治力。厭患對治力指若行不善業則多生悔心；現行對治力指雖作不善業亦極為精勤行善；返回對治力指真實受戒後獲得不再造罪之戒心；所依對治力指皈依佛、法、僧三寶與不捨菩提心。」

（三）淨罪方法有加行、正行、後行。加行時觀想無量佛菩薩並皈依。正行時回憶一切罪業並懷著追悔之心將自他一切罪業於舌尖上觀想一黑團而懺悔，結果從佛菩薩白毫間放光瞬間使罪業清淨。後行時觀想屢屢放射光芒，清淨一切罪業，身體變成如水晶球般清淨透明。口中念誦《普賢行願品》或《入行論》中的「我與十方佛，及具菩提心，大悲諸聖眾，合掌如是白：無始輪廻起，此世或他生，無知犯諸罪，或勸他作惡，或因癡所牽，隨喜彼所為，見此罪過已，對佛誠懺悔。惑催身語意，於親及父母，師長或餘人，造作諸傷害。因昔犯眾過，今成有罪人，一切難恕罪，佛前悉懺悔」。之後分別觀察罪業之本體住於何處，於如虛空般的境界中入定，則可清淨罪障。《十方廣經》中云：「誰人若欲懺罪淨，身體端直觀真義，真實義中觀真義，若見真義則解脫，此乃殊勝之悔淨。」阿闍黎宣說罪業的過患，

大圓滿心性休息大車疏

弟子頂禮、供養，披單搭在左肩，祈禱淨除我的罪業。隨即上師讓弟子皈依、發心後觀想罪業集於舌尖，念誦三遍「我曾於三寶、堪布、阿闍黎、父母以及其他眾生前以貪嗔癡所造的一切罪業，今以改過自新之心，於住於十方的佛菩薩前受持菩提心，為獲得正覺菩提而髮露懺悔，發誓從今以後不再就犯」。之後上師讓弟子觀修空性片刻。又觀想佛菩薩心間放射白光淨除身語意之罪業。之後上師問：「你清楚自己的罪業嗎？能否發誓再不就犯？」弟子回答：「我已清楚自己的罪業，並能發誓再不就犯。」上師說：「如此便能淨除罪障。」弟子說：「感謝上師賜予懺悔的機會。」

第
八
品

發
菩
提
心

　　（四）依此可清淨罪業之理：《彌勒獅吼請問經》中云：「愚者造惡業，不知懺悔罪，智者懺悔罪，不與業同住。」《廣戒經》中云：「何人造罪業，依善可清淨，如日月離雲，照亮此世間。」《佛藏經》中云：「縱殺父母與緣覺亦可依修空性而解脫。」《業分辨經》中云：「造極難忍業，譴責己可輕，猛懺與戒犯，可除罪根本。」《親友書》中云：「何人昔日極放逸，爾後行為倍謹慎，如月離雲極絢麗，難陀指蔓能樂同。」

　　己四、隨喜支：

　　　　眾生無量之福德，恒時我誠作隨喜。

　　若誠心隨喜自性善，則能獲得同等善根，並且具有

無量福德。《般若攝頌》中云：「三千須彌可稱量，隨喜善根不可量。」深深思維此理而誠心隨喜。《普賢行願品》中云：「十方一切諸眾生，二乘有學及無學，一切如來與菩薩，所有功德皆隨喜。」

己五、請轉法輪支：

為度一切諸眾生，請轉無上妙法輪。

觀想：如佛陀出有壞成佛後不說法經梵天供養法輪祈求而說法一樣，自己也於上師善知識前祈請說法，《普賢行願品》中云：「十方所有世間燈，最初成就菩提者，我今一切皆勸請，轉於無上妙法輪。」以此淨除捨法罪障，從今起生生世世自心不離正法傳承。

己六、請不涅槃支：

乃至有海未空間，祈請住世不涅槃。

猶如昔日珍達居士祈請我等本師釋迦牟尼佛不涅槃一樣，所有世間界中安住的一切出有壞佛陀、上師善知識最後準備涅槃時，我們應祈請他們乃至輪迴未空前長久住世。如《普賢行願品》中云：「諸佛若欲示涅槃，我悉至誠而勸請，唯願久住剎塵劫，利樂一切諸眾生。」以此可淨除短壽、橫死、他人害命之罪業並且獲得長壽。

己七（迴向支）分二：一、善根迴向菩提；二、迴向之本體。

庚一、善根迴向菩提：

以此善根願諸眾，一同成就正等覺。

以希求圓滿菩提並且成為菩提心之因而迴向自他之善根。《普賢行願品》中云：「所有禮讚供養福，請佛住世轉法輪，隨喜懺悔諸善根，迴向眾生及佛道。」

所迴向的是自他三世的一切善根。《華嚴經》中云：「眾生一切善，過去現未來，廻向普賢地，願皆獲善妙。」迴向唯求獲得佛果。《中般若經》中云：「須菩提，此善根當唯為成佛作廻向，而莫為聲聞、緣覺及十地作廻向。」

迴向的目的是為一切眾生獲得菩提。《中般若經》中云：「即為一切眾生而迴向，而非僅為自己獲得佛果，否則將墮入聲緣地之故。」

迴向方式：了知諸法無而顯現如夢如幻，善根也如夢如幻而迴向。《中般若經》中云：「須菩提，當以諸法如夢如幻、善根亦如夢如幻之方式而作迴向。」《善賢請問經》中云：「何人佈施誰，不緣受施者，平等而佈施，願善賢圓滿。」若以有緣或貪執心認為善根是實有存在，則不應理。《般若攝頌》中云：「佛說如食雜毒食，緣於白法亦復然。」又云：「無相迴向菩提因，有相迴向非如是。」因此我們應當做到無緣、無執而迴向善根。《現觀莊嚴論》中云：「無所得行相，不顛倒體性。」

庚二、廻向之本體：

將善根轉為菩提之心與具有殊勝加持之願文相結合而作迴向。《文殊剎土功德莊嚴經》中云：「諸法依緣生，住於欲樂上，何人發何願，如是而實現。」

迴向與發願之差別：將已作的善法以念誦願文和心願作印持稱為迴向；自己立誓要作尚未作的善法稱為發願。迴向主要是依靠施主的欲樂與諦實語之威力而轉向菩提等的。可是如今卻出現一些阿闍黎自己作迴向的現象，這是因為施主不懂得如何作迴向。本來，施主是真正的迴向者，上師及僧眾的心應當隨施主所念的迴向文，邊祝願彼等順心如意邊念誦。迴向文應當是一地以上菩薩所說的成實語，不能是隨隨便便而作的一般迴向文，因此我們也應當念誦聖者所造的迴向文。迴向時，作迴向者觀想前方虛空中諸佛菩薩如雲密集，念誦昔日世尊轉為慈力王以自己血肉佈施羅剎時所誦的迴向文「此福願獲遍知果，摧毀作害之怨敵，救渡眾生皆擺脫，生老病死三有海」。

有些人說：以空性印持作迴向極不應理，如此作有何用，本來就是無緣的嘛？這是他們未明白此義的表現。所謂的無緣是指所迴向的善根如夢，作迴向者如夢，迴向對境如夢，即三輪體空、無有實執之義，若只觀修無有任何善根的空性則顯然是斷見，所以我們必須斷除此種邪見。

總之，無論做任何善事都應以加行菩提心殊勝、正

大圓滿心性休息大車疏

行無緣無相智慧殊勝、後行如夢如幻迴向殊勝攝持，應當了知若與三殊勝相聯，則是所謂的隨解脫分善，成為佛道之因。相反，若未以三殊勝攝持，則是所謂的隨福德分善，獲得一次各自之善果後便窮盡。

戊二、淨化自相續之理：

修七支供之必要：

> 猶如洗淨之布匹，染色色彩極鮮明，
>
> 以此前行淨相續，明現正行之勝心。

若有障礙生起菩提心的垢染，則無法生起菩提心。若淨除障垢，則可生起菩提心，如同髒布上無法染色，印染者洗淨布後才能染色一樣，首先修七支供有這種必要。

戊三、以此可積無量福德之理：

> 此福德果無有量，遍佈法界虛空界。

《德藏請問經》中云：「何人作合掌，觀十方諸佛，頂禮作供養，隨喜諸福德，懺悔諸罪業，祈請轉法輪，祈請不涅槃，彼之福德量，恒時遍虛空。」

丙二、正行：

加行完畢之後，

> 三誦皈依佛法僧，祈佛佛子垂念我，
>
> 如昔善逝及菩薩，發菩提心守學處，
>
> 我今為利諸有情，發菩提心守學處，
>
> 未救護者我救度，未解脫者令解脫，

未得安慰我安慰，令諸眾生得涅槃。

念誦三遍：「我名某某者從今乃至菩提果之間皈依二足至尊諸佛出有壞，皈依離貪寂滅至尊正法，皈依諸眾至尊不退轉聖者僧眾。」再誦三遍：「祈禱十方諸佛垂念我，祈禱住十地諸大菩薩垂念我，祈禱諸大金剛持上師垂念我，如往昔十方諸佛出有壞、住十地大菩薩為利一切眾生而發殊勝菩提心，我名某某也自此乃至菩提果之間為利一切眾生而發廣大菩提心。未救度者救度之，未解脫者令解脫，未得安慰者安慰之，未得涅槃者令得涅槃。」或者念誦「祈禱諸佛出有壞垂念我，祈禱住十地諸大菩薩垂念我，祈禱諸大金剛持上師垂念我」一遍，其後再念誦《入行論》中的「如昔諸善逝，先發菩提心，復此循序住，菩薩諸學處；如是為利生，我發菩提心，復於諸學處，次第勤修學」三遍。

丙三、後行（略說精進修二菩提心）：

當於晝夜三時中，勤發二種菩提心。

通過發二種菩提心可趣入菩薩的行列，因此應當護持學處，勤於利益自他之事業，此後恒時以儀軌受菩薩戒。

如是而行可使菩提心增上、明顯等有諸多必要。

乙四、三誦之必要：

一誦發願菩提心，二誦發行菩提心，

三誦可令願行心，獲得穩固與清淨。

《海雲經》中云：「第一誦、第二誦、第三誦分別發起願心、行心、令二者更加穩固到頂點。」願行菩提心是一本體，並非是異本體，從儀軌來看似乎不同，但這是從三種不同念誦而生起的不同反體之發心，而並非是異本體的，因為這三者是一心體、一時間、一作用之本性。《菩薩地論》中云：「當了知願行此二心，本體無別，同為他利之無別自性。」

乙五、當生歡喜心：

從發起菩提心時起，

　　　從即日起我成為，諸眾生存之根本，

　　　亦得佛子菩薩名，不畏三有利眾生，

　　　恒時唯勤行饒益，以使人生具實義。

從獲得菩薩戒那一時刻起，直至未失去菩提心之間即稱為菩薩，我們切莫有損自己的善良種姓，而應當令菩提心增上，數數生起歡喜心，直接或間接利益眾生，即便無有利生的能力，也必須發願。《入行論》中云：「智者如是持，清淨覺心已，復為增長故，如是讚發心：今生吾獲福，善得此人身。復生佛家族，今成如來子。爾後我當為，宜乎佛族業，慎莫染汙此，無垢尊貴種。猶如目盲人，廢聚獲至寶，生此菩提心，如是我何幸！」

若問：菩薩有多少種名稱？有十六種。如《經莊嚴論》中云：「菩薩大菩薩，智者勝光明，佛子如來因，

能勝佛苗芽，聖者具妙力，商主殊勝稱，廣福大悲尊，
自在具法者。」

對於獲得菩薩戒者立即要廣說菩提心之利益，《華
嚴經・第四十品》中記載：「善財童子於文殊前發心
後，為尋菩提心學處而從南方去往南方。爾時至尊彌勒
正於南方海濱由毗盧佛嚴飾的『具藏』宮殿中為數十萬
菩薩眷屬所圍繞而說法。善財童子從五百由旬外望見此
情此景後興奮不已，急忙頂禮。彌勒菩薩見後伸右手為
善財摸頂，並向諸眷屬讚頌善財童子言：『且看意樂清
淨者，堅財之子名善財，尋求殊勝菩提行，來至智者我
面前。』又言：『善來善來慈悲汝，善來彌勒壇城中，
善來寂靜調柔尊，行持之時疲倦否？』善財童子合掌請
問：『聖者，我若真實趣入無上菩提正道，不知該如何
勵力而持菩薩行，請您明示。』彌勒菩薩答言：『善男
子，你已為善知識所攝受。何以故？善男子，菩提心乃
諸佛法之根本，猶如種子；可令一切眾生善法增上，猶
如良田……』」直至如點金劑、如珠寶等直接宣說了
二百五十種比喻。之後又說：「菩提心具有此等及其餘
無量利益。」若想詳知，當閱此經。

乙六（學處次第）分三：一、應時之理；二、廣說
自他相換等；三、具足正知正念之理。

丙一、應時之理：

如是發心後當宣說嚴守學處之次第：

清淨善心良田中，生長二菩提心苗，

為令清淨及增上，應當嚴謹守學處。

光明的心性通過發菩提心而變得更為清淨，諸魔外道不能從中作梗。《十法經》中云：「寶珠自性者，光芒之源泉，倘若勤擦拭，較前勝二倍。具足佛性者，發起菩提心，淨二邊行境，諸魔不能害。」生長出菩提心苗芽以後，唯當想方設法堅持不退此心，淨除垢染，增上善法。其中最殊勝、最主要的學處是守護自心。《入行論》中云：「故我當善持，善護此道心，除此護心戒，何勞戒其餘。」又云：「欲護學處者，策勵當護心，若不護此心，不能護學處。若縱狂象心，受難無間獄，未馴大狂象，為患不及此。若以正念索，緊拴心狂象，怖畏盡消除，福善悉獲至。」

丙二、廣說自他相換等：

若問：應當如何護持菩提心、淨化菩提心、增上菩提心呢？

為此而廣說：

觀想眾苦自取受，自之安樂施眾生，

願至菩提不離此，輪番修煉施受法。

願學處修四無量，為斷違品當護心，

行心學處行六度，為斷違品當精進。

守護願行菩提心學處即是護持菩提心；為斷除二者之違品而精進即是淨化菩提心；輪番修自之安樂與眾生

之苦相互交換即是增上菩提心。如是菩提心學處若歸納而言，即是常生歡喜、廣積善資，唯行善法，肩負起利益一切眾生之重任，修自他平等、自他相換。《入行論》中云：「勿怯聚助緣，策勵令自主，自他平等觀，勤修自他換。」

最初聽到利益眾生的廣大事業與菩薩行，不要想「我怎能做到這樣呢」而懈怠，一定要精進而行，這是基礎。應當如是思維：低劣的眾生尚且能獲得人身，我若從今起精進行持必定能成就菩提，佛經中說低劣的有情也能獲得菩提，從這一點來看，我成就菩提又有何困難的呢？《入行論》中云：「不應自退怯，謂我不能覺，如來實語者，說此真實言：所有蚊虻蜂，如是諸蟲蛆，若發精進力，咸證無上覺。」《妙臂請問經》中云：「妙臂，此外菩薩當如是了知：轉為獅、虎、犬、狼、鷹、共命鳥、烏鴉、貓頭鷹、蜂蟲蚊蠅等眾生尚且能獲得佛果，我已轉為人身，為何不竭盡全力獲得菩提，當不退精進而行；妙臂，此外，菩薩當如是了知：成百上千人若已證得佛果，我為何不證不得佛果？」又《寶篋莊嚴經》中云：「大悲尊主觀世音菩薩至斯裡蘭卡，見耶扣謀傑大城市糞便處住有成千上萬種昆蟲，爾時觀音菩薩化為蜜蜂形象，發出嗡嗡聲，義為頂禮佛陀，其餘蟲類聽此亦隨念頂禮佛陀，從而以智慧金剛摧毀二十種薩迦耶見，終皆成為菩薩，名為口香，往生到

大圓滿心性休息大車疏

極樂世界。」

　　從另一方面來說，無邊無際的眾生都曾經做過自己的父母，為救度此等老母眾生也必須精進修法。何時住於輪迴各趣的一分痛苦若少許用於精進修持菩提道上則早已成佛了。遺憾的是，以往未能如是精進以致流轉於輪迴中，如今若依然如故，則仍將流轉，因此我們必須精進修持正法。如果為了他人少許勞苦都不能忍受，那麼比此更難忍受、無邊際的痛苦必然更是無法忍受，然而一定要忍受。所以應當不厭其煩地修法。《寶鬘論》中云：「（誰住無量時，）為無量有情，求無量菩提，欲無量善法。菩提雖無量，以四無量資，無需長久時，何故不獲得？依於無邊福，以及無邊智，迅速能消除，身心之痛苦。罪感惡趣身，遭饑渴等苦，彼止惡修福，他世無苦楚。由癡生意苦，貪嗔怖欲等，彼依無依慧，迅速得消除。若以身心苦，全然無損害，乃至世間際，引世何厭離？苦短尚難忍，何況時久長？無苦安樂時，無邊有何妨？既無身之苦，豈有意之苦？彼憫世間苦，長久而安住。故成佛經久，智者不懈怠，為盡罪功德，恒常當勤此。」

　　此外若想：為利眾生而長久住於三有中豈能忍受？實際上也並非如此，因為具有菩提心，所以是一種安樂，而不是痛苦，由此也必定能夠堪忍。《入行論》中云：「福德引身適，智巧令心安，為眾處生死，菩薩豈

疲厭？以此菩提心，能盡宿惡業，能聚福德海，故勝諸聲聞。故應除疲厭，駕馭覺心駒，從樂趨勝樂，智者誰退怯？」

又因為一切眾生是如幻如畫如虛空之自性，本來無生而顯現，所以實有利眾事業是不必要的，為此也當生歡喜心。《親友書》中云：「當知心如於水面，土石之上繪圖畫。」又《寶積經》中云：「譬如，縱然經過恒河沙數劫虛空亦無有厭煩、無有灰心。虛空亦無生、無滅、無毀、無散。何以故？虛空無實之故。若任何菩薩了知諸法無實則不生疲厭、失望之心。」應當以此種方式修持菩提道無有厭倦地利益他眾。

此外，按照大乘竅訣中所說來思維十三種道理而利益眾生。如何思維呢？

（一）如是一切眾生都曾屢次做過自己的父母，為父母時無一不是慈愛饒益我，為了報答他們的大恩大德，我也必須利益眾生。《涅槃經》中云：「此大地土搏成豌豆許丸用以衡量一有情為自父母之數，則做成之丸可數盡，然一有情為自父母之數卻不可勝數。」

（二）若不精勤報答曾經利益過自己的眾生，就會被不感恩圖報的沉重負擔所壓，因此為報恩德也必須利益有情。《廣戒經》中云：「諸地諸山海，非為我負擔，不報眾恩德，乃我大負擔。」

（三）如果一切眾生都幸福快樂，那麼也無需饒

益。然而，由於他們為了我們造罪而受輪迴惡趣痛苦壓迫，因此為償清宿債我也必須饒益有情。

（四）一切眾生雖然無不希求安樂，不願受苦，可是由於對離苦得樂的方法一無所知，以致唯一遭受痛苦折磨，為解除他們的痛苦我也必須利益眾生。

（五）無量眾生未能蒙受往昔諸佛引導、調伏，我若不引導他們，則已斷絕了大乘種姓，為了那些無依無怙的眾生我也必須行利眾事業。

（六）為了調化那些由於我執我所執而被煩惱業風所吹的顛倒眾生，我也要發願盡心盡力利益有情。

（七）雖然諸法是無我空性，但眾生卻未證悟，應當以悲心引導這些如夢有情，若未引導他們，則已泯滅了大悲種姓，由此我也必須成辦利他之事。

（八）我已發心利益眾生，若未利益則違犯了自己的學處，由此也要成辦利他事業。

（九）我漂泊於輪迴中也是由於曾對有情生嗔心等煩惱所致，如今此等眾生成為我修菩提道之殊勝對境，由此也當成辦利眾事業。《入行論》中云：「常敬生佛者，圓滿達彼岸。」

（十）若直接利益他眾則間接可成辦自利，由此也必須利他。《入行論》中云：「能成自利益。」

（十一）若利眾生則令諸佛歡喜，因此必須利眾。《入行論》中云：「悅眾令佛喜。」

（十二）發心後若不成辦利益眾生之事業，則墮入聲緣乘，由此也必須利眾。

（十三）處在勝義中我與眾生了不可得如虛空般的境界，於世俗中利益如夢般的眾生也是無有困難的，由此也當成辦利眾之事業。

總之，應當發心乃至僅有一個眾生未從輪迴中解脫前我願為度之而住於輪迴中，日日夜夜無有厭倦地精進，若知曉於百俱胝劫能令一個眾生相續中生起一剎那的善心，也應當以最大的勇氣盡力而為。《經莊嚴論》中云：「佛子依大勤，成熟諸眾生，為他一善心，千萬劫不厭。」當以此種方式利益眾生。

生起四力：《入行論》中云：「信解堅喜捨。」一、信解力：由誠信菩提心功德而斷惡行善。《入行論》中云：「畏苦思利益，能生希求力。」二、穩固力：如果我未發菩提心也就另當別論了，已發菩提心再捨棄無論如何都成惡業，如是思維以後應當鍥而不捨。《入行論》中云：「軌以金剛幢，行善修自信。」《入行論》中云：「首當量己力，自忖應為否？不宜暫莫為。」三、捨棄力：偶爾在不損害眾生的情況下捨棄輕微的學處也是開許的。《入行論》中云：「危難喜慶時，心散亦應安，經說行施時，可捨微細戒。」四、歡喜力：以歡喜心成辦利眾事業受持學處。《致弟子書》中云：「誰為他利縱然斷頭顱，亦睜如蓮歡喜目視之，

為自利處白傘所遮地，亦將視為銳利之劍鋒。」當以此種方式發心。善法是所應實行或者是善趣與解脫之因，故當恒時行持。《入行論》又云：「因昔淨善業，生居大蓮藏，芬芳極清涼；聞食妙佛語，心潤光澤生；光照白蓮啟，托出妙色身，喜成佛前子。」

應當視眾生為我所，因為一切眾生無不成為過自己的父母與親友，故當利益彼等，而且眾生是修持菩提之福田，由此也當饒益他們，又能令佛歡喜，因此也該成辦利眾事業。《入行論》中云：「修法所依緣，有情等諸佛，敬佛不敬眾，豈有此言教？」又云：「為令如來喜，止害利世間。」

修自他平等有共同與不共二種，共同自他平等的修法在修四捨無量心品已宣講過。不共自他平等：如對一個怨敵，首先對其作母親想，再觀想：如同自己嚮往暫時獲得安樂、究竟成就佛果一樣，他也無有差別，所以願我能盡力利益他。從一個眾生到等同虛空際的一切眾生之間而觀修。

自他相換：修不共自他平等達到修量後，觀想：將自己的一切安樂、善根全部取出施與他，以此福德願他暫時轉生善趣、究竟獲得佛果。他的惡業痛苦猶如換衣服般自己取受而成熟於自相續，自己承受他所要感受的惡趣等諸多痛苦。應當誠心誠意修自他相換，心緣於一個眾生達到純熟，直到一切眾生之間修煉。依此可清淨

無始以來的深重罪業並且滅盡後世所要感受的惡趣等諸多惡業，獲得眾多安樂。《入行論》中云：「若不以自樂，真實換他苦，非僅不成佛，生死亦無樂。」

對此，有些人說：「如云『諸法依緣生，住於意樂上』，如此代受眾生之苦是不合理的，因為自己將永遠墮於輪迴中之故。此外造不善業時若以意樂迴向菩提，則也應成善法，因具有殊勝意樂而迴向之故。」雖然此言屬魔王的論調，但也應當予以答覆：按照你們的觀點來說，若因利他發無邊宏願而漂泊輪迴，那麼文殊菩薩也應當漂泊於輪迴中了。因其所發之願中言「為每一眾生，甘願住後際」故。

所謂的自他相換實際上並沒有與眾生直接相換，如果直接相換也是極妙的，因為如此也是廣大福德。觀想相換的眾生與自己二者都是自心，而且他人的痛苦不會成熟於自身，自己的安樂也不會遷移到他身。佛在經中說業果不移，《百業經》中云：「自造之業不能移於他，他眾之業亦不成熟己，自受自己所積之業果，一切眾生為業暗所遮。」

罪業不是善根，不能作為迴向之因，而只是惡趣與痛苦之因。經中也說「此善根迴向無上菩提」，任何經中均未說過「此罪根迴向無上菩提」。所以，具有善根以意樂迴向可成為菩提之因，不能作為因即使迴向也不會成為菩提之因，就像將此虛空迴向菩提也不會成為菩

大圓滿心性休息大車疏

提之因一樣。因此，這種觀點甚至想也不能想、聽也不能聽，更何況說真正跟隨承認了。

關於清淨、增上菩提心之理下文中還有說明，在此不作廣說。

丙三、具足正知正念之理：

恒以知念不放逸，斷惡行持如海善。

依靠正知、正念、不放逸，可防護戒律根本之自心，使其不被煩惱所染汙。即應當以正知、正念、不放逸來守護自心。憶念（受持菩提心之）功德與（失毀菩提心之）過患而不失正念，憶念菩提心之本體而不失正知，如箭弦般小心謹慎至關重要。為什麼呢？如果失去正知正念，則失毀善法，罪業剎那間無勤而產生。《入行論》中云：「惑賊不正知，尾隨念失後，盜昔所聚福，令墮諸惡趣。此群煩惱賊，尋隙欲打劫，得便奪善財，復毀善趣命。故終不稍縱，正念離意門，離則思諸患，復住於正念。」必須以了知菩提心之利益與失菩提心之過患、輪迴過患與涅槃功德等清淨正知而護心。例如，世間的老人歷盡滄桑，知曉善惡，從而棄惡從善。因此，日日夜夜應當具足正知而修持一切善法，並且觀察自己之三門善與不善業出現的情況如何，以石子等方式計善惡之數而斷惡行善，這是護持正知。《入行論》中云：「再三宜深觀，身心諸情狀，僅此簡言之，即護正知義。」如是主要護持正念正知。彼論云：「合掌誠

第八品　發菩提心

勸請，欲護自心者，致力恒守護，正念與正知。」

　　此外還要以不放逸來守護自心，依靠自己對治煩惱為知慚，擔心被他人恥笑而防護不善業為有愧，知慚有愧才是不放逸之本體，故當依此而防護煩惱。此外，也要具足斷除煩惱修持解脫善法之不放逸。《大乘阿毗達摩雜集論》中云：「何為不放逸？無貪、無嗔、無癡，具足精進而修習諸善法，守護自心防止一切有漏法，可成辦世間、出世間一切善妙（，乃為不放逸）。」也就是說，若具足不放逸則可實現一切善法、善妙，若不具足，則無法實現。佛經中也說不放逸為一切善法之根本。《親友書》中云：「佛說不放逸甘露，放逸乃為死亡處，是故汝為增善法，當恒敬具不放逸。」《三摩地王經》中云：「佈施持戒安忍等，所說一切諸善法，根本即此不放逸。」《頂寶龍王請問經》中云：「何為不放逸？凡行持諸善法者皆為不放逸。菩薩不放逸能莊嚴菩提果；不放逸是菩提分諸法之根本；成就智慧諸法之來源；積累受持一切善法；不毀昔所聞之法；攝受一切應攝之法；遠離一切障礙之法。」

　　若未以正知正念不放逸攝持，則以前所具有的聞法等功德也會失毀，僅有的信心、聞慧、精進也被墮罪之垢所染而變得不清淨，以致於不能從輪迴惡趣中解脫。《入行論》中云：「心無正知者，聞思修所得，如漏瓶中水，不復住正念。縱信復多聞，數數勤精進，然因無

大圓滿心性休息大車疏

正知，終染犯墮垢。」也就是說，時時刻刻應當觀察自心，如果實在無法避免散亂，則應當行持頂禮、轉繞等散亂性的善法，萬萬不能增長不善業。住於靜處時也應當修持禪定等勝義善法，不要渾渾噩噩度日。

所做任何一件事尚未圓滿之前不能從事許多其他事，因為如此會成為所做之事的違緣。諸如佈施之時，持戒雖然也很殊勝，但應當在不破戒的基礎上，暫且放下持戒，精進佈施。因此觀察此等之時間、開遮、勝劣之差別是十分重要的。《入行論》中云：「經說行施時，可捨微細戒。思已欲為時，莫更思他事，心志應專一，且先成辦彼。如是事皆成，否則俱不成。」《匝那嘎論》中云：「前事未完辦他事，二者不成徒勞因，一足尚未落地前，抬另一足跌倒因。」《入行論》中云：「勿因小失大，大處思利他。」《學集論》中云：「如同藥樹未成熟之前應當予以保護，若已成熟則當利他，此身未得聖者位前不能捨棄，當予以保護。」《入行論》中云：「悲願未清淨，不應施此身。」以此說明做微小善事時若與廣大善法相違則放下小事，六度善法也是要逐層向上而學修，如果出現抵觸，則應行持上面的學處，擱置下面的學處。《入行論》中云：「施等波羅蜜，層層漸升進。」《寶積經》中云：「何者以喜心，百年作佈施，不如一日中，守持淨戒勝。」了知此等教證中所說之理而了知場合護持學處至關重要。

第八品　發菩提心

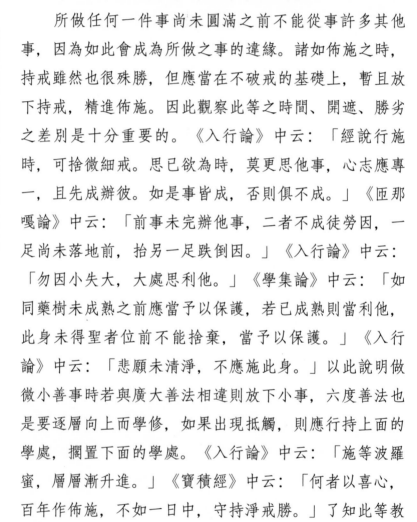

於此略說一日中的法行之次第、飲食之次第以及平時的威儀法：首先清晨起床時應當隨念三寶與菩提心而起，若發現昨晚夢中造罪則應立即懺悔，若夢中行善則當隨喜，因為白日與夜晚心之習氣相同。《中般若經》中云：「舍利子，倘若白日修持智慧波羅蜜多而增上，則夢中修持亦增上，夢中與白日無有差別之故。」之後，應當依照前述之儀軌受菩薩戒，因為晝夜所失毀的少許支分戒需要恢復、未失者也需要增上。

享用飲食之時應當隨念三寶而將食物分成四份，一份做供養，一份為突然的來客做准備，一份做食子佈施羅剎女之子鬼神等，一份自己食用。或者，一份供養三寶，一份供養護法神，一份自己享用，一份佈施鬼魔。《攝行論》中云：「食當分四份，首先淨供尊，其次於護法，廣大施食子，自己享用後，餘食施鬼魔。」或者，按照律藏中所說將食物分成三份，第一份供養三寶，第二份為暫時可能到來的沙門、婆羅門或王族準備，第三份自己享用。進餐時應當以四想而享用：於食物作不淨想；心中生起厭煩想；為利益腹內蟲類而食想；身體作駛向菩提果之大船想。不應以增長貪愛之心來享用飲食。

食量：腹內四分之一空置，四分之二進食，四分之一飲水。《入支論》中云：「腹內二分食，一分為飲料，一分風等住，分為四等份。」或者，依照《十七

事‧食事品》中所說：「腹內分三份，二份為飲食，一份空放置。」如果饑餓，則對腹內蟲類有害、產生各種疾病，並且無力做事；倘若過飽，則有惡臭，許多病原體入內，不能入等持等出現此類過患。《入行論》中云：「已食唯適量。」應當以此方式而用餐。最後以無常觀念誦進餐廻向文：「願國王施主，以及城市中，所住諸眾生，恒時得安樂。」

行走時，眼觀一木軛許處，觀察途中含生，心不散亂而行。《般若攝頌》中云：「觀一木軛許，行時心不亂。」雙目垂視，若有人來，則微笑著說「您好」。出現恐怖之時，可四方觀瞧。《入行論》中云：「吾終不應當，無義散漫望，決志當恒常，垂眼向下看。蘇息吾眼故，偶宜顧四方。若見有人至，正視道善來。為察道途險，四處頻觀望，憩時宜回顧，背面細檢索。前後視察已，續行或折返，故於一切時，應視所需行。」之後，到樹下等處坐禪或誦經等行持善法。

若有人想在自己前聞法，則應觀察其根基，對於心不調柔、略知一二便傲氣十足者，應按《月燈經》中所說而言「如你尊者前，我豈敢說法，你乃大智者」等摧毀他人傲慢之詞。如果對方實在想聽法，則觀察其根器後方可說法。講法時如果對智慧淺薄者說大法，則會導致聞法者因捨法而墮惡趣。《般若攝頌》中云：「聞後愚者捨法因，捨法墮入無間獄。」對大乘根基者也不能

說小乘法。《入行論》云：「於諸利根器，不應與淺法。」

如果法師是出家身份，那麼在無有陪同者的情況下，不能單獨為女士傳法，因為如此將成為梵淨行之違緣以及他人誹謗之處。《入行論》中云：「莫示無伴女。」又《白蓮經》中云：「智者任何時，為女眾傳法，切莫獨與行，發笑或共坐。」對於不恭敬之人等也不能說法。《入行論》中云：「無病而覆頭，纏頭或撐傘，手持刀兵杖，不敬勿說法。」

其後，於廣闊的地方坐在莊嚴的獅子座上，無有追求名聞利養等私心而以利他之心傳法。《白蓮經》中云：「清潔悅意處，敷設寬廣墊，綢緞所嚴飾，身著淨法衣，恒無少貪欲，飲食衣臥具，坐墊與法衣，妙藥皆不思。不受任何物，智者恒祈願，我眾生成佛，為利世說法，思為我樂具。」當以此中所說之方式而說法。遇到任何眾生都不要有我慢、輕視、不敬的態度，而要先微笑再說悅耳語。《月燈經》中云：「如滿月柔笑，於男女老幼，恒說正直語，調柔無我慢，智者恒時言，世人悅意語，智者永莫說，生畏散亂語。」因為說悅耳語、讚歎語者自己無有損失，令對方心情快樂。《入行論》中云：「一切妙雋語，皆贊為善說，見人行福善，歡喜生讚歎。暗稱他人功，隨和他人德，聞人稱己德，應忖自有無。一切行為喜，此喜價難估，故當依他德，

大圓滿心性休息大車疏

安享隨喜樂。如是今無損，來世樂亦多，反之因嫉苦，後世苦更增。出言當稱意，義明語相關，悅意離貪嗔，柔和調適中。」

對於勝過自己者作導師想，與自己同等者作道友想，低於自己者作眷屬想，比自己年長者作父母想，較自己年輕者作子孫想，與自己同齡者作兄弟想，如此恭敬對待所有的人。《十法經》中說：「身語意遠離造惡業，於堪布生起本師想，阿闍黎生起堪布想，對同持梵淨行之老、幼、中者皆說敬語，恭敬承侍。」《本生傳》中云：「誰亦不可離正士，調柔依止善知識。親近於彼雖未求，彼之功德亦薰染。」

即使是暗地裡也不應造惡作罪，甚至不能稍縱放逸。《本生傳》中云：「未被見中造罪業，猶如食毒豈得樂，天尊瑜伽士諸眾，以清淨眼必定見。」思維暇滿難得以及佛難出世之理而不放逸。《護境眷請問經》中云：「利世佛陀大仙人，俱胝劫中難出世，今已獲得暇滿時，欲解脫者怎放逸？」為護持佛法而稍稍保護此身免遭病害並將其作船想，盡力以衣食等調養身體，保持健康，不能以無意義的念修等殘忍的苦行折磨身體。《入行論》中云：「念身如舟楫，唯充去來依，為辦有情利，修成如意身。」《中觀四百論》中云：「雖見身如怨，然應保護身，具戒久存活，能作大福德。」

應當觀想無常，希求菩提。《七童女傳》中云：

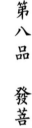

「終捨之身命，觀如草露珠，若長久修習，則獲大安樂。」一般來說，人們會捨棄財產而保護生命，對於發心等廣大佛法，應當不惜生命予以護持。《教王經》中云：「吾為護身捨財產，為護生命捨身財，為護正法可捨棄，財產身體與生命。」恒時觀心，發現過失立即捨棄，如此則不會被煩惱所害。《梵天請問經》中云：「若知心過失，智者不依過，心若住正念，獲淨寂滅果。」

此外，牙籤、唾液、鼻涕以及大小便等也應當棄於眾人不用之靜處掩埋，《入行論》中云：「牙木與唾涕，棄時應掩蔽，用水及淨地，不應棄屎尿。」戒律中也說糞便不能棄於水泉等處。

同樣，在用餐時我們也應當注重威儀，《入行論》中云：「食時莫滿口，出聲與咧嘴。」

坐於何處，尤其坐在上師面前、大庭廣眾之中，身體威儀一定要莊嚴。不能躺著、放肆、伸足、搓手等，應當端坐，身體姿態盡力做到莊嚴。《入行論》中云：「坐時勿伸足，雙手莫揉搓。車床幽隱處，莫會他人婦，世間所不信，觀詢而捨棄。」

此外，跑跑跳跳、開懷大笑、弄姿作態等凡是身語意一切不寂靜的行為皆當禁止，緩慢調柔為主。《花鬘論》中云：「歌舞賭博跑跳等，眾人皆見且效仿，已入嚴重罪業門，違越戒律命根因。」如是而行必將遠離菩

提，因此必須斷除放逸行為。《護境眷請問經》中云：「未護三門行放蕩，不敬具慢貪心強，不滅煩惱具重惑，此等盡離勝菩提。」

自己相續未寂靜調柔之前不能調伏他人。所以首先應當使自相續寂靜調柔。《無邊功德贊》中云：「自未調柔雖說具理詞，言行相違不能調他眾，汝思為利無邊有情眾，自未調柔精進而調柔。」《寶積經》中云：「未度不能度他人；未解不能令他解，盲人無法指引路，解脫者能令解脫，具目者能導盲人。」又《十法經》中云：「我為救度一切眾生而精進，為令一切眾生解脫而精進，為令一切眾生寂靜調柔而精進，若自己尚未調柔，不寂靜、不護根門，則非為我力所能及，故當寂靜、調柔、護根門。」

此外，蒙受他人利益，應當感恩圖報，遭受別人損害，則當作為行善與修持菩提之因，一切行為中如慈母般忍耐疲厭，將自己視為比他人低下，行走緩慢，無論辦何事、言何語均具足正知正念不放逸，甚至夢中也要做到不誹謗、不貪嗔他人。

白日上午、中午、下午，夜間初夜、中夜、黎明六時中念誦《三聚經》（即頂禮、懺罪、迴向）等功課。《入行論》中云：「晝夜當各三，誦讀三聚經。」要做到唯以行持善法度日。《經莊嚴論》中云：「佛子諸行為，隨根基行境，以合理言詞，利眾為先行。」

若廣說，則如《華嚴經・清淨行境品》中所說：「菩薩進入房屋時當發心願一切眾生到達解脫城中；睡眠時發心願獲得佛陀之法身；做夢時觀想願證悟諸法如夢；醒來時發心願從無明中蘇醒；起床時發心願獲得佛身；穿衣時發心願著知慚有愧之衣；繫腰帶時發心願皆結善緣；坐於墊上時發心願獲得金剛座；向後靠時發心願獲得菩提樹；點火時發心願焚毀煩惱薪；火燃起時發心願燃亮智慧火；飯熟時發心願獲得智慧甘露；進餐時發心願獲得禪定食；外出時發心願從輪迴城中解脫；下梯階時發心願趨入輪迴利益有情；開門時發心願開啟解脫門；關門時發心願阻塞惡趣門；上路時發心願趨入聖道；上行時發心願一切眾生享受善趣安樂；下行時發心願斷絕三惡趣；遇到眾生時發心願親睹佛陀；落腳時發心願饒益眾生；抬足時發心願拔除輪迴；眼見佩裝飾品者時發心願獲得相好之飾；見無裝飾品者時發心願具足清淨功德；見滿器時發心願功德圓滿；見空器時發心願過患空無；見喜愛之眾生時發心願喜愛正法；見不喜愛之眾生時發心願不喜有為法；見安樂之眾生時發心願獲得佛之安樂；見苦難眾生時發心願遣除有情之一切痛苦；見患者時發心願擺脫疾病；見報恩者時發心願報答諸佛菩薩之恩；見不報恩者時發心願於邪見者不報恩；見反對者時發心願能消滅一切外道；見讚歎之情景時發心願讚歎諸佛菩薩；見他人說法時發心願獲得佛陀之辯

大圓滿心性休息大車疏

才；見佛像時發心願無礙面見諸佛；見佛塔時發心願成為眾生之應供處；見人經商時發心願獲得聖者七財；見人頂禮時發心願獲得人天導師佛之無見頂相。」

此外，應當對一切無義的散亂事生起厭煩心並觀無常。在地上亂塗亂畫、草率行事、妄念紛起等出現散亂時，以正知正念立即斷除，身體所作、口中所言、心中所想皆應轉向正法。晚上睡眠時身勢右臥，頭朝向北，隨念死亡，將三寶觀於自己的頂上，心安住於如虛空般的法性中入眠。《入行論》中云：「睡如佛涅槃，應朝欲方臥。」晝夜（六時中）應當於佛像、佛塔等三寶所依前念誦《普賢行願品》或得貢瓦巴阿闍黎所著的《七十頌願文》等發願。或者誦《菩薩戒二十頌》，此義在《寶鬘論》中云：「諸佛正法僧，以及菩薩前，恭敬皈依畢，頂禮應供處，懺悔罪惡業，廣修眾福德，有情之福善，一切皆隨喜，我稽首合掌，請轉妙法輪，乃至眾生存，請佛久住世。願以我作福，已作及未作，有情悉皆具，無上菩提心。願眾皆無垢，根圓離無暇，行為有自在，正命悉具足。願諸有情眾，手中具財寶，資具皆無量，無盡至生死。願凡諸女人，恒成大丈夫，諸有情慧目，戒足悉具足。願有情具色，形妙大威光，見喜無病疫，長壽具大力。願皆通方便，脫離諸苦痛，勤向三寶尊，富有佛法財。願修慈悲喜，棄惑平等住，施戒忍精進，定慧作嚴飾。願圓諸資糧，相好極鮮明，不

第八品　發菩提心

298

可思十地，不斷而經行。願我亦具足，彼德餘諸飾，解脫一切過，倍憫諸有情。願諸有情心，意願皆滿足，恒常而遣除，一切眾生苦。願遍諸世界，恐怖之士夫，聽聞我名號，極度畏懼消。願以見憶我，聞名諸眾生，不亂住本性，定得圓菩提，生生世世中，獲得五神通。願於諸蒼生，恒常行利樂，願諸世間界，欲行罪惡者，悉皆無害心，恒常頓遮止。願如地水火，風藥曠野樹，眾生於恒常，隨意而受用。如命愛有情，勝過愛自我，眾罪成熟我，我善予眾生。縱有一含識，未得解脫間，我雖得佛果，誓願住三有。」

　　如是晝夜各念誦三遍，則可獲得無量福德。《寶鬘論》又云：「故佛像塔前，抑或於餘處，一日三時誦，如此二十頌。」「如是所說福，設若具形色，盡恒河沙數，世界不能容。彼是世尊說（，理由此亦明，有情界無量，利彼亦復然）。」

　　另外，修持菩薩乘三藏中所說之教義而度日。為什麼呢？雖已獲得了如夢般短暫的暇滿人身，但也是如水泡般無常，依此身若未得道，則以後也難以得道。

　　乙七、明示二十墮罪及同分：

　　　　不失二心為學處，國王五墮邪見等，

　　　　大臣五墮毀城等，平凡之人八墮罪，

　　　　共同二墮廿墮罪。彼之同分為輕罪，

　　　　不具此等無墮罪，行善同分即學處。

寂天菩薩依據《虛空藏經》而在《學集論》中宣說了十九種根本墮罪。其中國王五定罪：（一）掠奪三寶財物；（二）懲罰具戒比丘；（三）輕毀出家學處；（四）造五無間罪；（五）持邪見。大臣五定罪：（一）毀舍宅；（二）毀村落；（三）毀鄉鎮；（四）毀城市；（五）毀都市。平凡人八定罪：（一）對非法器宣說空性；（二）退失大乘道心；（三）捨棄別解脫戒修大乘；（四）自持小乘且令他持小乘；（五）為利養而讚自毀他；（六）說上人法妄語；（七）取受享用三寶財物；（八）將修禪定者之財施與聞思者。再加上捨棄願菩提心這一共同墮罪，總共有十九種。《寶積經》中所說的二十種墮罪是在前十九種墮罪基礎上加捨棄行菩提心。《月藏經》和《虛空藏經》中也明確地宣說了捨棄行菩提心屬墮罪。

如若出現此等墮罪，那就不能稱得上是菩薩，因此要精勤懺罪，力求恢復清淨。《菩薩戒二十頌》中宣說了下列四種根本墮罪：為謀取利養而讚自毀他；對於求法求財、無依無怙的痛苦者因慳吝而不作佈施；不接受他人懺悔反而以嗔心呵責之；捨棄大乘而宣說相似之法。此四種根本墮罪與他勝罪相同。如頌云：「以利養貪心，讚自而毀他，於無怙苦者，慳不施法財，他懺不聽受，反以嗔呵斥，捨棄大乘法，宣說相似法。」

凡是追隨無著菩薩的後學者均承認四種墮罪。受戒

第八品 發菩提心

方式：受戒者內心清淨則可得到戒體，對於依靠頂禮、供養而使相續稍得成熟之人，上師首先詢問其違緣情況，之後傳授菩薩學處，進而強調菩薩戒。無論出現四墮罪中的任何一種，都是依照《菩薩戒二十頌》中所說的「大縛罪當重受戒，中縛三人前懺悔，餘罪於一人前懺」進行恢復。《菩薩地論》中說出現墮罪的數目超過三次則不能再受。

追隨龍樹菩薩的後學者也同樣承認相續清淨可得戒體。受戒方式：弟子先作七支供，上師於如海般的僧眾前既不需詢問其違緣，也不用傳菩薩戒，學處也是防護十九或二十墮罪。恢復方式：祈禱虛空藏菩薩而改正，受多少次都可得戒體。此二種方式分別是唯識與中觀的觀點。

墮罪之同品：諸如不恭敬是邪見之同品，其餘的輕罪以此類推。斷除邪見的善心等稱為無墮罪，不染汙同品即是無輕罪。凡是所有的善法均為學處，尤其與利他相聯之事是真實的學處。

乙八（分說護持二菩提心）分二：一、願菩提心之守法；二、行菩提心之守法。

丙一（願菩提心之守法）分二：一、略說；二、廣說。

丁一、略說：

所有學處之次第，歸納概括而言即，

應當斷除四黑法，謹慎行持四白法。

丁二（廣說）分二：一、斷除四黑法之教言；二、行持四白法之教言。

戊一、斷除四黑法之教言：

> 欺應供處令後悔，惡語中傷諸正士，
> 眾生之中諂誑行，即當棄此四黑法。

《寶積經・迦葉請問品》中云：「迦葉，若具四法則將忘失菩提心。何為四法？欺騙上師及應供處；令不應生悔心者生悔心；以嗔恨心言說發菩提心者之過失；於眾生中行為狡詐。」

戊二、行持四白法之教言：

> 依止一切諸正士，且讚彼等之功德，
> 勸勉眾生行善業，於諸菩薩作師想，
> 以清淨心利有情，即當依此四白法。

四白法：一、斷除妄語是利樂有情之根本；二、於諸菩薩作本師想是修道之殊勝助緣；三、以無有狡詐之增上意樂依止、讚歎正士是自己趨向一切善法之基礎；四、令一切眾生趨入大乘是勸勉眾生最初發心之殊勝善法。《寶積經・迦葉請問品》中云：「迦葉，若具四法則不忘失菩提心。何為四法？具足正知不言妄語；於菩薩作本師想；以無有狡詐之增上意樂利益有情；將諸眾生真實安置於大乘道中。」所以，我們應當持之以恆護持學處。《三摩地王經》中云：「童子，若具四想則使

菩提心穩固。何為四想？於真實善知識作佛想；於彼所說之法作道想；於修持彼法者作道友想；於諸眾生作獨子想。」

丙二、行菩提心之守法：

　　　　利他勝過於自利，故當主要行利他，
　　　　此乃菩薩之學處，若成利他可開許，
　　　　身語不善實為善，意三永無開許時。
　　　　佛說求自寂樂善，亦成菩薩之墮罪，
　　　　若他有利行不善，亦為善法當學之。

行菩提心學處有三種守護方式：以斷除所斷之方式而守護，以了知所知之方式而守護，以能修所修之方式而守護。

以斷除所斷之方式而守護：包括了知根本墮罪、心不被煩惱所轉、不造無義輕罪以及了知開遮而護心四種方式。前三者前文中已宣說過。最後的以了知開遮而護心之方式是指十不善業中身業語業在特殊的情況下有開許，也就是說在觀察成為他利、了知能夠利他以及不障自己的善法此三增上品後，對於大菩薩開許七種不善業。

若問：那麼在什麼情況下對此七種不善業有開許呢？

對此作答：殺生之開許處：諸如大悲商主見到手持短矛的在家人（短矛黑人）為一己私欲而企圖殺害許多人，

303

為令他從無邊的輪迴中獲得解脫而殺生；不與取之開許處：諸如有些人雖然富裕卻以慳吝之心不作佈施，在遭受饑荒生死攸關的危急時刻，為了使貧富二者同時得利而從富人處盜取財物施捨賑濟貧困之人；邪淫之開許處：諸如婆羅門樂星童子為了避免她人因貪戀自己而死去，於是與其作不淨行；妄語之開許處：諸如為救度必定遭殺的眾生而說妄語；離間語之開許處：諸如為了制止某人受到惡友欺騙，將被引入惡趣而說離間語將二者分開；綺語之開許處：諸如為了使解除苦惱者的痛苦而講說各種傳說故事、滑稽可笑的綺語；惡語之開許處：諸如為制止某些人定是造罪的惡行而說惡語。在此等情況下身語的七種不善業可予以開許，因為這些不善業實際上是善業的緣故。意的三種不善業何時何地永不開許，因為這三者唯成不善業。

有些人說：意業也應該有開許之時，如經中說：文殊菩薩生邪見而入外道中調伏遍行外道徒時，（迦葉尊者）說他犯了生邪見墮罪，佛說文殊無罪。

解釋：這些人根本沒有真正理解戒律的含義。文殊菩薩在遍行外道中只是身體處於外道中、口中妄說生邪見而已。如果他心中生起邪見，為何有時讚歎三寶功德？所以意（的三種不善）業何時何地也沒有開許。

若對方又說：那麼身所作語所言的不善業也應成為罪業，如同服毒一般。

此種說法也是不應理的，因為上面提到的身語七種不善業已被善心所攝持，故無有罪過，就像毒物為密咒加持了一樣。《菩薩戒二十頌》中云：「具有慈心悲心故，內心善妙無罪過。」

又提疑問說：既然如此，那麼《念住經》中為什麼說「殺一眾生也需在孤獨地獄中受燉煮一中劫」？所以一切時分都不應該造罪。

作答：佛陀所說的一切經典全都是相應眾生之根基次第而宣說的，我們應當了知佛有時說一有時說多，有時說決定有時說不決定，這些都是互不矛盾的。如《佛語讚》中云：「開許中遮止，汝說一或多，有時說決定，有時說不定，相互皆不違。」是故依靠此理而通達了義、不了義、四種意趣、四種秘密十分重要。關於此等內容的詳細分類在下文中有廣說。

以了知所知之方式守護學處：《經莊嚴論》中云：「諸佛子無有，任何不學處。」諸位應當精勤聽聞、思維、學習世間的知識學問以及出世間的所有佛法，因為要獲得遍知佛陀的果位。所有學問若歸納，可包括在工巧明、醫方明、因明、外明、內明五明中。《經莊嚴論》中云：「若未通五明，不得佛果故，為制服攝他，自知而學之⑯。」尤其了知戒律學處次第而守護至關重要。如前所說，應當通過了知墮罪、無墮、同分、學處及恢復方法這五種道理。根本墮罪為二十種，無有二十

種墮罪並行持善法為無墮，同分有善法之同分與不善墮罪之同分。其中墮罪之同分也有兩種輕罪，即具煩惱之輕罪與無義之輕罪。諸如言說無稽之談及觀看戲劇等時，如果生起貪嗔之心，則為具煩惱之輕罪；若由此生起未以正知正念攝持而在沒有必要的情況下繼續為之，則是無義之輕罪。毫無貪心而利益他眾為無罪；雜有貪心而行利他，則彼之貪分是罪業之同分。甚至因為喜歡他人而行利他之事也是輕罪之同分。我們應當依靠觀修無常等對治法而守護行菩提心學處。如若發現罪業，則應立即懺悔而回改。

此外，與善法分毫不相干而挖地、除草等也屬無義之輕罪；若是為了善法方面而做則為無墮；未以正念攝持無意義地在地上繪畫等則是同分罪。所以應當以正知正念攝持而修學。心中憶念學處而改邪歸正並且戒後不犯稱為回改（還淨）。身語意的一切所作所為皆當以此類推而了知。

如果失毀菩提心，也要知曉恢復的方法。若失毀願菩提心則應當立即恢復。

失毀願心的外緣有怯懦、懈怠與入他道三種。

（一）怯懦：若認為像我這樣的人無法利益他眾，則失毀菩提心。彼之對治：思維獲得暇滿人身以及發菩提心之此時，必須做到斷除怯懦，提高心力。《經莊嚴論》中云：「無量人眾生，於每一剎那，獲圓菩提故，不應

甘怯懦。」（二）懈怠：如若不見正道之功德、只見苦行之過患而懶惰，則捨菩提心。彼之對治：對菩提心的功德利益生起信心而勇於承受。《入行論》中云：「故應除疲厭，駕馭覺心駒，從樂趨勝樂，智者甯退怯。」

（三）入他道：若拋開大乘而執聲聞道為殊勝也捨菩提心。彼之對治：觀修小乘的過患以及大乘的功德，小乘道要經久遠後方證得圓滿菩提，《普明現證菩提經》中云：「依聲聞與緣覺之道遲緩八萬大劫方得無上之果。」而大乘的功德卻有無量，《入行論》中云：「以此菩提心，能盡宿惡業，能聚福德海，故勝諸聲聞。」又《寶鬘論》中云：「不顧自利益，一味喜利他，功德源大乘（，嗔彼遭焚毀）。」如若捨棄菩提心，則遠離菩提果並將感受輪迴與惡趣的無量痛苦。

恢復方法：在佛像、佛經、佛塔三寶所依等前，以追悔之心懺前戒後。再如前重新受菩薩戒，從而生起菩提心，受戒的次數不定。

行菩提心的恢復方法，失毀行菩提心之外緣有失毀願菩提心、犯根本罪以及失還戒三種。失毀行菩提心的過患：因為失毀了昔日所積累的善業而使後世不得安樂並且不遇大乘；因為失毀誓言而受到眾人的譴責並因罪大惡極而長久漂泊於惡趣中。《致弟子書》中云：「何者獨自詳細而觀察，恒時相伴而行正業者，大地上成主尊之正士，殊勝弟子必將敬上師。有愧具德積資高尚

大圓滿心性休息大車疏

者，殊勝不動跟隨慈悲者，喜愛真諦正論威嚴者，寧捨生命不捨棄誓言。不僅暫時受眾人指責，罪惡眾生墮難忍地獄，且知捨棄善行之痛苦，世間有何痛苦能勝彼？如今已獲諸佛所開創，猶如大舟法道復捨棄，好似喜愛輪迴海浪花，猶如舞者必定欺自心。」所以應當依照《入行論》中所說的「亦寧失餘善，終不損此心」而行持。

如果超越了應有的期限，則以悔心懺罪後如前念誦三遍儀軌受戒便可恢復如初，受戒的次數不定。那波巴大師宣說了三種恢復方法：有些下等者因執著實有而以追悔之心在他人面前懺罪，戒後不犯從而可逐漸遠離罪過；有些中等者依靠明咒與密咒令本尊虛空藏菩薩等歡喜，獲得本尊開許從而清淨墮罪；有些上等者了知所謂的墮罪皆是菩提心自性而無勤淨罪。如《宣說諸法無生大乘經》中云：「文殊，任何菩薩若了知無業與異熟則業障得以清淨。」

我認為隨從那波巴大師的觀點極為善妙。也就是說，下根者去往於菩薩僧眾前或在殊勝所依前作七支供而得恢復，或者念誦三遍：「祈禱某某大菩薩垂念，我某某曾犯過此罪，為利一切眾生而懺悔，祈令清淨。」懺淨尊者問：「你將彼等墮罪視為墮罪否？」答言：「視為墮罪。」又問：「你今後能慎重戒犯否？」答言：「能戒。」以此可清淨罪業。《菩薩地論》中也說

依靠此種方法懺罪可得清淨。

　　勤修本尊生圓次第的中根者於各自本尊前，作七支供而懺罪戒犯則可淨除墮罪。一切明咒的總體即是聖尊虛空藏菩薩，如果想在他面前懺悔，則不能過夜，從犯戒時起到下半夜之前持誦十方諸佛菩薩的名號，尤其是聖者虛空藏菩薩的名號並頂禮，長時間猛厲懺悔墮罪，將近黎明時念誦三遍：「黎明，請你作為我的信使，祈求聖者虛空藏菩薩垂念、加持我懺悔墮罪，令得清淨。」日初時出現墮罪清淨之兆：諸如心身較前安樂，日光也顯得柔和，天氣晴朗，夢境美妙等相。

　　上根者的恢復方法：跏趺坐，首先以如夢如幻的方式言說所犯墮罪的名稱，再於前方虛空中的諸佛佛子前懺悔，之後則對彼罪業內外及二者中間可識別的本體、形色等作觀察，結果了知此罪不從何處生、也不住於任何處、又不去往任何處，自性如虛空一般，在此境界中入定，從而可淨除一切墮罪。《十方廣大解脫經》中云：「菩薩若具四法，則所毀戒律與煩惱之一切罪業皆可清淨。何為四法？了知諸法無來，了達諸法無生，現見諸法不滅，通達諸法以因緣緣起而生，是故諸法本體空性。若具此四法則所毀戒律與煩惱之罪悉皆不生。」《法王經》中云：「若了知眾生皆無二，則清淨一切罪障。譬如，鏡上沉積千年塵垢，以布品擦拭則無塵垢。又如空室中黑暗雖長達千年之久，然以一盞油燈可使其

不復存在。同理，若了知心無有本性之真諦，一剎那即可清淨無數劫之罪業。」《趨入勝義經》中云：「白蓮天子請問：『文殊菩薩，如何清淨業障？』文殊菩薩答言：『天子，若了知業障之自性本來無實，則無勤清淨，如同海螺被炭染汙以布品擦拭可得清淨。』」

這以上以了知所知方式守護菩提心已宣說完畢。

乙九、修者補特伽羅之次第：

現在宣說以能修所修之方式守護菩提心，有能修之補特伽羅與所修之義二種。

> 經說佛子有三種：猶如國王之菩薩，
> 欲自解脫後度眾；猶如舟子之菩薩，
> 欲自與眾同解脫；猶如牧童之菩薩，
> 欲度眾後自寂滅。依次三十三大劫，
> 七劫三劫得解脫，即是根基之次第。

自己先成佛後再度化眾生即是所謂的菩薩廣大欲樂之發心，譬如，國王想獲得王位後再令國泰民安，許多經中說像聖者彌勒菩薩之發心屬此種發心；欲求自己與眾生一同解脫即是所謂的殊勝智慧之發心，如船夫欲求自己與船客一同趨向海岸；欲求先救度眾生後自己解脫即是所謂的無喻之發心，就像放牛羊的牧童看到險地等狹隘恐怖的地方或者其他時候也都是將所有牲畜無一剩餘地趕在自己的前面而行進，如文殊菩薩與釋迦牟尼佛的發心。

就根基而言，鈍根者經過三十三大阿僧祇劫、中根者經過七大阿僧祇劫、利根者經過三大阿僧祇劫而成就無上菩提佛果。《寶積經》中云：「廣大之發心者經過三十三大阿僧祇劫從輪迴解脫、殊勝智慧之發心者經過七大阿僧祇劫而成佛、無喻之發心者經過三大阿僧祇劫而現前圓滿菩提。何以故？心力有小、中、大之差別故。此等比喻即如轉輪王、舟子、牧童。」這其中已對此理作了廣說。

乙十（修學如來行之方式）分二：一、略說；二、廣說六度之自性。丙一、略說：

諸佛子眾學一切，主要學六波羅蜜。

《親友書》中云：「施戒安忍精進禪，如是無量智慧度，圓滿趨向有海岸，成就如來正等覺。」六度分共同自性與各別自性二種。共同自性又分為六本體，以三輪體空將自己所擁有的一切施捨於他眾之善心及其種子乃是佈施度，彼之作用即能遣除對方的貧窮；以三輪體空斷除有寂之過患的善心及其種子乃是戒律度，彼之作用即去除損害；以三輪體空忍受加害與疲厭並且不畏懼法性乃是安忍度，彼之作用即無有嗔恚；以三輪體空喜愛善法乃是精進度，彼之作用即增上善法；以三輪體空心一緣安住乃是靜慮度，彼之作用即息滅煩惱；以三輪體空證悟法之自性乃是智慧度，彼之作用即證悟萬法並超離輪迴。

大圓滿心性休息大車疏

六度之功德有廣大、廣義、清淨、無盡四種。為利他而緣菩提故為廣大；成辦增上生、決定勝故為廣義；超越世間故為清淨；增上善法故為無盡。《經莊嚴論》中云：「廣大與清淨，廣義與無盡，當知佈施等，悉具四功德⑥。」

六度之定數也有三種：第一觀待成辦增上生、斷除煩惱而確定為六度之數。《經莊嚴論》中云：「受用身圓滿，眷勤圓增上，恒不隨煩惱，諸行無顛倒⑱。」第二觀待通過利他自然成辦自利而確定為六度之數。彼論云：「不吝不害眾，忍害行不厭，歡喜善說故，利他即自利⑲。」第三觀待三學數目而確定為六度。彼論云：「觀待三學數，佛真說六度，前三者屬戒，後二歸二種，一者三助緣⑳。」也就是說，前三者（佈施、持戒、安忍）包括在戒學中，佈施為戒學之因，持戒為本體，安忍為別法。後二者中的靜慮包括在定學中，智慧包括在慧學中，精進一者是三學的助緣。

六度之順序確定，《經莊嚴論》中云：「依前而生後，存在劣殊故，粗大細緻故，次第說彼等㉑。」意思是說，由於六度前前產生後後，所以有因果之次第；持戒度較佈施度殊勝，是故有賢劣之次第；前前粗大，容易修學與證悟，後後難以修學與證悟，因此有粗細之次第。觀待此三者而確定順序。

六度修法：佈施：慷慨博施，不求果報；持戒：淨

第八品　發菩提心

持戒律，恒時也不羨慕在此輪廻中享樂；安忍：忍受一切而修持忍辱；精進：攝集一切功德而勇猛勤修；靜慮：遣除無色界禪定而修持禪定；智慧：以不離方便之方式修持妙慧。《經莊嚴論》中云：「無求之布施，不貪世持戒，一切皆忍受，集諸德精進，靜慮非無色，智慧具方便，於此等六度，智者真實行⑫。」

六度之定義，如《經莊嚴論》中云：「能除諸貧窮，獲清涼忍嗔，修聖道持心，知勝義故說⑬。」意思是說，遣除貧窮故稱為佈施；除去煩惱酷熱獲得清涼感受故稱為持戒；忍耐嗔恨故稱為安忍；修持佛果故稱為精進；一緣持心故稱為靜慮；了知法之自性勝義諦故稱為智慧。

丙二（廣說六度之自性）分七：一、佈施度；二、持戒度；三、安忍度；四、精進度；五、靜慮度；六、智慧度；七、宣說六度之攝義。

丁一、佈施度：

　　　　目睹眾生受貧苦，施衣食象馬車等，
　　　　所需資具為佈施；施兒女等為大施；
　　　　施頭眼等極大施。財法佈施行利益，
　　　　依彼摧毀自吝嗇，令他財富得增長。

依靠財佈施可圓滿福德資糧，依靠法佈施可以圓滿智慧資糧，因為自己無有吝嗇之心而不會轉生餓鬼界，直接利益他人令其獲得財富。《持世請問授記經》中

云：「依財施圓滿福資，依法施圓滿慧資，此二者乃遍知佛果之因。何為財施？佈施、大施、極大施。所謂佈施，即施衣、食、車、象於他人；所謂大施，即施兒、女、妻子；所謂極大施，即極難做到之施頭、眼、手、足等。何為法施？施筆、墨、書函即是小法施；根據機緣傳講聲聞、緣覺、無上妙法為大法施；令持無上菩提並且傳授如虛空般不可思議之法為極大法施。」在家菩薩主要發放財佈施，出家人主要作法佈施。《經莊嚴論》中云：「佈施一切者，根本依自心，身圓滿受用，攝二能圓滿，無有吝嗇心，法財無畏施，如是通達施，智者真實行⑭。」此中所說之義，佈施之本體即是無吝嗇心；佈施之因即清淨捨施心；布施之果即身體受用獲得圓滿；佈施之作用即攝受自他並且圓滿二資；佈施功德之特徵，《經莊嚴論》中云：「佛子若逢乞，自命亦恒施，悲心而利他，而不圖回報，依施令眾生，獲得三菩提，施以智慧攝，於世永無盡⑮。」

丁二、持戒度：

持戒度在外道中無有，在內道佛教中方有。

以戒守護自相續，以定修持寂滅善，
以慧獲得圓二利。禁惡攝善利有情，
佛子恒持三戒律。在家居士齋戒上，
願行二種菩提心，出家比丘與沙彌，
以及近事女戒上，守二發心為律儀。

第八品　發菩提心

所謂的菩薩律儀戒是指在七種別解脫戒依處任何一種的基礎上具足願行二種發心。如若只是形相菩薩戒，則無有七種別解脫戒的限制。雖然優婆塞、優婆夷、沙彌、沙彌尼，比丘、比丘尼、正學女、受齋戒男女共有九種，但它們均可以包括於在家方面的居士戒與齋戒二者、出家方面的沙彌、近事男⑯、比丘五種之中，所以是說在此五戒任何一戒的基礎上具足兩種發心。《經莊嚴論》中云：「出家之一方，具無量功德，如是勤守戒，勝在家菩薩⑰。」其中宣說了出家菩薩。又經中云：「在家菩薩、出家菩薩、童男童女形象俱胝那由他數多眾俱，一同發心……」

居士有守多分戒居士與梵淨行居士兩種。守多分戒居士是指守持四根本戒或四戒中的任何一戒並斷邪淫者。梵淨行居士是指具足四根本戒基礎上斷除非梵行者。

沙彌：《具光經》中云：「何者戒殺不與取，妄語飲酒不淨行，歌舞花鬘高廣床，過午進餐取金銀。」此中宣說了沙彌所持的十種學處，此外還要戒同分罪而護心。

近事女：在沙彌十戒基礎上不接觸男士等十二戒，恒時依靠行持善法的對治，因為女人煩惱深重，故而為了觀察其是否穩固或者是否能守戒而於兩年等期間視察。

大圓滿心性休息大車疏

比丘有四他勝、十三僧殘、三十捨墮等二百五十三條戒。

比丘尼有三百六十四條戒等。一切有部、大眾部、上座部以及正量部各部中都有共稱不同的戒律需要修學。《瑜伽師地論》中云：「出家人之此等學處基礎上具足得而未失願行菩提心即是出家菩薩。」如此一切戒律均是令自相續防護罪行的律儀，因此稱為戒學。這些戒律全部是指斷惡之善心及其種子。《入行論》中云：「斷盡噁心時，說為戒度圓。」以防護自相續的罪行而戒不善業之分即是別解脫戒，因為依靠此戒於輪迴中持人天之身並獲得自利的安樂；不僅不害他眾，反而成辦利益之分即是菩薩戒；密乘戒則在菩薩戒的基礎上斷除執為庸俗的業與煩惱並且堪為修生圓二次第的法器。別解脫自宗認為十不善均是自性罪，所以無有開許的時候；菩薩乘認為如若是利益他眾，身語七種不善業有開許；密宗不捨棄而依靠方便使得十不善業成為智慧之因，如依柴生火。因此說密宗是殊勝的深道。

別解脫戒、菩薩戒、密宗三昧耶戒以一本體異反體的方式存在於一位補特伽羅的相續中，如果三戒發生衝突時，守護上戒，因為上上戒包括下下戒之故。上戒從表面來看似乎與下戒相互抵觸，但因其不失本體，所以毫不相違。例如，對於密宗普行會供時的飲酒行為，雖然聲聞乘視其為墮罪，菩薩乘說它是同分輕罪，實際上

這種行為根本不成罪業，因為小乘與菩薩乘裡自己的身份是比丘或菩薩，而在修密宗時，將自己觀想成本尊，自己從根本上已經轉異；就物質方面來說，（小乘與菩薩乘的當時）是能醉人的酒，而在會供時通過咒語、手印、等持已將酒轉成甘露而享用的；小乘與菩薩乘（只是將酒視為醉人之物）而未對其作他物想，而會供時已將酒作為本尊、壇城、甘露等之想，所以在無罪的基礎上將醇酒供養本尊而圓滿資糧，並成為見解、等持、修行之助緣，因此具有至高無上的功德。學處的一切支分也都應當如是了知。

總之，如果產生罪業，則不管是誰的觀點都要遮破，若是能生起一切功德善法，則應當予以開許。可見，了知一切學處的大中小、開遮以及一般、特殊的規律極為重要。《寶鬘論》中云：「一般與特殊，論中皆讚許。」

總而言之，遠離一切惡行，為利益他眾而護持自心即是嚴禁惡行戒；二資糧及六度所攝持的功德未生令生起，已生令增上即是攝集善法戒，它主要從屬定學；以善巧方便直接或間接成辦利益有情的事業，以四攝令他眾歡喜，播植下暫時增上生、最終決定勝的善法良種，精勤使其他眾生獲得安樂即是饒益有情戒。依靠此三戒而於修道三學並圓滿二資糧，在最終成佛時，以嚴禁惡行戒，獲得斷除二障及一切習氣之圓滿所斷；以攝集善

大圓滿心性休息大車疏

法戒，獲得如所有智、盡所有智等圓滿所證；以饒益有情戒，隨機調化眾生，獲得任運自成二利之圓滿事業。

《寶積經》中云：「迦葉，菩薩戒有三種，即嚴禁惡行戒、攝集善法戒、饒益有情戒。以嚴禁惡行戒防止不善，守護自心；以攝集善法戒真實奉行善法；以饒益有情戒精勤利他。」《經莊嚴論》中云：「六支靜心攝，投善趣能施，所依寂無畏，具足福德資，表相法性得，持戒眾人具，盡知如是戒，智者真實行⑦。」

戒律之本體具足六支，聲聞中說守持戒律；守別解脫戒；儀軌圓滿；行境圓滿；甚至極細微罪也視為畏懼處；真實受持學處而行事。

戒律之因：獲得寂靜涅槃之因。

戒律之果：住於善趣。

戒律之作用：成為一切功德之所依，息滅煩惱，也能令自他無所畏懼。

戒律之功德：具足福德資糧。

戒律之分類：有真實持表相而生之戒與由法性而得之戒兩種。真實持表相戒是指別解脫戒；由法性而得之戒是指禪定或無漏法所生之戒，也就是說，獲得禪定正行之心與見道等無漏聖地的戒律稱為由法性而得之戒。

《俱舍論》中云：「禪定戒依定地得，無漏戒依聖道獲。所謂別解脫戒者，依他有表色等得。」由法性而得之戒具有無失、不與聲緣相混、不染墮罪、至高無上四

種殊勝，是生起一切功德之因。《親友書》中云：「汝戒未失無缺憾，未混未染當依之，戒如動靜之大地，一切功德之根本。」

如是持戒之功德：《經莊嚴論》中云：「佛子恒時受，勤持之三戒，不求得善趣，然不貪執彼，依戒令眾生，獲得三菩提，戒以智慧攝，於世永無盡⑲。」

丁三（安忍度）分七：一、總說分類；二、宣說修法；三、宣說多種對境歸於一心；四、宣說以害緣修安忍之方法；五、思維嗔恨之緣由自生；六、思維是否可改；七、宣說嗔恨之自性為空性。

戊一、總說分類：

  忍耐內外種種害，堅持堪忍諸痛苦，

  以大悲心思正法，無緣安忍皆當修。

對於他人所作的加害、危害等，不生嗔恨即是不懼之安忍；忍受解脫與自他修法中的苦行即是堪能受苦之安忍；以大悲心無疲厭饒益他眾以及於空性深義不生畏懼之心即是法性無緣安忍。《經莊嚴論》中云：「了知不懼忍，以悲依法故，真實說五德，能行自他利，苦行具主全，彼者許三種，如是知安忍，智者真實行。」

安忍之本體：寂靜不嗔他眾安忍苦行。

安忍之因：悲心。

安忍之果：五種功德。經中云：「（修安忍者，）不多造罪業，不多挑撥離間，心常安樂，死時無悔，死

大圓滿心性休息大車疏

後轉生於善趣之中。」

安忍之作用：行自他二利之善法。《因緣品》中云：「何者知他惱，於彼自寂靜，以此行自他，二者之利益。」

修安忍之功德：《經莊嚴論》中云：「佛子皆安忍，極難行人害，求善趣無力，畏者非能忍，圖自利者非能忍，依忍令眾生，獲得三菩提，忍以智慧攝，於世永無盡。」

戊二、宣說修法：

總說修安忍之方法：

　　無有如嗔之罪業，別無等忍苦行福，

　　故當精勤修安忍，勤熄嗔恨之烈火。

最殊勝的果位即是菩提果，它通過修安忍可以成就，是故無有比修安忍更大的福德；最大的痛苦莫過於地獄之苦，嗔心是轉生地獄之因，因此無有比嗔心更大的罪業。為此，我們應當依靠各種方便修安忍苦行。《入行論》中云：「罪惡莫過嗔，難行莫勝忍，故應以眾理，努力修安忍。」《親友書》中云：「如是無等忍苦行，汝莫令嗔有機乘，斷嗔獲得不退果，此乃佛陀親口說。」

戊三、宣說多種對境歸於一心：

對於多種嗔恨的對境，如果一一進行報復，則無有完結或息滅之時，所以應當安忍。

野蠻害境無數故，一一息滅伏不盡，

調伏一心一切調，當勤調心護禁行。

《入行論》中云：「頑者如虛空，豈能盡制彼？若息此嗔心，則同滅眾敵。」

戊四、宣說以害緣修安忍之方法：

依害成就安忍行，生起慈悲等功德，

成菩提伴敵如師，恭敬歡喜依安忍。

如同傳戒師阿闍黎是出家的助緣一樣，倘若無有敵人，也就不會修成安忍，因此應當安忍。《入行論》中云：「若我因己過，不堪忍敵害，豈非徒自障，習忍福德因？無害忍不生，怨敵生忍福，既為修福因，云何謂障福？應時來乞者，非行佈施障，授戒阿闍黎，亦非障出家。」受到損害時，可依靠憂愁悲傷等少許痛苦為緣而生起悲心、厭離心等，由此也應當安忍。彼論云：「苦害有諸德，厭離除驕慢，悲湣生死眾，羞惡樂行善。」此外，對懷有害心之人修安忍能獲得大福德，為此應當於作害者生歡喜心並像恭敬本師一樣對其畢恭畢敬。《寶性論》中云：「歡喜敬如師。」又云：「依於嗔心者，生起安忍行，故彼安忍因，應供如正法。」

戊五、思維嗔恨之緣由自生：

若我無有嗔不生，如同穀聲互依存，

自成罪業眾害處，偶緣宿業因生故，

理應盡力修忍耐，唯以調心法滅嗔。

321

如若自己根本不存在，那麼自己的嗔恨以及和對方爭論的事情也就不會發生，因為嗔恨、爭論均是相互觀待的，而且自己如果未曾害過對方，也不會遭到加害，因此對於無緣無故的損害理應安忍。《入行論》中云：「若不外植怨，必無為害者。故敵極難得，如寶現貧舍，能助菩提行，故當喜自敵。」

自己受害表面上看是以小小的外緣而產生的，實際上主要還是來源於自己往昔的業力，所以理當安忍。彼論云：「我昔於有情，曾作如是害，既曾傷有情，理應受此損。」

即使是因為受害而產生的嗔恨，也需要觀察。如果因間接受害而嗔恨作害者，那更應當嗔恨的是自己的業力。彼論又云：「宿業所引發，令他損惱我。」若因直接受到損害而心生嗔恨，則理應對棍棒等物或者不悅耳之語這些無情法生嗔。彼論云：「棍杖所傷人，不應嗔使者，彼復嗔使故，理應憎其嗔。」尤其是對於他人所說的不悅耳之語嗔恨也是同理，你不嗔恨自己的耳朵而嗔恨對方實在是不應理的，因為依靠耳聞才會生起痛苦的緣故。

此外，若認為作害者有損於自己的名譽等，故我應生嗔。這種想法是墮入惡趣之因。為此對於毀壞自己名聲等的人也應安忍。彼論云：「吾唯求解脫，無需利敬縛，於解束縛者，何故反生嗔？如我欲趣苦，然蒙佛加

被，閉門不放行，云何反嗔彼？」又云：「若我因己過，不堪忍敵害，豈非徒自障，習忍福德因？」

因為自己的資具受到損害而嗔恨也不應理。如果自己有福德，資具根本不會受到損害，如果無有福德，即便別人施給財物也無濟於事。再說人在死的時候必然要放下這一切，如夢醒般前往後世，財產有無窮的過患，是束縛之因。《入行論》中云：「謂礙利養故，縱我厭受損，吾利終須捨，諸罪則久留。寧今速死歿，不願邪命活，苟安縱久住，終必遭死苦。夢受百年樂，彼人復甦醒，或受須臾樂，夢已此人覺；覺已此二人，夢樂皆不還，壽雖有長短，臨終唯如是。設得多利養，長時享安樂，死如遭盜劫，赤裸空手還。」

因為名聲受到毀壞而嗔恨別人也不應理，名聲僅僅是詞句，詞句是無情法無有絲毫利益。彼論云：「受讚享榮耀，非福非長壽，非力非免疫，非令身安樂。若吾識損益，讚譽有何利？若唯圖暫樂，應依賭等酒。若僅為虛名，失財復喪命，譽詞何所為，死時誰得樂？沙屋傾頹時，愚童哀極泣，若我傷失譽，豈非似愚童？」

若認為對方所說的話語難聽刺耳便心生嗔恨。其實這些詞句只是對方的言語而已，所以有什麼必要生嗔呢？而且只是對方想當然說出的話，沒必要嗔恨。若由於不高興而嗔恨，則理當對自心憤恨，因為不高興是自己令自心不高興，他人的詞句既沒有移到自己身上，也

大圓滿心性休息大車疏

並未觸及自己，只不過自己聽受了別人的言詞而變得不高興的。如果自己不對其執著，則對自己無利無害。一切高興不高興，前剎那已經滅盡，就如同昨日以前的顯現與昨晚的夢境一樣去而不返，無有可識別性，無有自性、平等一味，因此無有任何可嗔恨的。同樣，今日的顯現與今晚的夢境一樣，是故我們對苦樂不應有實執。

戊六、思維是否可改：

> 遇不樂境捨不喜，若有可改何不喜，
>
> 無改無利有何用，故當努力忍諸緣。

當出現不悅意情景時，若可扭轉，則想方設法改變，不高興也無濟於事。如果無法扭轉，則已成定局，不高興更是起不到作用，因為不高興也無法扭轉已成的局面。《入行論》中云：「若事尚可為，云何不歡喜，若已不濟事，憂惱有何益？」眾生身不由己地感受各自的業力，即使是為了父母等親友、眷屬等也不應生嗔，甚至為了親教師、軌范師、上師、三寶等也不該嗔恨他眾，如果有受害的宿債，那當然是無法避免的；如果沒有宿債，也就不可能受害。再說，他人的讚毀又不能造成重大的利害。

戊七、宣說嗔恨之自性為空性：

不悅耳之語以及損害有何本體呢？

> 觀察空性如虛空，喜憂得失善惡無，
>
> 於彼執二亦無義，當處一切等性中。

倘若觀察，作害者之身與自己之身二者均是無分微塵，因此能害與所害皆不成立；二者之心內外何處均不可得，由此能害所害也不成立；他人的言語也是同樣，若細緻觀察，則何處也不成立，是故能害、損害、害境三者悉是空性，無有任何喜憂、善惡、得失。表面上雖是損害，然而本體卻不成立，所以應當觀修如幻化、眼華等世俗幻化八喻的安忍、勝義中如虛空般的安忍。《入行論》中云：「知已不應嗔，如幻如化事。」觀察本來無生之空性義而修安忍，彼論云：「故於諸空法，何有得與失？誰人恭敬我？誰復輕蔑我？苦樂由何生，何足憂與喜？若於性中覓，孰為愛所愛，細究此世人，誰將辭此世？孰生孰當生？誰為親與友？如我當受持，一切如虛空。」

如是若依靠多種方便修持，則不難成就安忍。《入行論》中云：「久習不成易，此事定非有。」倘若反復串習，則今生也會與眾人和睦相處、悅意快樂，後世轉生殊勝善趣並成就菩提。彼論又云：「云何猶不見，取悅有情果，來生成正覺，今世享榮耀。生生修忍得，貌美無病障，譽雅命久長，樂等轉輪王。」

丁四（精進度）分四：一、了知精進之人；二、宣說精進之違品；三、宣說精進具有無量功德；四、了知功德後應當精進之理。

戊一、了知精進之人：

大圓滿心性休息大車疏

一切精進修行者，秉性喜愛諸善法，

善法不盡如雲聚，芬芳蓮園聚蜂群。

經中云：「精進得菩提，不勤無聖果，精進集諸善，精進增功德。」

戊二、宣說精進之違品：

彼之違品三懈怠，同惡怯懦自輕淩，

諸過根源不成善，毀壞興盛起衰敗。

懈怠增上罪業減滅善法，所想不成。若分類，則有同惡、怯懦、自輕淩三種懈怠。心散亂於經商務農等障礙正法之瑣事上即是所謂的同惡懈怠；怯懦懈怠是指見到一些難以成辦之事後就認為自己一定不能成辦而放棄；自輕淩懈怠即是指聲稱像我這樣的人無能力做到而自甘軟弱之舉。《入行論》中云：「同惡散劣事，自輕淩懶惰。」

戊三、宣說精進具有無量功德：

具有精進世間讚，具有精進成所願，

具有精進增功德，具有精進得佛果。

具有精進者功德無量，如若歸納，則有受到世人讚歎、實現所願、增上功德、獲得佛果四種。《入行論》中云：「精進證菩提，若無風不動，無勤福不生。」

戊四、了知功德後應當精進之理：

精進世間勝善法，出世間之一切道，

於諸有漏無漏法，為斷不善奉行善，

努力精勤真實行。乃至未得佛果前，

仍有功德增上故，堅持不懈勤精進。

乃至未獲得佛果之前仍有所要獲得的上上功德，因此必須精進而行。精進即是指歡喜善事。如《入行論》中云：「進即喜於善。」

如若分類，則有行持善法摧毀四魔之因——披甲精進、圓滿五道十地之因——加行精進、成辦自他二利之因——利眾精進三種，或者身精進、語精進、心精進三種，或者如《集論》中云：「披甲精進、加行精進、不怯精進、不退精進、不滿精進。」又如《楞伽經》中云：「精進者上、下夜勤修法，因其見相應瑜伽之義，為遣除分別念而精勤即稱為精進波羅蜜多。」《經莊嚴論》中云：「真實樂善法，依於信欲樂，增正念等德，對治諸煩惱，具不貪等德，彼等七種法，如是知精進，智者真實行⑧。」

精進之本體：喜樂善法。

精進之因：信心與欲樂。

精進之果：增上正念與等持等。

精進之功德：無有三毒之善心。

精進之分類：三學每一種都有身恒行、身敬行、語恒行、語敬行、心恒行、心敬行之六種精進，加上披甲精進，共有七種。

具精進者之功德：《經莊嚴論》中云：「佛子依披

大圓滿心性休息大車疏

甲，加行無喻勤，摧毀自他惑，獲得殊勝菩提，精進令眾生，獲得三菩提，精進以智慧攝，於世永無盡⑧。」

丁五（靜慮度）分十：一、宣說成就禪定之因；二、宣說靜慮之違品；三、宣說資具為痛苦之因；四、宣說與世人相處之過失；五、教誨有生之年依止靜處；六、讚歎林園靜處；七、宣說於靜處生起無常之理；八、於彼處心將堪能之理；九、依止園林之功德；十、宣說修法、分類、功德。

戊一、宣說成就禪定之因：

　　　　求靜慮者斷散亂，所喜外境如秋雲，
　　　　亦如閃電飄動性，受用無常如幻宅，
　　　　永莫信賴當斷之，速依寂靜之森林。

一切有為法皆無常，一切財富均動搖不定，壽命無常，永無實質，所以我們應當於寂靜的林間勤修靜慮。《別解脫經》中云：「多聞於林中，居至老安樂。」《寂靜語》中云：「受用猶如雲中閃電般動搖，今生如同為風所吹之蓮上水珠般破滅，青春年少者如是觀後當迅速修學一切智者所修之等持、速疾成就之殊勝瑜伽。」

戊二、宣說靜慮之違品：

　　　　一切財物禍害因，尋覓積守而痛苦，
　　　　傲慢貪愛吝嗇增，如是引入惡趣中，
　　　　障礙善趣之正道，故當少欲具知足。

身外之物的一切資財都需要尋覓、守護，是遭受損害、心不喜樂、生起貪愛、貢高我慢、虛偽狡詐等諸多不善業的根源，能夠使人們下墮惡趣，因此必須捨棄財產。龍樹菩薩說：「積財守財尋財苦，當知財具無邊禍。」因此我們應當修學知足少欲，《親友書》中云：「佛說一切財產中，知足乃為最殊勝，是故應當常知足，知足無財真富翁。」

戊三、宣說資具為痛苦之因：

> 如身遍傷極痛苦，財多痛苦較其多，
> 資具乏少樂無窮，害少無有盜敵懼，
> 受眾人讚住聖道，瑣事鮮少無牽掛，
> 是故應當於恒時，修學知足與少欲。

知足少欲之人必定會受到眾人讚歎；一貧如洗之人也就無需防護盜敵；無有狡詐、瑣事鮮少、身心悠閒之人自然成就等持，具有諸多功德。擁有多少財產，就會有多少痛苦，如同身上有多少傷口就會有同等多的疼痛，或者如同龍有多少蛇頭就受多少痛苦一樣。《親友書》中云：「智者痛苦如財多，少欲之人非如是，一切龍王頭數目，所生痛苦如是多。」

不僅強烈貪執身外之物苦不堪言，而且貪戀有情也有無窮過患，諸如爭論不休、因貪不厭足、毀壞梵行而投生惡趣，受到眾人譴責等。這些都是將人身執為清淨等妄執中產生的，因此理應斷除。《寶鬘論》中云：

大圓滿心性休息大車疏

「多數貪女者，思女色淨生，實則女人身，絲毫無清淨。口乃稠唾涎，齒垢不淨器，鼻流膿液涕，眼出淚眵器。腹內即糞尿，肺肝等之器，愚者未見女，貪愛彼身體。如有無知者，貪著髒瓶飾，世人由愚癡，戀女亦如是。」又云：「容色美或醜，年老或年幼，女色皆不淨，汝貪由何起？如糞色雖美，新鮮形狀妙，於彼不宜貪，女貌亦復然。內腐外皮包，爛屍此自性，顯現極醜惡，如何未曾見？若謂皮非糞，猶如寶劍性，不淨身之皮，如何成清淨？裝滿糞便瓶，外飾亦厭棄，不淨自性身，髒滿何不厭？」復云：「九孔流不淨，自雖常沐浴，不了身不淨，為汝說何益？於此不淨身，美語作讚歎，奇哉真偽愚，嗚呼士所恥。」

戊四、宣說與世人相處之過失：

> 親近凡夫過無量，增罪自然染不善，
> 滅善爭論煩惱生，永難取悅不報恩，
> 瑣事繁多憤鬧散，與之交往如處於，
> 烈火毒蛇猛獸中，故當遠離諸凡夫。

一切眾生的想法各異，所以無論如何也不能令他們心滿意足。《入行論》中云：「有情種種心，諸佛難盡悅，何況劣如我？」尤其是昔日已逝七佛等如來也未能調化當今這些剛強難化的濁世眾生，他們恒常增長罪業，煩惱深重，斷絕寂靜善法，恩將仇報，身語意三門無緣無故地損害他眾，詆毀正法與補特伽羅，瑣事繁

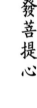

第八品　發菩提心

多，常因散亂憒鬧而自然滋生煩惱，與他們交往如同處於野獸、烈火或毒蛇中一般實難親近。《入諸佛行境經》中云：「若處野獸中，永遠無歡喜，如是依凡夫，亦永無安樂。」《入行論》中云：「行為同凡愚，必墮三惡趣，心若赴聖境，何需近凡愚？剎那成密友，須臾復結仇，喜處亦生嗔，凡夫取悅難。忠告則生嗔，反勸離諸善，若不從彼語，嗔怒墮惡趣。妒高競相等，傲卑讚復驕，逆耳更生嗔，處俗怎得益？」

如若與凡夫愚人交往，不可能不生貪戀嗔恨、廢話連篇等不善業。彼論云：「伴愚必然生，自讚毀他過，好談世間樂，無義不善事。」因貪戀執著自方，自己也必然要承受他們的疾苦，於是自心被緊緊地束縛住，因為心裡牽掛、捨不得離開他們而使自己失去修法的機會。若與他們長期共處，則彼此之間又互不恭敬，然而，如果分離又苦惱憂傷等，只要親近凡夫俗人就會有無窮無盡的過患。《入行論》中云：「若貪諸有情，則障實性慧，亦毀厭離心，終遭愁歎苦。若心專念彼，此生將虛度，無常眾親友，亦壞真常法。」而且，貪戀凡愚，也無法圓滿自利，自己如若依止他們，則無法成就能解脫之正法，所以最初就必須獨自一人居住在與任何人也不相接觸的寂靜深山修行。彼論云：「彼既無益我，吾亦未利彼，故應遠凡愚。」應當思維此中所說之理。此外，雖然我們已經從上師那裡聽受了竅訣，但若

331

沒有在心裡實地修持，也無法從輪迴中獲得解脫，因此
修行串習極為重要。

戊五、教誨有生之年依止靜處⑧：

勸勉人們有朝一日能居住在空無一人、遠離畏懼、
幽雅寂靜的聖地。

乃至自己之內心，尚未獲得穩固前，
易受外境誘惑故，當喜安住靜林間。
乃至四人捐吾身，伴隨哭聲未臨前，
吾當嚮往寂靜處，身心勝伏憒鬧敵。

在自心尚未與竅訣融為一體，也就是還沒有達到穩
固的境界之前，必然會受到外境各種憒鬧的干擾，所以
初學者必須依止寂靜處。《寶篋經》中云：「初學者為
使自心寂靜調順當居靜處。」

想到壽命無常、疾速而逝的自然規律後，就該到幽
靜的聖地觀修等持。《寂靜語》中云：「乃至四人以擔
架，抬舉吾身未臨前，一直邁向寂靜處，修行寂滅之等
持。」《入行論》中也有與之相同的說明。

戊六、讚歎林園靜處：

林中淨水花果豐，山窟岩石精舍多，
涼蔭嚴飾垂樹中，眾多鳥獸翩起舞，
河之岸邊花叢中，蜜蜂歌唱極美妙。

在寂靜的聖地，鱗次櫛比的茂密森林中，在種類繁
多、美不勝收的果樹涼蔭的掩映下，青翠柔軟的綠草鋪

蓋的大地上到處都裝點著形色各異、絢麗芳香的鮮花，清涼的瀑布飛瀉的嘩嘩聲與成群的蜜蜂發出的嗡嗡聲回蕩山林間，巍然屹立的岩山前有天然形成的石板精舍。在這妙不可言的靜處，僅僅以清淨的泉水加上芬芳的花朵以及翠綠的樹葉作為充饑之食就已心滿意足了。唯與鳥獸相伴，坦然處於安樂與禪定的境界中，如此無始以來的一切善願定會實現。正如《入行論》中所云：「林中鳥獸樹，不出刺耳音，伴彼心常樂，何時共安居？何時住樹下，岩洞無人寺，願心不眷顧，斷捨塵世貪？何時方移棲，天然遼闊地，不執為我所，無貪恣意行？」又云：「故當獨自棲，事少易安樂，靈秀宜人林，止息眾散亂。」「故當厭諸欲，欣樂阿蘭若。離諍無煩惱，寂靜山林中。皎潔明月光，清涼似檀香，傾泄平石上，如宮意生歡。林風無聲息，徐徐默吹送，有福瑜伽士，踱步思利他。」《致弟子書》中云：「皎潔圓滿月輪作莊嚴，山腰飄帶雨雲層層現，山頂森林之中無貪著，如風飄動終生大緣分，森林野獸成群而棲息，美麗悅意之地遍快樂，如此歡喜林園天界中，自然石板妙處豈具有？」

戊七、宣說於靜處生起無常之理：

各種旃檀的

　　　　薰香藥等飄芬芳，寂靜悅意禪自增，
　　　　歡喜四季如蓮海，春夏秋冬之四季，

依照次第變化故，增上無常厭離心。

　　在這宛如遍滿蓮花的湖泊一般的清幽之地，到處都散發著藥花的撲鼻芳香，柔和的微風中也飄逸著沁人肺腑的清香。在這裡我們通過季節次第性遷變的實例，相續中可以生起強烈的無常觀與厭離心。因為與任何人不相聯繫、互無交往，也就自然不會有貪嗔的煩惱，又不需對任何人、物牽腸掛肚，自己可以逍遙自在地居住，既不必考慮他人也不需維護別人的情面，又不用為住處奔波忙碌，無論什麼時候離開也不會有他人的百般干涉與重重阻撓，這般自由自在、無拘無束的快樂恐怕連天王也不會得到。《入行論》中云：「空舍岩洞樹，隨時任意住，盡捨護持苦，無忌恣意行。離貪自在行，誰亦不相干，王侯亦難享，知足閑居歡。」《致弟子書》中云：「林海淨水靜處遍快樂，勝過塗抹妙香之天女，髮髻裝飾美麗之花鬘，天界境中亦有此樂耶？根葉瓜果繁茂之妙樹，林園無盡山水不斷流，廣闊江邊花果墜悅意，為何無解脫心住家獄？山巒連綿無擾極安樂，用品豐富綠色森林連，河邊瀑布瀉聲悅如鼓，似宣我等莫為煩惱染。佛說一切欲妙財三有，如幻陽焰水月與波濤。」

　　戊八、於彼處心將堪能之理：

　　　目睹屍林散骨景，自身亦知如是性，

　　　悉皆散落之有法，不貪無實輪迴法，

第八品　發菩提心

恒滅爭論諸煩惱，自心堪能得安樂。

如果有幸能住在寂靜的聖地，則對輪迴厭離心會油然而生，口舌之爭與粗重的煩惱也會隨之化為烏有。居於靜處有諸如此類的無量功德。《富樓那請問經》中云：「喜愛深山林園處，增上一切功德源，若人依止寂靜處，五欲貪執皆斷除，無有嘈雜憒鬧故，一切善法不失毀，無有彼此互來往，以及問候相交談，是故一切佛讚歎，空曠靜處極幽靜。是故一切菩薩眾，恒時當依寂靜處，切莫貪戀大城市。」

戊九、依止園林之功德：

> 諸佛稱讚寂靜林，厭惡世間往靜處，
> 僅邁七步之福德，何者恒河劫佛前，
> 數劫供養諸福德，不及前福百千分，
> 是故行者皆應當，依止寂靜森林處。

有些人在多生累劫中以財物供養佛陀的福德遠遠不如以厭離心歡喜向森林等寂靜處邁七步的福德大。《三摩地王經》中云：「若有人數劫中於數劫之一切佛前供養鮮花、薰香、塗香、神饌、一切舒適資具，有人以極大厭離心向靜處僅邁七步，則此福德勝過前者無量倍。觀察身命而捨棄，當修寂滅勝空性，依極勇猛精進心，如野獸般居靜處。」

戊十、宣說修法、分類、功德：

> 彼處墊上跏趺坐，一緣不動心入定，

大圓滿心性休息大車疏

修凡夫行義分別，　及緣真如勝靜慮。

四禪以及四無色，　未入已入道聖眾，

當知三等持名稱。　依彼斷喜妙欲心

成就解⑧通與等持，　五眼神變心自在。

　　靜慮之本體是指心一緣專注於任何一種善法的所緣境上《道燈論》中云：「於何所緣境，心當善安住。」意思是說，我們在修靜慮之時，坐在墊上，如果心毫不動搖而入定，那麼戲論的顯現自然而然會消失，處於一味一體的法性中，如同閉著雙目一般。然而這種境界並非不見顯現境，只是對顯現境無有執著相而已。也就是說此時可以清晰見到外境顯現，就像睜著眼睛一樣，此二者雖是同時存在的一體，（然卻有入定後得的差別。）如《道燈論》中云：「如同人閉目，入定心如是，如同人睜眼，後得識亦然。」意思是說，一本體中的入定是指寂止，後得是勝觀，因為一本體中的入定與後得一內心、一本體、一時間、一所緣，所以它們斷除障礙的作用也是相同的。《略釋論》中云：「清淨世間是指（入定時）不耽著所取與能取相，後得之心與入定相同之果能遣除色等之想。」這其中的意思是說，入定的顯現中外境顯現不滅，而又無有任何分別念，因此稱為清淨；在此境界中也顯現土石等平庸的五境，所以命名為世間。此刻無有能取所取之相，因為是無分別心的狀態。當時的顯現分之心，從空性而言，命名為入定；

第八品　發菩提心

就顯現而言，稱為後得。由於此時的後得之心與入定是同一個心的緣故，與自然斷除二取之入定同一體的後得也無疑能夠斷除對色受等諸法的二取貪執之想。從入定中出定的後得稱為放縱後得，這種後得具有能取所取等貪執。無論在修等持的任何時候均具有入定與後得一本體的境界，七地之前有放縱後得，七地以後入定與出定在一本體中不可分割，無有各體。《寶性論》中云：「恒時利眾心，勇猛如烈火，靜慮之等至，亦是恒安住。」

　　靜慮若作廣說，則有凡夫行靜慮、義分別靜慮與緣真如靜慮三種分類。未入道者相續中的四禪四無色之等持稱為凡夫行靜慮；已入資糧道、加行道之人的等持作為解脫道之因，並且能細緻分辨意義，所以稱為義分別靜慮；一地以上聖者們的所有等持稱為無漏等持或緣真如靜慮。《楞伽經》中云：「凡夫行靜慮，義分別靜慮，緣真如靜慮。」關於此中所說的三等持之界限在《瑜伽師地論》中也有明確分析。

　　靜慮之果：《般若攝頌》中云：「靜慮捨棄惡妙欲，成就智通與等持。」又如《經莊嚴論》中云：「自心內安住，依正念精進，能生安樂果，神通獲自在，諸法之根本，彼等有三種，如是知靜慮，智者真實行[84]。」

　　靜慮之本體：自心不散，於內安住。

　　靜慮之因：恒具正念，精進行持。《經莊嚴論》中

云：「速疾知散亂，復當靜安住⑧。」

靜慮之作用：是獲得安樂、成就神變之因。

靜慮之分類，有現法樂住、成就功德、利益眾生三種靜慮。

現法樂住之靜慮：即依靠內在的禪定所生的功德而獲得喜樂。（此種靜慮也就是指四禪，）其中一禪的未至定與相似正行之時具有尋思與伺察，殊勝正行時無有尋思而僅有伺察；二禪、三禪、四禪之正行時既無尋思也無伺察，《瑜伽師地論》中說彼等禪定也是前前作後後之未至定（意思是前一禪作為後一禪之因）。成就功德之靜慮：是指實際修持清淨六波羅蜜多等法門時一緣安住分的禪定。利益眾生之靜慮：即一緣專注眾生的利益，並且由禪定正行的境界中隨心所欲示現幻化饒益有情等等的禪定。

靜慮之功德：《經莊嚴論》中云：「佛子具多禪，成就諸靜慮，以禪樂安住，以悲投劣身，靜慮令眾生，獲得三菩提，靜慮為智攝，於世永無盡⑧。」

丁六（智慧）分三：一、宣說二大法藏；二、宣說諸法無生；三、若具智慧度則得解脫。

戊一、宣說二大法藏：

　　三種智慧聞思修，成就勝觀摧諸惑，
　　知法有法實相後，從有城趨寂滅果。

通過聽聞佛法能夠如理了知諸法之自性或實相，之

後依靠深入細緻的思維而對法理生起定解，最後進行實地修行，從而便能渡過三有的大海，此聞思修三者即是智慧之自性。《經莊嚴論略釋》中云：「智慧由聞、思、修中所生或由等持之加行、正行、後行中所生。」智慧也稱為勝觀，它遠遠勝過其他五度，作為薄地凡夫從聞法中生起智慧相當重要。因為未曾聞法也就談不上進行深入思維與實地修持。如《寶性論》中云：「佈施能成諸受用，戒得善趣修斷惑，慧斷煩惱所知障，故此殊勝因即聞。」又云：「勝慧之基礎，即聞故聞勝。」所以說，想要真正通達諸法自性之人應當以聞法來抉擇，抉擇的方式有能量珍寶鑰匙之理與所量法藏之理兩種。

第一、能量珍寶鑰匙之理，又分為了義之理與不了義之理兩種。其中了義是指諸法之法性真如、法界自性清淨、心性光明的密意，也就是自性清淨、無有遷變、超離生住滅如虛空般的本體，凡是宣說此本性的所有經論都包括在了義的範圍內。諸如生、滅、來、去、清淨、不清淨、蘊、界、處等次第形形色色如夢境般的顯現，凡是有法的顯現並可以言語思維衡量、假立而表達的一切法均稱為不了義，宣說不了義的所有經論都包括在世俗諦中。比如，口中言說的同時心裡也思維心性如虛空一般，其實這也是包括在世俗諦的範疇裡。所謂的勝義諦之自性是指了義法，也就是真如本性。《贊不可

大圓滿心性休息大車疏

339

思議中觀論》中云：「諸法之空性，亦稱為了義，若說生滅等，有情生命等，世俗不了義。」又如《三摩地王經》中云：「依照本師善逝說，知了義經說空性，若說眾生諸士夫，知彼等法不了義。」《無盡慧經》中云：「何為了義經部，何為不了義經？為令眾生入道而宣說的諸經即稱為不了義經；為入果而宣說之諸經即稱為了義經。宣說我、眾生、壽命、士夫、補特伽羅、力生、力主、作者、受者、說種種聲、無主說為有主之任何經均稱為不了義經部；宣說空性、無相、無願、不現行、無生、無來、無實、無我、無眾生、無壽命、無補特伽羅、無主人乃至無解脫門之任何經皆稱為了義經。當依了義經，勿依不了義經。」

概括而言，本性實相稱為了義，宣說實相的所有經稱為了義經；為了引導眾生悟入本性而以多種方便宣說不清淨迷亂之法稱為不了義，詳細論述不了義的分類等法門稱為不了義法。此法理實可堪為見諸法之明鏡以及開啟諸法之門的鑰匙，所以首先宣說。為了令眾生明確此等法理、證悟密意之自性，在此有必要闡明意趣與秘密的道理。

所謂的意趣是指在演說佛法的過程中稍微含有誇張的成分在裡面，也並非是虛言妄說，而是具有特殊的某種必要而宣說的一切法義。

意趣共有四種，即平等意趣、別義意趣、別時意趣

與補特伽羅意樂意趣。《經莊嚴論》中云：「平等與別義，及別時意趣，補特伽羅意，當知四意趣。」

平等意趣：諸如世尊考慮到法身平等而說我爾時成為拘留孫佛。

別義意趣：諸如世尊考慮到三無本性而說諸法無本性。三無本性即：（一）遍計法無本性，因為實際意義上遍計法必定不成立，所以說遍計法無本性。（二）依他起生無本性，因為四邊生不成立。自生不成立是因為已生與正在生是相違事物；他生不成立是因為若觀察自相他相均不成立；共生不成立是因為二種事物互為相違；無因生不成立是因為無因不可能生果。總之，凡所顯現的生（滅）等法均如夢如幻，是緣起性無而顯現（，因此說依他起生也是無本體的）。《智光莊嚴經》中云：「文殊，夢境現而無有，如是諸法亦是現而無有，直至幻術、陽焰、乾達婆城、水月、影像、幻化之間。」（三）圓成實勝義無本性，因為圓成實本身就是勝義並且無有不清淨等戲論法的本體。《解深密經》中云：「我思維相無本性、生無本性，勝義無本性而宣說諸法無本性。」

別時意趣：例如佛尊曾說僅以持誦無垢月光如來之名號便可獲得佛果。這其中的含義是說，僅僅持誦佛號雖然不能立即成佛，但依靠往昔所積累的諸多資糧，終有一日必定能成就佛果。

大圓滿心性休息大車疏

補特伽羅意樂意趣：諸如針對有些貪執戒禁取見者，佛陀譴責戒律、讚歎佈施。

秘密是指為令有些眾生趨入正道，受持真義，而依靠對方所感興趣的少數名稱或能接受的條件宣說，方式雖然與之相同，卻有言外之意。秘密也分四種：即令入秘密、相秘密、對治秘密、轉變秘密。《經莊嚴論》中云：「令入之秘密，以及相秘密，對治之秘密，與轉變秘密，聲聞與本性，如是滅罪業，及說甚深性，四種秘密也。」

令入秘密：諸如為利益有些因畏懼空性而不入大乘的聲聞種姓者，佛說色法存在。如此一來，聞法者理解色法等外境實際存在而（放下顧慮）趨入大乘，而講法者想到的是凡顯現的一切法均如夢境般存在。

相秘密：諸如為令眾生了達無有本性之實相，佛說一切萬法皆無有本性。關於遍計法無本性、依他起無本性以及圓成實無本性三者前文中已有闡述。

對治秘密：諸如佛陀考慮到有些人會有釋迦佛身材矮小、壽命短暫等故不如其他佛陀的想法，於是說我爾時成為毗盧遮那佛。如此一來，聽聞者會理解到釋尊與毗盧遮那佛的色身其實是平等一致的，而講說者則想到二佛圓滿資糧平等、獲證法身平等、利眾事業平等。《俱舍論》中云：「諸佛資糧與法身，行利眾事平等性，彼等身壽與種姓，以及身量非相同。」

轉變秘密：諸如為了遣除某些人因此法容易理解而認為比其他法下劣的罪過，宣說此法極難證悟。如《因緣品》中云：「父母為所殺，國王二所淨，境眷皆摧毀，彼人得清淨。」這其中的含義：「父母」是指行於輪迴中的愛取；「國王」是指各種習氣的所依或基礎——阿賴耶；「二所淨」是指婆羅門的壞聚見與沙門戒禁取見；「境」是指內處及所取能取等八識聚；「皆摧毀」是指以上這些完全遣除，（「彼人得清淨」，）即可成佛。

意趣與秘密二者是一本體異反體的關係。

二者的差別誠如具慧譯師所說：「聽者從說者的語言中未領會到說者所想的意義，而是理解到其他的含義，即是意趣；聽者對說者所想的意義心領神會，即稱為秘密。」《攝大乘論釋》中云：「意趣僅僅是心中之觀點，而不觀待對方承認；秘密觀待對方之承認。」我認為此二者並不相違，觀待某種目的而說彼之所具條件，而不觀待對方承認不承認，也屬意趣。對於他人所詢問的意義並未和盤托出、圓滿明示，仍然保留有意圖，因此稱為意趣。為利益他眾，依靠方便稍許迎合他人的心理而宣說的含義稱為秘密，因為依賴講者口中宣說，對方也領會他所說的意義進而趨入，到後來聽聞者對講者的言外之意方完全理解，所講的意義也並不是妄語。

四種意趣、四種秘密即是閱讀經典的第二把鑰匙。如是文字、意義、意趣、必要還有許多，所以依靠此理辨別而了知一切經續之義極為重要。

第二，所量法藏之理分為二諦之理與緣起自性。

首先宣說二諦之理：《根本慧論》中云：「諸佛依二諦，為眾生說法，一以世俗諦，二第一義諦。」《父子相會經》中云：「知世間之此二諦，汝非他前聞自見，彼即世俗勝義諦，何處亦無第三諦。」也就是說，單單以所謂法之自性作為二諦的分基而言，現相是世俗諦，實相是勝義諦。現相也有迷亂現相與無迷亂現相兩種。

迷亂現相：為眾生時，所顯現的迷現、迷執、迷識即可以言語、思維的一切法，也就是具有欺惑、不實、變化、痛苦等特性的所有法，因為這些法是迷亂分別心的對境並且是以語言、思維假立的。就算是眾生心中所想、口中所說的佛陀也是心假立的，因為心裡想的、口中說的根本不能觸及佛陀的實義，所以說它是一種迷亂的現相。

爾時的顯現與心識也根據它真實還是虛妄而分為真世俗與倒世俗兩種。真世俗所對應的顯現能起作用、由因而生、非為假立、共業顯現，即地水火風以及內在自識所攝的一切法。倒世俗是指雖然顯現卻不起任何作用的一切法，例如顯現兩個月亮。《二諦論》中云：「顯

現雖相同，是否作用故，分為真世俗，以及假世俗。」真世俗與倒世俗二者，如果從本性來衡量的話，則完全相同，因為它們是迷亂習氣所生相同、顯現於各根門中相同、暫時於迷亂者前顯現作用並且均是眼識所見的對境等方面皆相同，因而二者均無有自性。

無迷亂世俗有趨果無迷亂與得果無迷亂兩種。趨果無迷亂世俗：道基之智慧及功德雖然從變化上進而說是無常，但觀待趨向本性之地而言稱為無迷亂。《寶性論釋》中所說的「一切道諦有為法，一切有為法欺惑性」是從遷變與需要上進方面而言的，道諦雖是有為法，卻與其他有為法的欺惑性全然不同。

得果無迷亂世俗：住於密嚴剎土中的佛陀，其色身及智慧無有遷變、常有存在、任運自成、作為功德寶藏、壇城等大光芒一切圓滿自在，雖然從顯現分而言稱為世俗，實際上它與法身無二無別，因而無有遷變如虛空般安住，關於此等內容下文還有廣說。化身是以所化眾生所積累的善業與佛陀的大悲聚合而任運自成顯現的，雖然在所化眾生前好像有遷變，其實無有遷變，就像水月的形象因為水器的不同而顯現遷變，但實際上由於水月自相不成立，所以無有遷變。雖然現為調化眾生的身相，但其自相卻是不成立的，因為三身是無合無離的一本體，而且法身無有遷變。例如，空中之月是水月之因，它們是一本體的緣故，不變存在。同樣的道理，

345

化身也是於報身中任運自成而顯現的，實際上不成立，因此無有遷變，只不過在所化眾生前顯現遷變，其實並不成立。所以，承認顯現分之一切清淨不清淨法皆為世俗諦所攝。

　　勝義諦則是指本來的實相。《中觀根本慧論》中云：「自知不隨他，寂滅無戲論，無異無分別，則名真如相。」輪廻與涅槃的一切法原無本性、超離一切言思，不是以他人證悟未證悟而安立的，既無一體也無異體的承許。《根本慧論》中云：「不一亦不異，不常亦不斷，是名諸世尊，教化甘露味。」雖然現有輪涅之諸法以分別心假立為賢劣不同法，實際上諸法本如虛空般清淨，完全超離了所謂的「清淨、不清淨、二者、非二以及極清淨」此等以心安立的行境。彼論云：「一切實非實，亦實亦非實，非實非非實，是名諸佛法。」本性中超離一切承認，因為本體不成立任何可識別之法，承認此法彼法也是我見，諸如此等均將墮入常邊斷邊。《六十正理論》中云：「若承認有實，則生貪嗔心，受持惡見解，從中生爭論。」這其中的含義是說，本性中無有立宗，所以無有任何承認的對境、承認者以及所承認的觀點，因此說無有過患。《回爭論》中云：「若我有立宗，爾時我有過，我無立宗故，唯我無過失。」如是諸法之實相或自性清淨之本體是指深寂離諸戲邊，所以無有立宗或承認，也就稱為本來清淨之法界。本體中

雖然無二無別，但如果以心假立而分析，那麼說生本身無生等這種以心安立的空性也未擺脫無生之戲論，只能說是相似勝義，徹底脫離生與無生等一切戲論之邊方可稱為真實勝義。《二諦論》中云：「雖遮破生等，許相似勝義，滅無生諸戲，稱為真勝義。」

在此相應竅訣而分析，唯以法界作為二諦之分基，其中如幻如陽焰如水月等顯而無自性之顯現分的所有法稱為世俗諦。《炯祥請問經》中云：「如潔淨明鏡，顯現面容月，炯祥（尋香王）當知法，自性皆不成……」雖然凡夫人將顯現視為真真切切存在之法，而瑜伽士除了如夢般的顯現外不見實有法，一切皆是恍恍惚惚、明明晃晃的景象。未經觀察時雖然顯現，一旦觀察時即不存在，真正通達了此理便可稱為證悟世俗諦。此時，任何顯現的外緣對他都是無害的。

如若修行已經趨於圓滿，那麼便可成就於外境顯現的土石山岩中暢通無阻、無礙穿行等神變。何人無有任何承認之法並且依靠現而無自性之理於異體實有法均不存在的境界中修煉自心，當獲得聖者之智慧時，在他的面前無論顯現剎土等清淨不清淨相，都無有實執，這種境界的顯現稱為真世俗。換句話說，具有實執的分別妄念以及顯現均是倒世俗；無有實執的一切心識與顯現皆稱為真世俗。

所謂的勝義諦也是指領悟了心性無有自性的實相以

大圓滿心性休息大車疏

及諸法猶如水月般無實有的自性後，徹底了達迷亂的顯現是無有根基、現而無自性的本體，也可以說，當有無等的分別心解脫於法界中時，即稱為證悟勝義諦之實相。因為此時已完全證悟了本性如是存在的勝義諦，所以稱為證悟勝義之智慧。如《羅睺羅贊般若經》中云：「無有言思智慧度，無生無滅虛空性，各別自證智行境，頂禮三世諸佛母。」依照此經中所說，各別自證之智慧即是勝義諦，真正已經完全了悟了此義之人，即許為證悟勝義諦。實際上，二諦並非是如同牛角各居一方互相分開的，在現見了如水月般的世俗實相之時，從月影之現分而言是世俗諦，從月輪無實空性分而言是勝義諦，二者（指勝義諦與世俗諦）如同無而顯現於水池中一體般，這就稱為二諦無別或二諦雙運，通達二諦無別的智慧稱為證悟二諦。已了達了所顯現的色聲香味觸以及意識對境的破立分別心等一切迷亂顯現猶如幻化八喻般顯而無自性之人，便可稱為從三有曠野入解脫道者。

　　如果以智慧來觀察二諦，則經不起觀察的一切法為世俗諦，完全能經得起分析的所有法為勝義諦，這種說法也屬分別念的範疇，很明顯只能算是世俗。為什麼這樣說呢？請問，你們所說的經得起觀察是否觀待以心假立，如果不觀待，那麼經得起觀察的概念顯然無從安立；倘若觀待以心假立，那就只是分別念的行境而已，所以經不起觀察與經得起觀察二者雖然形式上不同，其

實在以心分析這一點上是完全相同的，因為它們同是分別心的對境，所以是世俗。如《入行論》中云：「勝義非心境，說心是世俗。」這其中已很明顯地宣說了此理。

　　若歸納而言，則一切分別心戲論與顯現戲論即是世俗諦，斷除戲論、息滅二取之心以及心境的一切法稱為勝義諦，這是大乘宗派共同承認的。因為二諦無別，所以很顯然世俗諦也有成為勝義諦之時，也就是說，二諦雖然反體不同實則是一本體。儘管依照宗派承認既不是一體也不是異體，但按照世人共稱的觀點說為一本體的。如果遵照宗派所承認的觀點來說，那麼如世俗顯現一樣勝義也應當顯現，或者如勝義不顯現一樣世俗也不應當顯現的過失就不可避免了。《解深密經》中云：「世俗勝義相，遠離一異體，誰執一異性，此人入歧途。」按此經的觀點而言，所謂的「無一異體之差別」，其實就是自性無二的意思。關於此等之理，《幻化網續》中云：「世俗勝義無有別，真諦廣大壇城中。」

　　世俗諦與勝義諦二者的關係是屬一本體異反體、異本體、遮一體之異體、義同名異四者之中的哪一種呢？如果僅從名言上來說的話，那麼二諦既不是義同名異的關係，因為二者的體相與形式截然不同；也不是異本體的關係，因為它們無有本體並且名言中是無二無別的，

又不是遮一體之異體的關係，因為二者無有分開之自性並需要在一本基中分類。所以，在名言中二諦之間是如同水與水月般一本體異反體的關係。《菩提心釋》中云：「如甘蔗性甜，火之自性熱，如是一切法，自性空性住。」又云：「世俗說空性，唯空性世俗，如所作無常，無定不生故。」《五次第論》中云：「世俗與勝義，當知各自分，何時真相融，稱彼為雙運。」當然，在勝義中二諦之間一體異體均不可分析。如《彌勒請問經》中云：「世俗諦之相與不可言說之法界既非一體亦非異體。」

二諦之定數：二諦總共有三種定數，即遮他邊定數、真實存在定數以及觀待必要定數。

一、遮他邊定數：因為戲論之法與無戲論之法必定直接相違，否定了破立以外的第三品法，所以諦的定數為二。

二、真實存在定數：對境是觀待有境而安立的，有境分為迷亂之心與無迷亂之心兩種，輪涅的一切諸法即是迷亂與無迷亂之法性的對境，所以就心的方面而言，必定有兩種對境，如同印章與印紋一般。《入中論》中云：「由於諸法見真妄，故得諸法二種體，說見真境即真諦，所見虛妄名俗諦。」

三、觀待必要定數：如果根據各宗派而分析，則一切聲聞部承認有兩種勝義諦，即以心分析不能害之心識

勝義與以鐵錘摧毀不能害之有實勝義諦。意思是說，心識的相續以及粗大的物質，承許是世俗諦，心識之剎那與物質的無分微塵，承許是勝義諦。《俱舍論》中云：「毀彼以慧析他法，則心識不趣入彼，猶如瓶水為世俗，除此具有為勝義。」

有些經部之觀點，《釋量論》中云：「何者起作用，彼非勝義有，其餘世俗諦，彼等自總相。」這與因明的觀點相同。

唯識宗認為二取顯現的對境與有境是世俗諦，無二（指無二取）之心識是勝義諦。《集智藏論》中云：「所謂有分無，極細微塵無，不緣各自現，感受如夢境，脫離能所取，心識勝義有，詣智海彼岸，瑜伽行論說。」

中觀自續派認為一切顯現在世俗中如幻成立，於勝義中如虛空般不成立。《毀迷論》中云：「有緣即是世俗諦，勝義無有能所緣。」

中觀應成派認為，所謂的顯現是世俗、空性是勝義也只是說法而已，無有分別，因為超離一體異體之法性遠離一切戲邊，諸法正當顯現時也是無生無滅、無來無去的，所以宗派所承認的世俗也要遮破。《入中論》中云：「如汝所計依他事，我不許有彼世俗。」

若有人想，那麼所顯現的生等之法不就成立了嗎？

對此作答：所顯現生不生、成立不成立都是心假立

的，怎麼有成立的法呢，遮破的是你們宗派所承認的觀點，而僅是顯現卻並不遮破。如聖天論師云：「顯現非所破，緣起而生故，此乃痛苦因，實執為所破。」顯現也是無有自性的。《根本慧論》中云：「色聲香味觸，及法體六種，皆空如焰夢，如乾闥婆城。猶如幻化人，亦如鏡中像。如是六種中，何有淨不淨？」

若問，那麼，我們應當接受何種觀點呢？

對此作答：現而無自性的一切善妙分之法均可接受，與各自之實執相關的所有低劣宗派皆當捨棄。

二諦之差別：不可言思的本性為勝義諦，以心思維、以口言說而假立並且顯現的一切法為世俗諦。

若問：以智慧能否證悟勝義諦？

對此作答：因為勝義諦的本體超離了能證所證，所以在勝義中無所安立證悟。《寶積經》中云：「迦葉，何為勝義空性？即誰亦無有所見、無有現前，無有獲得，無有不得。」

又問：如此說來，那麼聖者也無法證悟了嗎？

作答：從生起了與勝義相同之智慧而言，可以命名為證悟勝義諦。誠如月稱論師曾說：「生起與空性相同之智慧即稱為證悟空性，而空性並不是證悟。」譬如，只能是了達虛空無有阻礙的自性，而虛空與心不可能成為無二無別的一體。《金剛經》中亦云：「若以色見我，以音聲求我，是人行邪道，不能見如來。應觀佛法

性，即導師法身，法性非所識，故彼不能了。」

此外，因為成就佛果時勝義諦與佛陀是一體的緣故，能證所證無有二體，現見聖諦時也就是見到了心性與義智慧無二之際，即能證所證是無二的，因此爭論證悟與未證悟也就徒勞無益了。

有些人說：按照你們所說的勝義之本體無有能證所證，那麼說補特伽羅就無法證悟勝義了？

這種與事實毫不相干的論調實在令人感到可笑。想來就像別人說火是熾熱燃燒自性的緣故人們不能使用火的說法一樣。虛空雖然超離了分別心等戲論之邊，但是人們卻可以衡量它。同樣，瑜伽行者完全能夠衡量超離言說戲論的勝義諦，並且可依靠勝義諦的威力從痛苦中解脫，現前內心之殊勝光明，這是極具合理性的。

如果不了知二諦之自性，則無法通達甚深之真如。《根本慧論》中云：「若人不能知，分別於二諦。則於深佛法，不知真實義。」

了知二諦自性之功德，如頌云：「誰依此二諦，積累菩提資，彼等於輪廻，圓滿智資糧。」意思是說，諸法無而顯現空性之遊舞囊括一切萬法是合理的，現空之外的任何法皆不合理。《根本慧論》中云：「以有空義故，一切法得成，若無空義者，一切則不成。」又如云：「空性皆合理，不空則非理。」

總而言之，不清淨迷亂之世俗法如夢境般無有實

有，除了欺惑性、誘惑凡夫以及虛無縹緲的自性以外無有本體與識別性。清淨法性之深寂離戲自性光明智慧的實相則是無有遷變、任運自成、不可思議之法性。因此通過在世俗諦中積累如夢如幻般的福德資糧，於勝義諦中修持如虛空般的法性義之智慧資糧，結果可以現前殊勝色身與殊勝法身之果位。

這以上第一法藏二諦之理已宣說完畢。

接下來宣說諸法緣起之自性。《根本慧論》中云：「未曾有一法，不從因緣生，是故一切法，無不是空者。」緣起共有三種，即本性緣起、輪廻緣起、涅槃緣起。

第一、本性緣起：現有輪涅之法性或者彼之自性未曾從何處來，也未曾去往何處，又不住於任何處。法性依賴於有法，而有法正在顯現生滅之時也是遠離生住滅一切戲論的，此即稱為中觀之觀點。《根本慧論》中云：「眾因緣生法，我說即是空，亦為是假名，亦是中道義。」《楞伽經》中云：「斷除常與斷，有無皆已離，即將悟中觀，如是中觀道，我與諸佛說。」如是不清淨的顯現以及緣取它的心識均如同有膽病眼翳的患者眼前飄浮毛髮一般，正在顯現時就未曾有過。《楞伽經》又云：「無性無有識，無實無普基，如屍愚尋思，劣者立此等。如顛倒毛髮，眼翳者所見，分別有實法，凡愚顛倒立，三有唯心立。」也就是說，如同夢中的迷

亂顯現在臨睡與清醒的狀態時都無有，然而卻顯現在睡夢中，現今六道的這種迷亂顯現也是同樣，在最初心性本來清淨的如來藏中根本是不存在的，到後來迷亂極為清淨成佛之時也蕩然無存，實際上中間顯現也是無而顯現，因而不成立生住滅，由於本體無有生滅，因此自始至終均無變遷。《普作後續》中云：「後法界[87]中無變故。」一切迷亂的顯現僅僅是名稱假立之法而已，本性中皆不成立，猶如空中的鮮花與石女兒一樣。所以說，如若真實證悟了迷亂顯現的自性，即可獲得解脫。如頌云：「世間無生滅，極似空中花，依汝智悲力，不緣有與無。諸法皆如幻，斷除心與識，離世間常斷。」

本來，依賴於種種習氣阿賴耶的八識聚以及顯現外境之習氣的一切迷亂顯現均是遍計性、倏然性、實際無有、無而顯現的，可是眾生卻以無明、我所執的迷亂分別念將本不存在的顯現實執為我與我所，無義而行事，從而疲憊不堪地沉溺如夢般實執的苦樂之中。《無盡藏道歌》中云：「我做遊戲般，凡愚徒勞執。」外境正在顯現以及內心正在起心動念時，從本性來說，即是本來空性、超離戲邊的。《三摩地王經》中云：「佛子有實無常滅，三有一切本來空，相似空性外道徒，智者不與凡愚諍。」也就是說，是非、真妄、淨垢這一切均是以心安立的宗派遍計法，因此務必捨棄實執。《三摩地王經》中又云：「尋思假立謂有無，如是伺察苦不息，所

謂有無是二邊，淨與不淨亦是邊，智者亦不住中間。」

《不退轉輪經》中云：「謂有是一邊，謂無第二邊，如同我無我，亦同常與斷。」如此必將導致被各自執著之宗派所束縛。《楞伽經》中云：「執有實心者，猶如吐絲蠶，凡不知分界，為自劣宗縛。」所以，何時何地都要證悟諸法無生無滅、無來無去、非一非異、不斷不常，息滅一切戲論的自性。《根本慧論》中云：「不生亦不滅，不常亦不斷，不一亦不異，不來亦不去，能說是因緣，善滅諸戲論，我稽首禮佛。」總而言之，諸法之自性本來清淨即稱為本性緣起性或者本基緣起性。

第二、輪廻緣起：輪廻緣起有外緣起與內緣起兩種。

外緣起：諸如心的顯現境——山、牆、地、水、火、風、空等色法，以共稱的大種所造色或大種色為主，布匹、繩子、粗毛、粗毛織物等由因緣所生的這所有各種各樣事物，均稱為外緣起。因為它們相互觀待而形成並且現為外境與無情法的形象。

內緣起：由無明中產生的行直至老死之間，稱為內緣起。《楞伽經》中云：「大慧，如同瓷罐由泥團所成，線成氍毹、毛線成毛織物，種子生芽，攪拌棍等加人力令酸奶出酥油；大慧，此乃由前生後之外緣起。內緣起，即無明、愛所生此等之法，即是獲得內緣起之名稱。」意思是說，最初沒有認識各別自證之智慧本面即

是大無明，從而行於輪廻，並且從識一直到老死之間互相依存，接連不斷而生。《致弟子書》中云：「佛說無明之中產生行，行中生識識中出名色，名色之中生出六種處，由六處中產生一切觸。觸法之中產生一切受，受之因中將會產生愛，從愛之中將會形成取，由取之中生有，有出生，倘若有生則有憂病老，及愛別離死亡畏懼等，盡現極為強烈之苦蘊。」

此等緣起若詳細分類，則有十二種。（一）無明：未能真正了達實相本淨之法性本體及以彼所表示的一切法，從而行輪廻之業，即產生行緣起。（二）行：有無明遮障的身語意之隨福德分善、十不善以及無記業三種，依靠其中的善業而轉生善趣，以不善業墮落惡趣，無記業是二者的助緣，相應於不善業而存在。《根本慧論》中云：「眾生癡所覆，為後起三行，以起是行故，隨行入六趣。」（三）識：識依靠行業，相應於所行之善業或所造之罪業而分別趨入（六道）任何一道，生起彼趣的識。彼論云：「隨諸行因緣，識受六道身。」識趨入自己要投生的那一趣時，白紅明點與風心聚合之分入於彼道，從而產生受、想、行、識四名蘊。（四）名色：名是指所形成的色蘊，綜合一起而稱為名與色。彼論云：「依靠諸識故，而成於名色。」神識進入母胎從而形成名、色。其中色是指從凝酪到身體圓滿之間。（五）六處：爾時，形成眼、耳、鼻、舌、

357

身、意，稱為六處。《根本慧論》中云：「依靠名色故，因而生六入。」（六）觸：在此之後由對境、根門、作意三者聚合而形成觸。譬如色法、眼根與眼識三者聚合而產生眼觸，同樣，依靠名色識三者而於母胎中產生觸。彼論云：「依靠六入故，而生於六觸，依眼根色法，作意而生觸，是故依名色，而生於識處，情塵以及識，三者之和合，彼者即生觸。」（七）受：受由觸中產生，因為快樂、痛苦、不苦不樂三種感受分別是從悅意、不悅意、中等三種對境中產生的。彼論云：「由觸而生受。」（八）愛：受中增生愛，愛有三種，即感受甘蔗的甜味而貪其香之貪愛、想脫離痛苦之感受而希求安樂的畏愛以及中等感受中產生的等捨之愛。彼論云：「以受生渴愛，因受生愛故。」（九）取：由愛中隨心所欲而產生取。彼論云：「因愛有四取。」《顯句論》中云：「如是貪愛受者即是產生有之因，並且執著戒、見、禁、我四種。」此外，正處於貪愛之時產生相同、不同、中等、我所四取。（十）有：有由取中產生，也就是色、受、想、行、識五蘊。彼論云：「因取故有有，若取者不取，則解脫無有，從有生五蘊。」（十一）生：有中出現初生與未來生。彼論云：「從有而有生。」（十二）老、死：出生以後便會出現青春壯年、年邁衰老、壽終正寢。彼論云：「從生有老死，從老死故有，憂愁及哀號，痛苦與不悅，以及諸迷亂。如

是等諸事，皆從生而有。」經中云：「老即成熟；死即衰老之蘊壞滅；憂即衰老死亡之時有無明貪愛心之苦惱；呻吟即由憂傷引起之聲音；痛苦即五根之損害；不安樂即心不悅意；煩亂即由諸多痛苦與不安樂而產生。」

從此等緣起也是由前前生後後這一點而言，稱為因生之緣起；從內在之地水火風空識六界聚合而產生的角度稱為緣生之緣起。《稻稈經》中云：「內緣起有二種，何為二種？即因生之內緣起、緣生之內緣起。何為因生之內緣起？依無明緣之諸行、依行緣之識；為何稱緣生之內緣起？六界聚合之故。何為緣生之內緣起，即地、水、火、風、空、識六界聚合而生，稱為緣生之內緣起。」

以上是依照大乘觀點而宣說的。

依照聲聞乘而言，無明：感受前世煩惱時的五蘊；行：積累前世之業時的五蘊；識：入胎階段的五蘊；名色：凝酪等根門尚未顯露前的五蘊；六處：根門顯露後尚不能享受外境之前的五蘊；觸：從能享受外境到不知苦樂分別之間的五蘊；受：從了知苦樂分別到尚不能交媾之間的五蘊；愛：從有交媾能力到尚未真正接受貪欲對境之間的五蘊；取：接受貪欲對境階段的五蘊；有：積業階段的五蘊；生：後世之始從母胎中出來的五蘊；老死：後世之名色、六處、觸、愛、受。《稻稈經》中

云：「名色之處即是老死，生即至受間亦與彼相同。」

《俱舍論》中云：「此即緣起十二支，分為三份前與後，各自均有二緣起，中間八種壽圓具。煩惱現時為無明，宿業諸識名為行，識即結生之諸蘊，名色顯露六處前，六處三者聚前蘊，觸能知苦樂等前，淫愛之前乃為受，愛即行淫之貪者，取為得財而奔波，有為能生後世果，結生之蘊即是生，至受之間為老死。」

如是十二緣起有兩種圓滿方式，即剎那圓滿與相繼圓滿。就剎那圓滿而言，是依靠對方與自己二者而圓滿的。諸如殺生時，愚昧無知而造罪即是無明；準備造業之分即是行；正在造業時的心即是識；自己與所殺眾生二者均具有名色與六處；自己快樂成為對方痛苦用利刃刺殺之分即是觸；從中感受的苦樂之分即是受；從中再再生起歡喜心即是愛；對方趣入後世即是取；從具有五蘊之分即是有；今生與後世之分即是生；後世之分的老死。這就是說，成事剎那具全十二緣起。

剎那有三種，即時際剎那、彼之剎那、成事剎那。倏然間了達所知即是時際剎那；一百二十個時際剎那的時間即是彼之剎那；一件事從開始至圓滿之間是成事剎那。

若就相繼圓滿而言，唯識宗認為完整的一次因果在兩世中圓滿，即前世圓滿六因，現世圓滿六果，後世依此類推。六因是指無明、行、識、愛、取、有。六果是

指十二緣起中剩餘的六者。依照聲聞乘的觀點，完整的一次因果在三世中圓滿，即前世的無明、行作為因，依其產生今世之識（名、色、六處、觸、受）等五者，依靠今世的愛、取、有三者作為因而產生後世的生、老死。了知十二緣起有何必要呢？《俱舍論》中云：「遣前際等無明故。」

這以上三有輪廻之緣起已宣說完畢。

第三、涅槃之緣起分道緣起與果緣起。道緣起：輪廻十二緣起順行流轉的根本即是無明，此無明依靠覺性智慧可遣除，也就是說，憑藉聞思修的智慧而串習相續進而遣除最初的根本無明。由於無明被遣除了，依賴於它的其餘緣起也可以次第斷除，因為已滅盡了流轉輪廻之因，則必將越過輪廻之處。《親友書》中云：「生滅則令一切滅。」《根本慧論》中云：「以無明滅故，諸行則不生。若欲滅無明，以智修法性。前前若能滅，後後則不生，但是苦陰聚，如是而正滅。」欲求解脫的瑜伽士不積累形成輪廻的業因，所以也就無有投生輪廻的果，因為已遮止了行緣起。《根本慧論》中云：「生死根即行，諸智者不為。」

果緣起：成佛之後以如夢如幻的方式饒益眾生，此理於下文中有廣說。如是了知諸法完全可包括在緣起中的人通達勝義諦便可獲得佛果。《根本慧論》中云：「若人能現見，一切因緣法，則為能見苦，亦見集滅

道。」

這以上是廣大經典第二寶藏，之所以稱為寶藏，因為它涵蓋了一切諸法。這些是所有學問中最為珍貴的。

戊二、宣說諸法無生：

宣說依上述內容所抉擇之義——智慧。

> 現本無生如影像，無有本體現種種，
> 見性清淨緣起後，速得不住殊勝果。

如是所顯現的內外諸法皆如水中映現月影一般無有本體而顯現種種。如《三摩地王經》中云：「猶如夜晚之水月，澄清無垢湖中現，然水月空無實質，一切諸法如是知。」我們以這其中所說之理了達輪涅諸法無有自性後入定，自心無有散收地安住於外界所現的種種法以及內在無而顯現的明覺中，不緣任何他法，於如虛空般的境界中滅盡分別心之法界勝義諦稱為智慧波羅蜜多。《入行論》中云：「若實無實法，悉不住心前，彼時無餘相，無緣最寂滅。」薩繞哈言：「擺脫能修與所修，本性不動名為修，無有作意大手印，無有任何所求果。」彼等之義於《經莊嚴論》中云：「真辨諸所知，依於三摩地，解脫諸煩惱，慧正命善說，諸法之最勝，彼等有三種，如是通達慧，智者真實行⑱。」

智慧之本體：通達所知。

智慧之因：依於等持。

智慧之果：解脫煩惱。《般若攝頌》中云：「以慧

盡知法自性，真實擺脫諸三界。」智慧之作用：正命，善說正法從而斷除懷疑。彼論云：「人中尊轉妙法輪，為滅苦於眾傳法。」

智慧之功德：趨至解脫城。

智慧之分類：有聞思修三種或者等持之加行、正行、後行三種。

具有智慧之功德，如《經莊嚴論》中云：「佛子盡了達，任何所知法，亦不貪涅槃，何況於輪廻？智慧令眾生，獲得三菩提，妙慧為智攝，於世永無盡⑧。」

戊三、若具智慧則得解脫：

> 具有智慧得解脫，如毒為咒所攝持，
> 若無智慧方便縛，如藥致病受逼迫。
> 是故心中當生起，證悟實相之智慧。

《寶積經》中云：「迦葉，具智慧者依方便得解脫；不具智慧者依方便受束縛。」《道情歌集》中云：「遠離大悲入空性，依彼不得殊勝道，倘若唯一修大悲，住此輪廻不解脫。何人智悲能圓融，不住輪廻與涅槃。」又云：「愚者為之受束縛，智者依之速解脫。」

如是了達諸法之自性後，如若盡最大努力修持，則可速得解脫。《聖鎧莊嚴經》中云：「何人若以大努力、大精進修此無生、無滅、極深之空性法，則速通達菩薩之法界，圓滿總持、辯才，獲得無上之法，蒙受諸佛出有壞讚歎，守持清淨戒律，獲得清淨安忍、無上之

大圓滿心性休息大車疏

精進、無緣之靜慮、廣大之智慧而疾速現前圓滿正等正覺菩提果。四大天王撐傘祈請轉妙法輪，照亮諸人天而令彼等證無上菩提。」

丁七、宣說六度之攝義：

現在是以上所有內容的結尾，

> 若行六波羅蜜多，當知如同魔術師，
>
> 三輪體空二善資，獲得寂滅佛陀果。

六度所攝的任何善法都有作者、所作之對境、所作之善法三者。正在行持時，如若以無有實執如幻化之心或者以如幻術的方式而行持，則可速得佛果。《寶雲經》中云：「當以不緣善法、不緣所作、不緣勤作之方式而積累福德、智慧資糧，即以如幻、如陽焰、如光影、如幻化之心而修持。」如果依智慧使見解清淨、依方便使行為清淨的話，則無有歧途，無勤而成就佛果，也能成就空中飛行等（共同）悉地。阿底峽尊者言：「如是見不愚，行為極清淨，不墮入歧途，至密嚴剎土。」

甲三、廻向本品善根：

> 如是善根之妙雨，助生淨心莊稼豐，
>
> 資糧貧乏可憐眾，疲勞心性今休息。

無垢智慧之清淨虛空界中密佈善根的層層濃雲，從中降下極為清涼的甘露法雨，使眾生勤於正法、善法的莊稼茁壯成長，願以此息滅三有中的一切貧苦，從而令

眾生疲勞的心得到休息，因享受菩提果的安樂而心滿意足。

願於痛苦烈火此世界，普降無垢甘露妙法雨，
一切眾生證悟心性已，獲得清涼智慧之大海。
願眾享滿蓮德嚴飾湖，此乃地道海鷗所依處，
暢遊福慧二資之大海，此中掀起六度之浪花。
願於漫長歲月無始終，輾轉漂泊輪迴曠野中，
遭受諸多苦難逼迫眾，以我之樂獲得佛大樂。
願見諸法如夢如幻後，遣除執著實有之妄念，
如幻化中成辦諸善聚，現有輪涅平等同清淨。

大圓滿心性休息中第八品發殊勝菩提心釋終
2002年5月20日譯畢於成都
2005年12月 8 日重新校勘

大圓滿心性休息大車疏

注釋

①唐譯：最後一句為「救世我頂禮」。

②次第成佛果：《寶鬘論》原文頌詞這一句是「故當依此法」。

③解：指無礙解。

④中箭：指薩繞哈尊者。

⑤《廣戒經》：分辨教。四分律之一。此中分辨比丘戒二萬四千九百頌，分八十三卷。

⑥本來，藏文中此處分七，第七是脫離此等痛苦之教言，但在下文中每一趣有單獨說明，而沒有總體說明脫離六趣之苦的教言。

⑦安止龍王：八大龍王之一，梵名德巴迦。

⑧此段中從「母親所進飲食……出現墮入深淵般的痛苦」在藏文中本是後文中的內容，但為了與頌詞相對應，便於理解，故在翻譯時稍微將順序調整。

⑨行：五蘊中的行蘊。

⑩實修生佛性：也叫做隨增上佛性。

⑪唐譯：如空遍一切，佛亦一切遍，虛空遍諸色，諸佛遍眾生。

⑫《大涅槃經》原文唐譯：復次善男子，譬如仰觀虛空鵝雁，為是虛空，為是鵝雁？諦觀不已，彷彿見之；十住菩薩，於如來性，知見少分，亦復如是，況復聲聞緣覺之人能得知見？善男子，譬如渴人行於曠野，是人渴逼，遍行求水，見有叢樹，樹有白鶴，是人迷悶，不能分別是樹是水，諦觀不已，乃見白鶴及以叢樹；善男子，十住菩薩於如來性知見少分，亦復如是。善男子，譬如有人在大海中，乃至無量百千由旬，遠望大舶樓櫓堂閣，即作是念：『彼是樓櫓，為是虛空？』久視乃生必定之心，知是樓櫓；十住菩薩於自身中見如來性，亦復如是。

⑬唐譯：大悲及大信，大忍及大行，若有如此相，是名菩薩性。

⑭唐譯：功德亦四種，雖墮於惡道，遲入復速出，苦薄及悲深。

⑮唐譯：應知菩薩性，略說有四失，習惑與惡友，貧窮屬他故。

⑯《無盡藏竅訣歌》：是薩繞哈尊者所著的道歌。

⑰本段頌詞，藏文原文中沒有將十善一一列出，只有等流果，但為了便於理解，在翻譯時將對應的善業也補充上。

⑱《寶鬘論》此教證中從「博施自財物」至「獲得怙主位」，在原文頌詞中沒有找到。原文頌詞只有「施戒行利他，勤忍為自利，禪慧解脫因，總攝大

乘義」。

⑲七大：所緣大、修習大、智慧大、精進大、方便善巧大、正性修習大和事業大。

⑳慈八德：長壽、妙顏、種姓圓滿、自在圓滿、辭嚴、具大名望、丈夫身、具力。

㉑於善不放逸：此句在《寶鬘論》原頌中沒有。

㉒五精華：藏醫中所說的五種滋補藥品：蔗糖、煉酥、蜂蜜、芝麻油與食鹽。

㉓唐譯：調靜除德增，有勇阿含富，覺真善說法，非深離退減。

㉔如畏送者欺：意思是說在可怖的地方被護送者所欺騙。

㉕此處科判與藏文原文稍有不同，藏文中將息增懷誅分開，共分七，翻譯時將四事業合在一起，將第五所緣與第六後行合為結行。

㉖說法處是否該指鹿野苑與靈鷲山兩處，各住一年，合計兩年，請觀察。

㉗人：指補特伽羅。

㉘二滅：指抉擇滅與非抉擇滅。

㉙唐譯：數數數無畏，復以地為名。

㉚唐譯：見真見利物，此處得歡喜。

㉛唐譯：出犯出異心，是名離垢地。

㉜唐譯：求法持法力，作明故名明。

㉝唐譯：惑障智障薪，能燒是焰慧。

㉞唐譯：難退有二種，能退故難勝。

㉟唐譯：不住二法觀，恒現名現前。

㊱唐譯：離道鄰一道，遠去名遠行。

㊲唐譯：相想無相想，動無不動地。

㊳唐譯：四辯智力巧，說善稱善慧。

㊴唐譯：二門如雲遍，雨法名法雲。

㊵唐譯：意受分別轉，四種自在得，次第無分別，刹土智業故。應知後三地，說有四自在，不動地有二，餘地各餘一。

㊶唐譯：修位二僧祇，最後得受職，入彼金剛定，破諸分別盡。轉依究竟淨，成就一切種，住此所作事，但為利群生。

㊷唐譯：工巧及出生，得道般涅槃，示此大方便，令他得解脫。

㊸唐譯：諸佛常救護，眾生三染汙，諸惑諸惡行，以及生老死，諸災及惡

趣，身見亦小乘，如是諸眾生，一切皆救護。佛為勝歸處，無比故無上，如前種種畏，無不令脫者。

㊹形象化修飾法：用比方摹擬被比事物性狀，加以形象化後，不用同、似等詞，使二者形成一體以修飾其詞句。分為二十類：省格、不省格、省或不省格、全部、支分、總體、一支、相應、不相應、參差、提高、相違、原因、雙關、同況、異況、否定、平分、雙重與歪曲。

㊺《瑜伽師地論》：本書分：本地分、攝抉擇分、攝事分、攝異門分、次攝釋分。藏籍說為無著所著，漢籍說為彌勒所說。唐玄奘譯，共一百卷。漢籍五分次第，本地分、攝抉擇分之後，次攝釋分、次攝異門分、次攝事分，與藏籍次第有異。

㊻唐譯：熾然及怨勝，苦逼亦暗覆，住險將大縛，食毒並失道，復有非道住，及以瘦澀者，如此十眾生，大悲心所緣。

㊼唐譯：苦樂不苦樂，因力及善友，自體相續流，大悲四緣義。

㊽二滅定：即滅盡定與無想定。

㊾唐譯：所生欲界報，滿聚亦成生，不離及離障，具足五為果。設遇重障緣，及以自放逸，欲知菩薩相，梵心無退轉。

㊿唐譯：障斷及覺因，與樂亦愛果，自流五依故，是人去佛近。

(51)唐譯：自性與數擇，宿習及障斷，應知菩薩悲，如此四差別。

(52)唐譯：菩薩悲自在，寂靜尚不住，世樂及身命，此愛云何起？

(53)唐譯：苦者悲諸苦，不施云何樂，以令自樂故，施樂拔諸苦。

(54)唐譯：悲苦最稀有，苦勝一切樂，更樂悲生故，辦非有況餘。

(55)唐譯：生死苦為體，及以無我性，不厭亦不惱，大悲勝覺故。

(56)唐譯：貪愛非無障，世悲亦世間，菩薩悲愛起，障盡亦過世。

(57)唐譯：有苦及無智，大海及大暗，拔濟以方便，云何不障盡？

(58)唐譯：羅漢及緣覺，如是悲愛無，何況餘世間，豈得不過世？

(59)唐譯：四梵有四障，嗔惱憂欲故，菩薩具此障，多種過失起。

(60)唐譯：善住梵住人，遠離彼諸惡，生死不能汙，不捨濟群生。

(61)《佛說大乘莊嚴寶王經》：全書四卷半又二品。印度佛學家姿納迷劄等與西藏譯師智軍由梵譯藏並校訂。宋代天息災由梵譯漢。

(62)如地下：藏文中就是這樣，不知引申為何義？請智者們觀察。

(63)唐譯：信行及淨依，報得及無障，發心依諸地，差別有四種。

(64)別解脫戒七種：別解脫戒之依報有七種，比丘、比丘尼；沙彌、沙彌尼；

優婆塞或男居士、優婆夷或女居士；正學女。

㉕唐譯：友力及因力，根力亦聞力，四力總二發，不堅及以堅。

㉖唐譯：菩薩習五明，總為求種智，解伏信治攝，為五五別求。

㉗唐譯：廣大及無求，最勝與無盡，當知一一度，四德悉皆同。

㉘唐譯：資生身眷屬，發起初四成，第五惑不染，第六業不倒。

㉙唐譯：不乏亦不惱，忍惱及不退，歸向與善說，利他即自成。

㉚唐譯：為攝三學故，說度有六種，初三二初一，後二二一三。

㉛唐譯：前後及下上，粗細次第起，如是說六度，不亂有三因。

㉜唐譯：不著及不亂，不捨亦增進，淨惑及智障，是道皆悉攝。

㉝唐譯：除貧亦令涼，破嗔與建善，心持及真解，是說六行義。

㉞唐譯：施彼及共思，二成亦二攝，具住不慳故，法財無畏三。

㉟唐譯：恒時捨身命，離求滔他故，因施建菩提，智攝施無盡。

㊱近事男：受居士戒後尚未受沙彌戒以前，為速得沙彌禁戒，而受近事男戒者，須於殊勝境前啟白並換三相。

㊲唐譯：應知出家分，無量功德具，欲比在家分，最勝彼無等。

㊳唐譯：六支滅有邊，善道及持等，福聚具足故，二得為二種。

㊴唐譯：恒時守禁勤，離戒及善趣，因戒建菩提，智攝戒無盡。

㊵唐譯：於善於正勇，依於信欲樂，增正念等德，對治諸煩惱，具不貪等德，彼等七種法。

㊶唐譯：恒時誓勤作，殺賊為無上，因進建菩提，智攝進無盡。

㊷此處科判將教誨依止靜處與教誨有生之年依止靜處合在一起。

㊸解：指無礙解。

㊹唐譯：心住及念進，樂生亦通住，諸法之上首，彼種三復三。

㊺唐譯：繫緣將速攝。

㊻唐譯：恒時習諸定，舍禪下處生，因定建菩提，智攝定無盡。

㊼後法界：從本基中迷亂以後的法界。

㊽唐譯：正擇與定持，善脫及命說，諸法之上首，彼亦有三種。

㊾唐譯：恒了真餘境，佛斷尚不著，因智建菩提，悲攝智無盡。

大圓滿心性休息大車疏

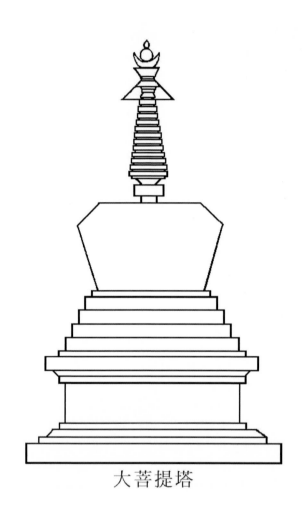

大菩提塔